D3를 이용한 시각적 스토리텔링
Visual Storytelling with D3

Visual Storytelling with D3
by Ritchie S. King

D3를 이용한 시각적 스토리텔링 : 기초부터 차근차근 배우는 데이터 시각화

초판 1쇄 발행 2015년 6월 30일 지은이 리치 킹 옮긴이 박은정, 김한결 펴낸이 한기성 펴낸곳 인사이트 편집 조은별 제작 · 관리 박미경 표지출력 소다디자인프린팅 용지 월드페이퍼 인쇄 현문인쇄 제본 자현제책 등록번호 제10-2313호 등록일자 2002년 2월 19일 주소 서울시 마포구 잔다리로 119 석우빌딩 3층 전화 02-322-5143 팩스 02-3143-5579 블로그 http://blog.insightbook.co.kr 이메일 insight@insightbook.co.kr ISBN 978-89-6626-141-3 책값은 뒤표지에 있습니다. 잘못 만들어진 책은 바꾸어 드립니다. 이 책의 정오표는 http://www.insightbook.co.kr/303006에서 확인하실 수 있습니다. 이 도서의 국립중앙도서관 출판예정도서목록(CIP)은 서지정보유통지원시스템 홈페이지(http://seoji.nl.go.kr)와 국가자료공동목록시스템(http://www.nl.go.kr/kolisnet)에서 이용하실 수 있습니다.(CIP제어번호: CIP2015016183)

D3를 이용한
시각적 스토리텔링

리치 킹 지음 | 박은정 · 김한결 옮김

인사이트

차례

추천의 글 —————————————————————

최근 D3는 자바스크립트(JavaScript)를 통한 데이터 시각화의 핵심 도구로 빠르게 자리 잡았다. 마이크 보스톡(Mike Bostock)은 자신이 이전에 만들었던 시각화 라이브러리(library)인 프로토비스(Protovis)를 대체하기 위해 D3를 고안해냈다. D3는 프로토비스처럼 복잡한 시각화 라이브러리를 간편하게 제작할 수 있는 도구다. 이 도구는 사용자에게 시각화의 형태와 스타일, 그리고 움직임을 결정할 수 있는 자유를 제공해 준다. 하지만 그 정도의 자유를 누릴만큼 D3를 완벽히 습득하려면 적지 않은 시간이 걸리는 것도 사실이다. 이 책은 D3를 효과적으로 사용하도록 도와주기 위해 쓰여졌다. 우리는 이 책을 통해 저자인 리치 킹(Ritchie King)의 시각화에 대한 독특한 견해를 확인하게 된다.

나는 2011년, 뉴욕대(NYU)가 소수정예만을 선발해 운용하는 과학, 건강, 환경 보도 프로그램(Science, Health and Environmental Reporting Program)에서 리치를 처음 만났다. 이제 막 '데이터 시각화'에 발을 들여놓았을 뿐이지만 리치가 그 분야에 엄청난 열정이 있다는 걸 느낄 수 있었다. 몇 년 뒤, 리치가 졸업하고 쿼츠(Quartz)라는 온라인 신문사에서 기자로 일하고 있을 때 우리는 다시 만났다. 리치는 D3를 사용해 자신의 기사를 시각화하는 중이라고 말했다. 그의 접근법은 신선했다. 나는 그 내용을 책으로 엮을 수 있다고 바로 깨달았다. 프로그래머가 라이브러리의 원리를 설명해 주기보다는 지금까지 어떤 D3 관련 책도 다루지 않던 '데이터 시각화를 통한 정보 전달 방법'을 알려 주는 그런 책 말이다. 리치는 쿼츠 신문사에서 나온 뒤 데이터 분석 회사인 FiveThirtyEight

.com에서도 근무했다. 그곳에서의 경험도 이 책에 녹아 있다.

　이 책은 D3를 통해 데이터를 멋지게 시각화하고 싶은 초보자와 경험 많은 프로그래머 모두에게 유용한 자료가 될 것이다. 데이터와 시각화의 형태를 선택하는 것에서부터 D3가 사용하는 HTML의 기본 요소인 SVG에 대해서도 배우게 될 것이다. D3에 앞서 SVG를 소개하는 것은 축이나 인터랙티브한 시각화 같이 복잡한 내용에 들어가기 전에 필요한 기초 지식을 제공하기 위해서다. 이 책은 단순히 읽기 쉬운 라이브러리에 대한 지침서만은 아니다. 전문가와 초보자 모두에게 시각화가 뭔지를 알려 주는 최고의 소개서다. 리치의 글쓰는 스타일과 D3를 시각화 위주로 바라보는 관점이 크게 작용했기 때문이다. 이 책을 데이터와 분석 시리즈에 포함할 수 있어서 매우 기쁘다.

– 폴 딕스(Paul Dix),

The Addison-Wesley 데이터와 분석 시리즈 편집자

옮긴이의 글 ————————————————————

데이터를 분석하다 보면 어떻게 해야 그 방대한 자료를 가장 효율적이고 멋지게 표현할 수 있을지 고민하게 된다. 그럴 때 D3는 엑셀이나 스폿파이어(Spotfire)처럼 클릭 한두 번만으로 그래프를 그릴 수는 없어도, 약간의 코드만 익히면 내가 원하는 무엇이든 시각화할 수 있게 해주는 훌륭한 도구가 된다. 그런데 HTML과 DOM, SVG 등에 익숙하지 않다면 그 '약간의 코드'를 익히는 것이 쉽지만은 않다. 웹에는 D3를 이용한 수많은 코드와 친절한 튜토리얼이 있지만, 동작 원리를 잘 모르면 그조차도 어렵다고 느껴질 수 있다.

그런 생각을 하던 중에, 이 책의 번역을 제안 받았다. 책의 첫인상은 '세심함'이었는데, 어떠한 입문서보다도 시각화를 배우는 한 걸음 한 걸음에 필요한 설명이 친절하다고 느꼈기 때문이다. D3를 소위 '야매'로 쓰고 있던 내게도, 아예 처음 접하는 초심자에게도 상당히 유용한 자료가 될 것이라고 생각해서 기쁜 마음으로 수락했다.

한편 막대 그래프 하나를 만드는 것만으로 책이 끝나는 것이 아쉽기도 했다. 그래서 출판사의 허락을 구해 국내 지도를 활용한 시각화도 부록 C에 추가했다. 부족하지만, 이를 통해 국내의 많은 기자, 디자이너, 개발자, 데이터 분석가 분들이 웹 기반의 재미있는 시각화를 생성하는 데 조금이나마 도움이 되었으면 좋겠다.

이 책에서 사용된 각종 예제 파일들은 다음의 깃허브(GitHub) 저장소에서 찾을 수 있다. 원저자의 요청에 따라 영리 목적이 아닌 이상, 코드는 마음껏 수정, 복사, 재사용해도 된다. 부록 C의 코드는 영리 목적으로도 이용할 수 있다.

· 예제 파일 : https://github.com/e9t/d3-book

마지막으로 이 책의 번역본이 나오기까지 도움을 주신 분들께 감사의 인사를 드리고 싶다. 역자들의 서투른 부분들을 챙겨주고 보완해주신 조은별 편집자님과 한기성 사장님, 원고를 검토하며 세심한 부분 하나하나까지 조언을 해준 임영제 님, 김은수 님께 감사드린다. 아낌없는 격려와 관심으로 지도해 주시는 조성준 교수님께 감사드리고, 항상 옆에서 응원해주는 가족들과 친구들에게도 고마움을 전한다. 마지막으로, 누구나 D3로 멋진 시각화를 만들 수 있도록 수많은 코드와 문서를 오픈소스로 공개해준 마이크 보스톡에게 감사드린다.

옮긴이 박은정, 김한결 드림

들어가는 글 ─────────────────────

데이터, 데이터, 데이터. 그 어느 때보다 데이터가 빠르게 쌓여 가는 세상이다. 그리고 이렇게 불어나는 정보의 양과 더불어 중요해진 200년 역사의 분야가 있다. 그것은 데이터 시각화, 원본 데이터(raw data) 속의 패턴과 트렌드를 한눈에 볼 수 있게 하는 기술이다.

　전통적인 시각화는 책, 신문 또는 학술논문 등에 고정된 이미지로 출판하는 것이었다. 그러나 오늘날의 시각화는 유저가 마우스로 손쉽게 조작할 수 있는 인터랙티브(interactive)한 형태로 발전하고 있으며, 그에 따라 정보를 웹페이지로 보여 줄 수 있는, 정적인 숫자를 동적인 그래픽으로 변형할 수 있는 도구의 필요성이 대두되고 있다.

　D3가 바로 그러한 도구다. D3는 Data-Driven Documents의 약자로, 정보를 픽셀로 변환하는 것을 도와줄 뿐 아니라 데이터 기반의 웹페이지와 그림을 생성하고 다룰 수 있게 해준다. D3는 훌륭한 도구이며, 세계(무엇보다 데이터 시각화의 세계)가 필요로 하는 것이다.

　2011년, 당시 스탠포드 대학원생이었던 마이크 보스톡(Mike Bostock)과 그의 지도교수 제프리 히어(Jeffery Heer), 바딤 오기베스키(Vadim Ogievesky)에 의해 개발된 D3는 인터넷 공간에서 빼놓을 수 없는 프로그래밍 언어인 자바스크립트(JavaScript)의 확장으로써, 자유롭게 사용할 수 있다. D3에 내재된 기본 아이디어는 데이터를 웹페이지의 요소(elements)와 결합하고, 그 데이터를 기반으로 요소를 조작할 수 있는 방법을 제공하자는 것이다. 가령, 막대 그래프로 바꾸고 싶은 다섯 개의 숫자가 있다면 D3에서는 그 숫자를 각각 다섯 개의 사각형 요소와 결합한 후, 각 숫자를 사각형의 너비로 설정하면 된다. 그 정도로 간단하다.

목표와 대상

뭐, 사실 그렇게 간단하지는 않다. D3는 아주 강력한 도구지만, 그것을 배우는 것은 생각만큼 쉽지 않고 하나의 새로운 도전이라고 할 수 있다. 다행히 온라인에서 수많은 튜토리얼과 예제를 무료로 구할 수 있으며, 그중 몇몇은 마이크 보스톡이 직접 쓴 것들이기도 하다. 하지만 아무리 광대하고 활발한 생태계가 존재한다고 해도, D3를 처음 시작할 때는 최소한의 노력이 필요하다. 특히 자바스크립트에 대한 경험이 많지 않을 때는 더욱 그렇다.

이 입문서의 가장 큰 목적은 D3의 기본을 종합적이되 쉽게 다루는 것이다 (HTML과 CSS를 다룰 줄 안다고 가정하므로 기본을 익히고 난 후에 이 책을 볼 것을 추천한다). 당신이 이 책을 통해 다른 사람의 코드를 이해하고 배울 수 있게 되어 D3 생태계에 원활히 진입할 수 있게 되기를 바란다.

또 하나의 목적은, 좋은 데이터 시각화를 만들기 위한 몇 가지 기본 원칙을 제시하는 것이다. 여느 기술이 그렇듯 데이터 시각화도 모범 사례와 오랜 기간 형성되어 온 테크닉이 있다. 그럼에도 인터넷에는 나쁜 시각화와 인포그래픽 (infographic)이 만연하고 있다. 모든 시각화는 어떤 의미에서 나름의 스토리를 가지고 있는데, 좋은 시각화를 만들고 싶다면 시각화를 통해 전달하고 싶은 이야기가 무엇이고, 어떻게 하면 이야기를 잘 전달할 수 있을지 곰곰이 생각해 봐야 한다. 이 책이 그렇게 하는 방법을 알아가는 데 도움이 되기를 바란다.

이 책의 구조

이 책은 상당히 직관적인 구조로 되어 있다. D3를 이용해 인터랙티브한 애니메이션 그래픽을 만드는 전체 과정을 단계적으로 보여 주면서 그래픽의 초기 콘셉트, 적당한 데이터 찾기, 멋지게 디자인을 입히는 방법 등을 다룬다. 내용은 진행

됨에 따라 점점 복잡해질 것이다. 각 장의 내용에 대한 설명은 다음과 같다.

- **1장. 시각적 스토리텔링과 D3:** 데이터 시각화에 대해 간단히 소개하고 그것이 왜 강력한 커뮤니케이션 도구가 될 수 있는지 말한다. 또한 D3를 소개하고, 왜 D3가 웹에서 데이터를 시각화하는 데 유용한지도 알아본다.

- **2장. 데이터 기반 스토리를 찾고 시각적으로 전달하기:** 관련성 있는 데이터를 찾고 몇 가지 스타일 지침을 줌으로써 데이터 기반 스토리(data-driven story)를 어떻게 찾고, 효과적으로 전달할 수 있는지를 다룬다. 또한 책 전반에서 예제로 다룰 전세계 연령 분포에 대한 인터랙티브 막대 그래프를 소개한다.

- **3장. SVG - 확장 가능한 벡터 그래픽:** 아름다운 그래픽 요소를 생성할 수 있게 하는 웹 표준, 확장 가능한 벡터 그래픽(이하 SVG)을 소개한다. 또한 SVG만을 이용해 시각화의 일부를 만들어 볼 것이다.

- **4장. D3 선택영역으로 웹페이지 꾸미기:** D3를 사용해서 페이지 요소를 선택하고 조작하는 법을 배운다. 또한 3장에서 만든 SVG 시각화를 D3로 다시 그려 본다.

- **5장. 데이터 결합:** D3의 핵심 부분인 데이터 결합(data-join) 기능을 살펴보면서, 데이터 결합을 이용해 시각화를 다시 그려 본다.

- **6장. 시각화 크기 조정 및 축 추가하기:** D3 시각화를 자동으로 조정하고 축을 생성하는 방법을 다루며, 예제 시각화에 적용해 본다.

- **7장. 외부 데이터 로딩하고 필터링하기:** 외부의 독립적인 데이터를 로딩해서 시각화를 어떻게 생성하는지 하는지, D3가 왜 데이터를 비동기적으로(asynchronously) 로딩하는지를 설명한다.

- **8장. 인터랙티브한 동적 시각화 만들기:** 이 장에서는 예제 시각화에 연도별로 인터랙티브한 버튼을 추가하고, 버튼을 클릭하면 시각화의 축이 자동으로 확대 또는 축소되는 전환(transition)을 다룬다.

- **9장. 재생 버튼 추가하기**: 클릭하면 모든 연도를 따라가며 자동으로 재생하는 재생 버튼을 만들어 본다.

- **10장. 나만의 시각화 만들기**: 마지막으로, D3 생태계에 처음 진입할 때 유용할 몇 가지 지침을 제공한다.

- **부록 A. 초보자를 위한 자바스크립트**: 자바스크립트를 처음 다루는 독자를 위해 자바스크립트를 간단히 소개한다.

- **부록 B. 인구 분포 데이터 전처리하기**: 부록 B는 이 책에 수록된 예제를 만드는 데 사용된 샘플 데이터를 다운로드하여 정제하는 방법을 단계별로 설명한다.

- **부록 C. D3로 우리나라 인구밀도 시각화하기** : 본문에서 막대그래프를 그리면서 D3를 활용한 시각화의 기초를 탄탄히 다졌지만, 그것만으로 끝내는 것이 조금 아쉬울 수 있다. 여기서는 간단히 지오매핑(geomapping), 즉 지도를 활용한 시각화를 살펴본다.

마지막으로 한 마디

나도 이 책을 쓰기 시작할 때는 D3 초보자였다. 이 이야기를 굳이 꺼내는 이유는 두 가지다. 첫째는, 내가 처음 D3를 배우며 헷갈렸던 부분이 여전히 생생하며, 그것들을 이 책에서 최대한 다루려고 했다는 점을 강조하고 싶기 때문이다. 둘째는, 당신도 잘 할 수 있다는 것을 말하고 싶어서다. 내가 할 수 있었다면, 당신도 할 수 있다.

감사의 글 ———————————————————

먼저 주말마다 내가 책 쓰는 일에만 집중할 수 있도록 점심을 차려 주고 집안일을 맡아 준 (책이 발매될 때쯤 나의 아내가 돼 있을) 에밀리 일러트(Emily Elert)에게 감사를 전하고 싶다. 이 책을 그녀에게 헌정한다. 하지만 그걸로는 부족하다. 감사의 글 또한 그녀에게 바치고 싶다. 나는 책을 쓰기 전에는 우리만의 시간을 얼마나 뺏길지 몰랐다. 하지만 그녀는 이미 알고 있었다. 불평할 수도 있었지만 그녀는 놀라울 정도로 인내하고 응원해 주었다. 그리고 작업하는 동안 내 청혼을 받아 주었다는 사실은 아직도 나를 놀라게 한다.

시리즈 편집자인 폴 딕스(Paul Dix)에게도 감사를 전하고 싶다. 그와의 대화 과정에서 책을 쓸 생각을 하게 되었기 때문이다. 폴은 나의 친한 친구이자 대학원 동기와 약혼했다. 우리는 어느 날 함께 맥주를 마시면서 프로그래밍에 대해 이야기하고 있었다. 나는 D3라는 아주 괜찮은 자바스크립트 라이브러리에 푹 빠졌다고 말했다. 그 순간 폴은 잠시 고민하는 모습을 보이더니 나에게 작가가 아니냐고 물었다. 그렇다고 대답했다. 다시 한번 정적이 흘렀다. 폴이 천천히 입을 뗐다. "그럼 D3에 대한 책을 한번 써보면 어때?" 폴, 나를 믿어줘서 고마워.

내가 누군가의 재촉이 필요할 때마다 귀신 같이 알아차리는 편집자 데브라 윌리엄스 컬리(Debra Williams Cauley)에게도 감사드린다. 함께 초밥을 먹으며 출판 절차를 설명해 준 것에 감사한다. 집필 후반부에 여러 지인들로부터 받은 수정사항을 분류하고 선택하는 데도 정말 큰 도움이 됐다.

수정사항 이야기가 나왔으니 말인데, 검토해 준 분들에게도 큰 신세를 졌다. 책에 대한 최초 개요를 살펴보고 검토해 준 캐빈 퀴일리(Kevin Quealy), 로버트 마우리엘로(Robert Mauriello), 조쉬 피크(John Peek)에게 감사드린다. 프로그래밍 관련 용어를 최대한 쉽게 풀어쓰기 위해 용어를 재차 확인해준 로버트에게 특히 고맙다. 세밀하게 내 코드를 검토하면서 부끄러운 실수를 잡아준 앨리 트래맨(Alli Treman)과 사샤 멘데스(Sasha Méndez)에게 고마움을 전한다. 더욱 좋은 책을 쓸 수 있도록 굉장히 예리한 조언을 해준 린 처리니(Lynn Cherny)에게도 감사하다고 말하고 싶다.

내가 출판 과정을 이해하지 못해도 너그럽게 대해 준 크리스 잔(Chris Zahn)에게 특히 감사한다. 아무리 끔직한 원고를 제출해도 크리스는 항상 친절하게 수정을 도와주었다.

집필 과정과는 무관하게 캐빈 퀴일리와 아만다 콕스(Amanda Cox)를 꼭 언급해야겠다. 나는 뉴욕대에서 그들로부터 배운 데이터 언론학 수업 덕분에 데이터 시각화에 관심을 갖게 됐다. 그들은 내가 경력 쌓는 데 많은 조언을 해주었다. 큰 신세를 졌다. 그들은 정말 대단한 사람들이다.

나를 포함해 두 사람으로 구성된 쿼츠(Quartz) 그래픽 부서의 데이빗 얀노프스키(David Yanofsky)에게 감사하다고 전하고 싶다. 데이빗은 나에게 D3와 자바스크립트에 대해 많은 것을 가르쳐 주었다. 또 나의 첫 인터랙티브 시각화 제작을 도와주었다. 그의 끊임없는 말장난 또한 존경한다. 정말 고마워.

마지막으로 웹 기반 시각화를 위해 좋은 라이브러리를 만들어 준 마이크 보스톡(Mike Bostock)에게 감사드린다. 항상 멋지고 아름다운 예시를 통해 라이브러리의 능력을 최대로 발휘하는 방법을 공유해 주셨다.

정말 감사드립니다!

– 리치 킹(Ritchie S. King)

1장

시각적 스토리텔링과 D3

첫 장에서는 데이터 시각화에 관한 가장 기본적인 사항들을 다뤄 보자. 어떻게 하면 효과적인 스토리텔링을 할 수 있는가? 수치적 자료를 그래프로 개성있게 보여 주는 법은 무엇일까? 좋은 시각화 디자인이란 어떤 것일까? D3는 어떤 기능을 하는 도구이며, 장단점은 무엇이고, 어디에는 쓰고 어디에는 쓰지 말아야 할까? 지금부터 이 질문들에 대한 답을 찾아보자.

1.1 시각화를 '시각화'하기

데이터가 넘쳐나는 세상에서 데이터를 시각화한다는 것은 과연 얼마나 중요한 일일까? 물론, 나는 설명으로도 그 중요성을 충분히 주장할 수 있다. 2013년, 온라인 데이터 시각화 수업에 무려 5,000여 명의 학생이 등록했다는 수치를 인용할 수도 있고, 시각화를 이용해서 스토리텔링하는 언론사의 수가 늘고 있다든가 웹 개발자나 기업 내 IT 부서에서 제품을 디자인하기 위해 새로운 시각화 방법들을 갈구하고 있다는 사실을 언급할 수 있다. 또는 점점 많은 기획자가 이미지를 통해 데이터 시각화를 시도하고 있고 대중 또한 그런 시각화 자료를 보고 싶어 한다는 것을 통해 시각화의 중요성을 주장하는 것도 방법이다.

하지만 시각화로 내 생각을 더 효과적으로 전달할 수 있다면 군이 말로 할 필요가 있을까?

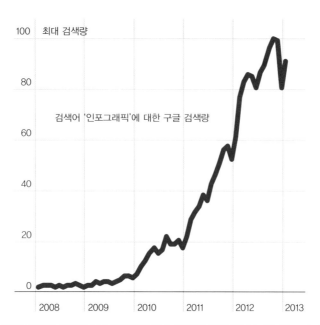

그림 1.1 인포그래픽의 인기가 크게 증가하고 있다. (데이터 출처: 구글 트렌드(Google Trends))

그림 1.1의 선 그래프(line graph)[1]는 요즘 인터넷에서 '인포그래픽(그래프와 데이터 시각화를 멋있게 표현한 단어)'에 대한 검색량이 2009년에 비해 약 100배 증가했다는 것을 보여 준다. 인포그래픽이 대중의 관심을 끌기 시작한 것은 2010년부터였지만 이후 3년간 대중의 관심이 폭발적으로 증가했다. 또한 최근에는 인포그래픽에 대한 검색량이 과거에 비해 더 큰 폭으로 요동치고 있고, 새로운 인포그래픽이 히트칠 때마다 검색량도 높아지는 것을 알 수 있다.

결국 그림 1.1은 인포그래픽에 대한 대중의 전반적인 관심을 보여 준다. 그리고 그 어떤 통계치나 장문의 글보다 온라인 인포그래픽의 중요성을 더욱 효과적이고 깔끔하게 보여 주고 있다.

데이터 시각화는 이렇게 다른 무엇과도 비교할 수 없을 정도로 정보를 효과적으로 전달하고 스토리텔링을 할 수 있기 때문에 많은 이들의 관심을 끈다. 지금

---

1 (옮긴이) 선 그래프는 영어로 'line graph' 또는 'line chart'로도 표기한다. 우리 말로 표기할 때는 발음대로 '라인 그래프'나 '라인 차트', 또는 번역해서 '선 그래프' 또는 '꺾은선 그래프'로 사용하기도 한다. 이 책에서는 '선 그래프'로 통일해서 표기하기로 한다.

부터, 이렇게 인기가 많으면서도 쉽고 효과적인 데이터 시각화에 대해 배워 보자.

1.2 시각화로 데이터에 형태를 입히고 형태에서 스토리 찾아내기

시각화가 스토리텔링에 효과적인 이유는 무엇일까? 그것은 시각화가 데이터에 형태를 부여하여, 데이터를 한눈에 파악할 수 있게 해주기 때문이다.

그림 1.1을 다시 보자. 검색량을 기본 그래프 형태인 선 그래프로 표현했기 때문에 긴 숫자 목록 대신 울퉁불퉁한 산 모양의 그래프가 되었다. 시각화를 이용

GDP 대비 부채비율을 백분율로 본 미국 부채(1855–2011)

연도	비율	연도	비율	연도	비율	연도	비율	연도	비율
1855	0.9%	1887	11.2	1919	33.4	1951	63.7	1983	33.1
1856	0.7	1888	10.2	1920	27.3	1952	61.8	1984	34.0
1857	0.9	1889	8.6	1921	31.6	1953	60.2	1985	36.4
1858	1.2	1890	7.8	1922	31.1	1954	60.7	1986	39.5
1859	1.5	1891	7.0	1923	25.2	1955	55.5	1987	40.6
1860	1.9	1892	6.6	1924	23.5	1956	51.2	1988	41.0
1861	7.2	1893	6.8	1925	21.6	1957	48.1	1989	40.6
1862	16.8	1894	7.9	1926	19.0	1958	49.5	1990	42.1
1863	23.8	1895	7.9	1927	18.0	1959	47.0	1991	45.3
1864	25.6	1896	8.5	1928	17.0	1960	44.8	1992	48.1
1865	31.0	1897	8.0	1929	14.9	1961	44.6	1993	49.3
1866	31.4	1898	8.4	1930	16.5	1962	42.9	1994	49.2
1867	31.4	1899	7.5	1931	22.3	1963	41.4	1995	49.1
1868	30.5	1900	6.6	1932	34.5	1964	39.0	1996	48.4
1869	30.0	1901	5.7	1933	39.1	1965	36.5	1997	45.9
1870	27.9	1902	5.4	1934	44.0	1966	33.7	1998	43.0
1871	25.7	1903	5.0	1935	42.9	1967	33.4	1999	39.4
1872	24.4	1904	4.7	1936	43.0	1968	31.2	2000	34.7
1873	23.2	1905	4.3	1937	40.1	1969	28.5	2001	32.5
1874	24.0	1906	4.0	1938	42.8	1970	28.0	2002	33.6
1875	23.7	1907	4.0	1939	43.0	1971	28.1	2003	35.6
1876	24.1	1908	4.3	1940	42.7	1972	27.4	2004	36.8
1877	23.9	1909	3.8	1941	43.3	1973	26.0	2005	36.9
1878	25.5	1910	3.7	1942	62.0	1974	23.9	2006	36.6
1879	23.0	1911	3.6	1943	77.1	1975	25.3	2007	36.3
1880	18.4	1912	3.4	1944	95.7	1976	27.5	2008	40.5
1881	16.8	1913	3.2	1945	112.7	1977	27.8	2009	54.1
1882	14.3	1914	3.5	1946	102.6	1978	27.4	2010	62.8
1883	13.5	1915	3.3	1947	90.4	1979	25.6	2011	67.7
1884	13.3	1916	2.7	1948	79.9	1980	26.1		
1885	13.2	1917	13.3	1949	81.4	1981	25.8		
1886	12.4	1918	30.2	1950	73.7	1982	28.7		

세로 주석: 미국 남북 전쟁(1861–1865), 제1차 세계 대전(1914–1918), 경제대공황 & 제2차 세계 대전(1930–1945), 레이건 정부 감세 정책(1983–1988), 금융 위기(2008–2009)

그림 1.2 미국의 GDP 대비 부채비율 데이터(데이터 출처: 미국 의회예산처)

하는 것의 장점은 여기에 있다. 마치 산의 생김새에 대해 논하듯이 데이터의 패턴에 대해 쉽게 논할 수 있는 것이다. '2010년도부터 경사가 급격히 가팔라지다가 2012년 말 정상에 도달한 후 내리막이 시작되었다.' 하는 식으로 말이다. 시각화를 이용하니 구글의 검색량이 높이, 또는 고도 등 우리가 쉽게 이해할 수 있는 형태가 되었다.

데이터에 형태를 부여하는 것은 실제로 엄청난 효과를 가져온다. 심지어 겉으로 보기에 정말 지루하고 이해하기 어려운 데이터에도 형태가 주어지고 나면 느낌이 달라진다. 미국 정부 부채 데이터를 예로 들어 보자. 정부 부채를 시각화한 그래프를 보면 분명히 놀랄 것이라고 장담한다.

먼저 부채에 대해 약간의 배경지식을 쌓고 가자. 일반적으로 정부는 전쟁에 들어가는 비용을 충당하거나 경기를 부양하기 위해, 경제 침체기나 전쟁에 참여했을 때 더욱 많은 돈을 빌린다. 또한, 지출을 줄이지 않고 세율을 내렸을 때 발생하는 적자 때문에 돈을 빌리기도 한다.

자, 이제 본격적으로 미국 정부 부채 수치들을 보자. 데이터 시각화 전과 후를 비교하기 위해서 먼저 재미없는 표부터 살펴볼 것이다. 그림 1.2는 1855년부터 2011년까지 매년 발생한 미국 정부의 부채비율을 보여 준다. 이때, 부채를 실제 부채의 액수가 아니라 비율로 나타냈음을 알 수 있는데, 이는 연도별로 공정한 비교를 하기 위해 데이터를 전처리(preprocessing)[2]한 것이다. 즉, 지난 156년 동안 크게 성장한 미국의 경제 규모와 더불어 부채 역시 증가했을 것이기 때문에, 경제성장의 효과를 상쇄시켜 주기 위해 부채를 경제의 규모, 즉 GDP로 나눠 준 것이다. 이렇게 함으로써 미국이 경제 규모에 비해 얼마나 돈을 빌렸는지에 대해 의미 있는 비교가 가능해졌다.

이렇게 데이터를 전처리하고 나니 표의 내용만 봐도 흥미롭기는 하다(급격하게 부채가 증가한 연도는 배경색을 붉게 처리했다). 표에 따르면 미국은 건국 초부터 부채가 있었고 제2차 세계 대전 마지막 해에는 경제 규모보다 더 많은

---

2 (옮긴이) 데이터 전처리란, 데이터를 본격적으로 다루기 이전에, 원본 데이터를 수정하여 데이터의 사용성과 품질을 높이는 작업이다.

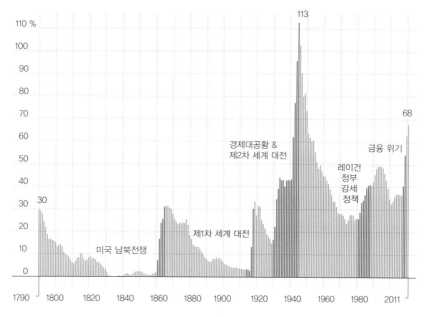

그림 1.3 미국의 GDP 대비 부채비율 시각화(데이터 출처: 미국 의회예산처)

돈을 빌린 것을 알 수 있다.

자, 이제 똑같은 자료를 시각화한 그림 1.3을 보자.

제대로 된 산 모양이다! GDP 대비 부채비율을 시각화하니 급격한 변화가 확실히 보인다. 미국남북전쟁과 제1차 세계 대전 때 부채비율이 가파르게 증가했고, 대공황 때에는 급격히 증가한 후 유지되다가 제2차 세계 대전 때 정점을 찍었다. 레이건(Reagan) 정부 때 다시 서서히 증가하다가 2011년 경제 위기 때 다시 급격하게 증가한 것을 알 수 있다. 또, 시각화로 나타내고 보니 통해 특정 연도의 부채비율을 다른 연도의 부채비율과 곧바로 비교할 수 있게 되었다.

이 시각화 작업은 미국 부채에 관해 숫자를 모아 둔 자료보다 훨씬 많은 것을 보여 준다. 노트 한 장에 들어갈 수 있을 정도로 크기는 작지만 미국 부채의 역사를 한눈에 알아볼 수 있게 해준다. 결국, 시각화를 통해 데이터에 형태가 주어지고 스토리텔링도 가능해진 것이다.

1.3 시각화의 품질은 내용이 좌우한다

그렇다면 좋은 데이터 시각화란 무엇일까? 좋은 시각화라면 당연히 화려한 색상과 세련된 글씨체지!

음, 물론 농담이다. 그래픽이 세련되면 좋기는 하지만 그래픽을 정말로 효과적으로 만드는 것은 그 안에 담긴 내용이다. 앞에서 우리는 데이터를 시각화함으로써 지루해 보이는 주제도 흥미롭게 바뀔 수 있다는 것을 확인했다. 하지만 이러한 경우는 미국 부채처럼 겉으로는 지루해 보이지만 실제로는 흥미로운 사실을 내포하고 있는 자료일 경우에나 해당되는 이야기다. 특이한 글씨체에 밝은 청색으로 강조를 한다고 해서 갑자기 흥미로워지는 것은 아니다. 지루한 스토리는 어떻게 해도 지루한 스토리로 남는다.

반면 데이터가 충분히 흥미롭고 시각화 방법을 제대로 택한다면, 시각화가 꼭 예쁘지 않더라도 충분히 흥미로울 수 있다. 전세계 32개국의 100,000명당 폭행 사망률을 나타낸 그림 1.4를 보자.

그림 1.4는 엑셀로 뚝딱뚝딱 만든 못생긴 막대 그래프이다. 하지만 한번 보자. 보여 주는 데이터는 매우 흥미롭다. 미국은 폭행으로 발생한 사망이 다른 선진국과 비슷하기보다는 오히려 칠레나 에스토니아와 비슷한 수준이다. 만일

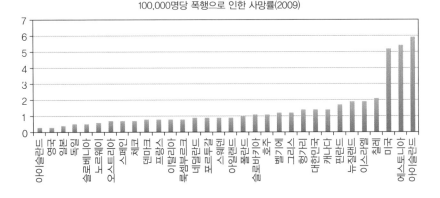

그림 1.4 OECD 국가의 100,000명당 폭행으로 인한 사망률(멕시코 제외)

막대를 수직이 아니라 수평으로 그렸다면 국가명을 왼쪽에서 오른쪽으로 읽을 수 있어서 더 보기 좋았을 것이다. 그리고 막대마다 색깔이 달랐으면 시각적으로 더 보기 좋았을 것이다. 하지만 이러한 문제는 데이터를 시각화해서 얻는 정보의 유용성에 비하면 덜 중요하다. 미국 사회는 경제적인 수준에 비해 유난히 폭력적인데, 그림 1.4는 이러한 메시지를 아주 훌륭하게 전달한다.

물론, 정보가 풍부한 데이터를 골라 엑셀로 시각화를 하라는 것은 아니다. 엑셀이 제공하는 그래프는 기본적으로 정적이며, 형태의 종류 또한 매우 제한적이다. 정보가 풍부한 데이터가 있다면, 데이터를 잘 표현하는 세련된 형태를 선택하는 게 좋을 것이다.

하지만 기억하자. 뻔한 소리 같겠지만, 결국 스토리가 왕이다. 데이터 시각화가 아무리 미적으로 뛰어나더라도 보여 주고 있는 정보가 흥미롭지 않으면 의미가 없다.

1.4 어떤 시각적 요소와 속성을 사용하는지가 중요하다

데이터를 시각화한다는 것이 무슨 뜻인지 잠시 생각해 보자. 메리엄-웹스터 (Merriam-Webster) 사전에 따르면 시각화(Visualize)의 의미는 다음과 같다.[3]

1) 머릿속의 생각을 보여 주거나 형상화하는 것
2) 방사선 사진기술을 통해 내부 기관 및 장기를 보여 주는 것

많은 사람이 첫 번째 정의에 익숙할 것이다. 야구나 소프트볼 코치가 타자에게 "공을 때리는 모습을 시각화해 봐."라고 조언하는 것을 들어 본 적이 있는가? 이런 상황에서 '시각화'는 '상상하다'라는 의미를 가진다. 공을 타격하는 모습을 시각화하면 그 장면은 타자 본인의 머릿속에만 존재한다. 하지만 데이터 시각화는 다르다.

두 번째 정의가 오히려 더 정확하다. 방사선 사진기술 중에서 엑스레이(X-ray)

---

3 Http://www.merriam-webster.com/dictionary/visualize

를 예로 들어 엑스레이로 왼팔을 찍는다고 해보자. 방사선사는 엑스레이를 해당 부위에 쏘고, 통과된 엑스레이는 반대쪽에 위치한 감광판에 투영된다. 결과로는 요골(radius)과 척골(ulna)의 사진이 나올 것이다.[4]

결국 엑스레이도 데이터 시각화의 한 종류이다. 더 구체적으로 말하자면 엑스레이는 왼쪽 팔을 사진으로 표현한 2차원 시각화인데, 엑스레이를 흡수한 부분은 하얀색으로 뼈를 보여 주고 흡수하지 못한 부분은 검은색, 그 중간은 회색으로 표현하는 것이다.

정보를 문서나 화면 같은 2차원 평면에 표현한다는 점에서 데이터 시각화는 엑스레이와 비슷하다. 차이가 있다면, 데이터 시각화는 사용자가 디자인을 정할 수 있다는 점이다. 엑스레이에서 이미지의 위치는 신체에서 장기의 위치와 동일하고 색은 엑스레이의 흡수율을 표현한다. 하지만 데이터 시각화에서는 사용자가 원하는 대로 위치나 색을 지정할 수 있다. 또한 엑스레이는 사물의 실제 모습을 보여 주지만 데이터 시각화는 데이터를 다양한 크기, 위치, 색깔의 원, 사각형, 선과 같은 추상적인 그래픽 요소로 표현할 수 있다는 점이 다르다.

그림 1.3의 미국 부채 시각화를 다시 떠올려 보자. 여기서는 막대라는 시각적 요소를 택하고, 길이를 중요한 속성으로 선택했다. 즉, 221년 치의 데이터를 연도에 따라 막대로 표현하고 막대의 길이를 통해 GDP 대비 부채비율을 나타냈다. 색이라는 부수적인 속성을 통해 부채가 급격하게 증가한 연도를 강조하기도 했다.

시각적 요소와 속성은 시각화의 형태를 정하는 데 매우 중요한 역할을 한다. 따라서 좋은 시각화를 만들기 위해서는 시각적 요소와 속성을 적절하게 선택해야 한다.

1.5 시각적 스토리텔링

이 책의 제목을 왜 'D3로 하는 데이터 시각화(Data Visualization with D3)' 대신

---

4 (옮긴이) 우리의 전완부(forearm, 팔꿈치와 손 사이의 부분)는 두 개의 뼈로 구성되어 있다. 그중 하나가 요골(radius)이고, 다른 하나가 척골(ulna)이다.

'D3를 이용한 시각적 스토리텔링(Visual Storytelling with D3)'으로 정했는지 궁금한가? 스토리텔링이란 것이 도대체 무엇이길래 제목에까지 넣게 되었을까?

많은 사람들은 숫자에 반박하는 것이 쉽지 않기 때문에 데이터를 이용해서 의견을 전달하는 것이 깔끔하고 객관적이라고 생각한다.

물론 정확한 데이터가 있으면 주장을 설득하는 데 큰 도움이 된다. 하지만 원본 데이터(raw data) 자체를 내세우는 것만으로는 설득이 안 된다. 결국에는 데이터의 일부만 보여 줄지, 전체를 보여 준다면 어떤 부분을 강조할지, 그리고 그중 어떤 부분을 시각화해서 보여 줄지를 결정해야 한다. 즉, 데이터를 시각적인 메시지나 스토리로 변환하는 작업이 필요한 것이다.

주식 차트나 웹사이트 접속량(traffic) 대시보드를 보자. 이들은 엄밀히 말해 시각적 스토리텔링이라고 할 수 없지만, 데이터에 맞는 적합한 레이아웃(layout)을 찾기 위해서는 예리한 통찰력과 장인정신이 필요하다는 점에서 알아두자. 좋은 시각화는 데이터를 전달할 뿐만 아니라, 데이터에 대한 통찰이 녹아 있다.

1.6 D3를 소개합니다!

배경지식은 이쯤에서 그만 하고, 이제 데이터 시각화가 무엇인지 배웠으니 웹에서 시각화를 하기 위한 최적의 도구인 D3에 대해 이야기해 보자.

'Data-Driven Documents'를 의미하는 D3는 프로그래밍 언어 자바스크립트의 라이브러리(library)이다. 천부적인 재능의 소유자이면서 지금도 왕성하게 활동하고 있는 마이크 보스톡(Mike Bostock)에 의해 개발되었으며, 'Data-driven documents'의 의미 그대로, 데이터를 웹 문서로 불러와서 처리할 수 있게 도와주는 도구다.

그렇구나, 신기하다! 그런데 그게 무슨 말이지?

먼저, 'D3는 자바스크립트의 라이브러리'라는 말부터 시작해 보자. D3는 어도비 일러스트레이터(Adobe Illustrator)처럼 다운로드하는 소프트웨어도, R처럼 명령줄(command line)을 이용해서 분석을 하거나 그래프를 그릴 수 있는 프로그래밍 환경도 아니다. 구글 차트(Google Charts)나 타블로 퍼블릭(Tableau Public)처럼 웹사이트에 접속해서 숫자를 넣고 시각화를 만들어 주는 온라인 도구도 아니다. 많은 라이브러리가 그렇듯, D3는 오픈소스이며, 자바스크립트라는 언어를 확장해서 데이터 시각화에 적합한 도구가 되게 해준다.

프로그래밍을 처음 접하는 독자라면 이 설명이 부족하다고 느낄 것이다. 라이브러리란 게 도대체 무엇이냐? 라이브러리 안에는 수많은 함수(function)와 메서드(method, 일단 함수와 비슷한 것이라고 생각하자)가 있다. 함수와 메서드는 자주 쓰이는 코드를 여러 번 재사용할 수 있게 한 것이고, 라이브러리는 이런 함수와 메서드를 한군데에 모아둔 것이다. 뿐만 아니라 D3는 자바스크립트를 완전히 새로운 방식으로 사용할 수 있게 해준다.

결국 D3라는 라이브러리는 함수, 메서드 그리고 그들에 대한 정의로 구성되어 있으며 하나의 자바스크립트 파일로 제공된다. 세부적인 구현체가 궁금하다면 http://d3js.org/d3.v3.js에 들어가 보자. 앞서 말했듯이 세 번째 버전이 오픈소스로 제공되고 있다.

그럼 D3는 어떻게 사용할 수 있을까? 자바스크립트를 실행할 수 있는 웹페이지를 만들어서 접근하면 된다. 브라우저에서 d3.v3.js를 실행하면 브라우저는 D3에 포함되어 있는 모든 함수와 메서드를 해석해서 사용자가 D3를 사용할 있게 해준다. 다른 사용자가 D3로 구성된 웹사이트에 접속하면 그 사용자의 컴퓨터 역시 d3.v3.js를 실행해서 D3 안에 있는 함수와 메서드를 해석한다.

D3는 프로그래머에게 자바스크립트를 완전히 새로운 방식으로 쓸 수 있게 해주는 획기적인 라이브러리이다.

D3에서 가장 혁신적인 부분은 'Data-driven documents'라는 이름에 나타난 대로 데이터 기반의 문서를 만들어 주는 능력이다. D3를 이용하면 데이터를 일종의 문서 형태인 웹페이지(web page)로 직접 불러와서 처리할 수 있다. 웹페이지란 웹브라우저가 인식하고 렌더링(rendering)할 수 있는 모든 것을 의미하며, HTML뿐만 아니라 SVG(Scalable Vector Graphics) 이미지도 웹페이지의 일종이다.

당신이 그래픽 디자이너라면 SVG 파일을 한 번쯤 다뤄 봤을 것이다. SVG는 크기를 축소하거나 확대하면 그에 맞춰 스스로 해상도를 조절하는 벡터 그래픽(vector graphics)이기 때문에, 어떤 비율로 확대해도 픽셀이 보이지 않는다. SVG는 HTML과 아주 비슷한 마크업 언어(markup language)를 이용해서 작성된다. 가령 〈p〉와 〈h1〉으로 문단과 헤더를 만드는 대신, 〈circle〉과 〈line〉을 이용해 원과 선을 만든다.

데이터 시각화 측면에서 D3의 큰 장점 중 하나는 각각의 데이터 포인트(data point)를 〈circle〉, 〈rect〉, 〈path〉 등의 SVG 요소와 결합해 주는 것이다. 이렇게 데이터와 SGV 요소가 결합되고 나면 시각적인 형태와 위치를 조절할 수 있다.

이 부분은 매우 중요하니 다시 반복하겠다. D3는 SVG의 요소와 속성들을 데이터에 맞춰 설정할 수 있게 한다. 다시 말해, D3를 쓰면 데이터 기반으로 웹페이지를 조절할 수 있다. 그것도 아주 편하게!

1.7 디자이너가 D3를 사랑할 수밖에 없는 이유

본인이 디자이너이거나, 한 번이라도 어도비 일러스트레이터, 잉크스케이프(Inkscape)를 사용해 본 사람이라면 SVG 요소를 세련되게 생성하고 지우고 변환시킬 수 있는 D3를 사랑할 수밖에 없을 것이다. 혹시 그동안 SVG 파일을 인터넷에서 찾아 애써 소프트웨어로 편집하곤 했는가? 이제 D3를 쓰면 아마 난생처음으로, SVG 마크업을 직접 다룰 수 있게 될 것이다. 심지어 용어들도 익숙할 것이다. 도형의 내부 색을 채울 때는 'fill', 테두리를 두를 때는 'stroke'라는 용어가 사용된다. 여러 객체(object)를 하나의 그룹으로 설정해서, 한꺼번에 그라데이션(gradients)을 적용하거나 클리핑 패스(clipping path)를 만들고, 투명도(opacity)를 바꿀 수도 있다. 기본 구문(syntax)만 익히면 아주 쉽게 다룰 수 있는 것들이다.

1.8 프로그래머가 D3를 사랑할 수밖에 없는 이유

당신이 프로그래머라면, 추가적인 플러그인이나 상용 프로그램 없이 HTML이나 SVG 같은 웹 표준 기술을 더욱 다양한 용도로 쓸 수 있게 해준다는 점에서 D3를 사랑하게 될 것이다. 프로토비스(Protovis), 플레어(Flare), 자바스크립트 인포비즈 툴킷(JavaScript InfoViz Toolkit) 등 D3 이전에 출시된 웹 기반 시각화 프로그램들은 각각 고유의 시각화 방식이 있었다. (기술 용어로는, 각각 서로 다른 장면 그래프(scene graph)를 이용했다는 의미이다.) D3의 경우에는 이들과 달리 웹의 장면 그래프, 즉 DOM(Document Object Model) 자체를 있는 그대로 활용하고, 데이터 기반으로 DOM을 조작할 수 있게 해준다.

뿐만 아니라 D3는 다른 라이브러리에서 유용하다고 알려진 관례를 차용하기도 한다. 가령 D3에서도 jQuery의 체인 메서드(chain method)를 그대로 가져와 여러 메서드를 연속적으로 연결시킬 수 있다.

1.9 D3를 사용하면 안 되는 경우

지금까지 이야기한 것만 놓고 보면, D3가 데이터 시각화의 유일무이한 도구라고 주장하는 것처럼 들릴 수 있다. 하지만 그렇지는 않다. 데이터를 어떻게 표현해야 할지 정확히 알고 있는 경우에는 D3가 그렇게 할 수 있도록 도와주겠지만, 주장하고자 하는 스토리에 맞는 가장 적합한 형태를 찾아주기는 어렵다. (물론, 당신이 마이크 보스톡이나 뉴욕타임스의 샨 카터(Shan Carter)처럼 D3를 능숙하게 다룰 수 있다면 다양한 그래픽 예시를 시도해 가며 적합한 형태를 선택할 수도 있기 때문에 이 말도 꼭 맞는 것은 아니다.)

또한, D3를 이용해서 웹에서 데이터를 수집하는 일도 어렵다. 대신 파이썬(Python)이라는 프로그래밍 언어는 웹 데이터 수집에 적합한 여러 라이브러리를 갖고 있다.[5]

---

5 (옮긴이) 웹 데이터를 수정할 때는 파이썬뿐 아니라 자바, C 등 다른 프로그래밍도 어렵지 않게 사용할 수 있다. 만일 파이썬을 사용할 것이라면, scrapy나 requests 같은 라이브러리를 살펴보자.

게다가 데이터를 정리하고 분석할 때도 D3는 적합한 도구가 아니다. 엑셀, 오픈오피스 칼크(OpenOffice Calc), 구글 드라이브 같은 스프레드시트 프로그램을 사용하는 것이 보다 쉽고 효과적으로 데이터를 정리하고 분석하는 방법이다. 고급 분석을 위해서는 R과 같은 강력한 통계 프로그램을 사용하는 것도 방법이다.

D3는 시각화를 빨리 만드는 데에도 적합하지 않다. 만약 데이터를 넣고 곧바로 시각화가 나오길 원한다면 타블로나 엑셀 같은 프로그램이 더 적합하다. 하지만 엑셀보다 R이 사용하기 어렵고 복잡해도 더 쉽고 자유롭고 많은 것을 할수 있듯이, D3도 R처럼 보다 복잡한 그래픽 작업을 처리할 수 있다. 즉, 2분 만에 시각화를 뚝딱 만들어 내기는 어렵지만, 타블로나 엑셀보다 훨씬 다양한 그래픽 형태를 만들고 사용자가 원하는 방식으로 수정할 수 있다.

1.10 D3를 사용할 때 유의사항

D3를 사용할 때는 사용료를 내거나 D3를 이용했다고 밝힐 필요 없이 마음대로 D3를 사용해서 신기한 것을 만들고, 심지어 팔아도 된다. 누구나 D3를 자유롭게 이용할 수 있다. 하지만 모든 브라우저가 웹 표준을 따르는 것이 아니다 보니 어떤 브라우저에서는 D3가 작동하지 않을 수도 있다. 구글 크롬, 모질라 파이어폭스, 오페라, 사파리, 인터넷 익스플로러 9 등의 모던 브라우저에서는 사용할 수 있다.

그리고 D3로 데이터를 시각화하면 사용한 데이터에 누구나 접근할 수 있다는 것을 알아두자. 대부분의 경우, 시각화를 만들어 공개했다는 것은 원본 데이터가 공개되어도 된다는 점을 의미하기 때문에 이것이 문제가 되지 않지만, 데이터 제공자가 원본 데이터 유포를 원치 않는다고 명시했다면 의도치 않게 데이터가 유출될 수 있다는 것을 염두에 두자.

1.11 D3를 사용할 때 필요한 준비물

D3로 무언가를 만들려면 손으로 직접 코딩을 해야 한다. 그러려면 가장 먼저, 사용하기 좋은 텍스트 에디터가 필요하다. 물론 마이크로소프트 워드나 기본 텍스트 에디터를 써도 되지만 이러한 소프트웨어는 프로그래밍을 위해 만들어진 것이 아니다 보니 D3를 편하게 사용하기가 힘들다.

좋은 프로그래밍 텍스트 에디터는 보통 구문강조(syntax highlighting)라는 매우 간단하지만 유용한 특징이 있다. 일상 언어의 품사처럼 프로그래밍 언어 또한 다양한 요소로 구성되어 있다. 즉, 우리말에 명사, 대명사, 동사, 형용사가 있듯이 자바스크립트에는 함수, 숫자, 문자열, 연산자 등이 있다. 구문강조 기능이 있는 텍스트 에디터는 이 요소들을 다른 색깔로 보여줌으로써 코드의 구성이나 오류를 상당히 편리하게 확인할 수 있게 해준다.

사람마다 선호하는 텍스트 에디터 종류는 다양하다. Tutorialzine.com은 무료인 텍스트 에디터뿐만 아니라 다양한 텍스트 에디터에 대한 평가를 제공하고 있다.[6]

그리고 D3를 사용하기 위해서는 웹 인스펙터(web inspector)와 자바스크립트 콘솔을 제공하는 브라우저 기반의 개발자 도구(developer tools)가 필요하다. 개발자 도구를 사용하면 HTML, CSS, 자바스크립트를 수정하고 결과를 바로 확인할 수 있다. 예를 들어 글씨 크기를 결정하기 위해 마크업에 글씨 크기를 지정하고 저장한 뒤 크기가 작다는 것을 깨닫고 다시 크기를 지정해야 하는 불편함이 사라진다. 앞으로 배우다 보면 알겠지만 자바스크립트 콘솔은 디버깅을 위해 매우 중요하다.

다행히 모던 브라우저는 모두 개발자 도구를 제공한다. 구글 크롬, 모질라 파이어폭스, 사파리, 오페라, 인터넷 익스플로러 9는 모두 개발자 도구를 탑재하고 있다. 앞으로 이 책에서도 개발자 도구와 콘솔을 자주 사용할 것이다.

---

6 http://tutorialzine.com/2012/07/battle-of-the-tools-which-is-the-best-code-editor/ 참고

1.12 요약

데이터 시각화는 분석한 정보를 한눈에 파악할 수 있는 형태로 제공하기 때문에 스토리텔링에 매우 효과적이다. 하지만 내용 자체가 재밌어야 스토리도 흥미로울 수 있고, 데이터에 알맞은 그래픽 요소와 속성을 선택해야 효과적인 데이터 시각화가 될 수 있다. D3는 'Data-Driven Documents'의 약자이며 무료로 제공하는 자바스크립트 라이브러리다. D3의 가장 큰 장점은 데이터와 그래픽 요소를 결합시켜 주는 것이다. 디자이너 입장에서는 평소 자주 쓰는 SVG 형태를 수정할 수 있게 해주고, 프로그래머 입장에서는 웹 표준을 따른다는 장점이 있다. D3로 작업하려면 좋은 텍스트 에디터를 선택해야 하고, 개발자 도구를 탑재하고 있는 브라우저가 필요하다.

2장

데이터 기반 스토리를 찾고 시각적으로 전달하기

데이터 기반 스토리(data-driven story)는 어떻게 만들고, 어떻게 하면 그것을 잘 전달하는 시각화를 만들 수 있을까? 이 장에서는 예제 스토리를 소개하고, 관련 있는 데이터를 찾고, 그런 데이터를 시각화하는 다양한 방법에 대해 알아봄으로써 앞의 두 가지 질문을 해소할 것이다. 여기서 소개되는 예제는 이 장 이후에도 D3 사용법을 설명하면서 계속 쓰일 것이니 유심히 봐 두자.

2.1 시작하기

자, 이제 데이터 시각화를 만들어 볼까? 좋은 생각이다! 어디서부터 시작해야 할까? 그래픽으로 표현할 풍부한 데이터가 있는 스토리는 어떻게 찾을 수 있을까?

데이터 기반 스토리는 보통 데이터 자체에서 출발하거나 질문에서 출발한다.

먼저 데이터로 출발했을 때 스토리를 어떻게 만들 수 있는지 보자. 새로운 데이터는 끊임없이 공개되고 지속적으로 업데이트된다. 예를 들어, 뉴욕시민들은 민원 신고 번호 311을 통해 소음 문제, 불법 주차된 차량, 유기된 동물 관련 문제 등을 신고할 수 있다. 뉴욕시에서는 이를 통해 어떤 불만이 접수되었고, 어떤 부서로 신고자가 연결되었는지, 불만이 접수된 장소는 어디였는지 등 모든 통

화에 대한 정보를 목록으로 저장하고 업데이트해서 일반인들에게 공개하고
있다. 시각적 스토리텔링에 관심 있는 사람이라면 "그래, 311 데이터로 뭘 좀
해볼까?" 또는 "이제 311 데이터 시각화도 업데이트할 때가 됐지"라고 생각할
수 있다.

한편 질문으로 데이터 기반 스토리를 만들 때는 대부분 정량적인 질문으로
시작한다. 가령 "앨범 판매, 콘서트 티켓, 스포티파이(Spotify) 같은 음원 스트리
밍 서비스를 통해 음악가는 평균적으로 얼마나 많은 돈을 벌까?"와 같은 종류
의 질문을 의미한다. 질문에 "얼마나 많은"이라는 단어가 들어간다는 것은, 데이
터 시각화를 한번 해볼 만한 질문이라는 것을 뜻한다.

질문으로 데이터 기반 스토리를 시작하는 경우에는 질문에 답을 내릴 수 있
는 데이터를 찾아야 한다. 이렇게 되면, 결국 데이터에서 출발해 스토리를 만드
는 경우와 완전히 같은 상황이 된다. (물론 데이터에서 출발한 경우보다 시각
화를 어떻게 그려 나갈지에 대한 감이 있겠지만.) 그 다음 단계는 일련의 숫자
와 정보로 구성되어 있는 데이터를 검토하고 분석함으로써 구체적으로 데이터
를 어떤 방법으로 시각화할지 찾아내는 것이다. 이때 최종적으로 해결하려는 질
문은(혹은 질문들은) 대부분 시작했을 때 처음 가졌던 질문과 달라지는 경우가
많다. 이는 데이터의 유효성이나 내용으로 인해 문제를 처음 떠올렸을 때 생각
했던 범위보다 제한되거나 넓어질 수 있고, 또는 단순화되는 경우가 있기 때문
이다. 데이터를 분석하고, 해석하고, 해결책의 방향을 수정하고, 다시 데이터를
분석하는 등의 과정이 반복되면서 스토리는 견고해진다.

개인적으로 가장 만족스러웠던 데이터 시각화 작업은 모두 질문으로 시작
된 것들이다. 어쩌면 질문으로 시작하는 것이 호기심과 시각화에 더욱 많은 영
감을 주는데 반해 데이터에서 출발하면 이런 경우가 상대적으로 드물기 때문일
수 있다. 그래서 나는 이 책에서도 예제로 사용할 법한 질문을 여럿 생각해 보았
다. 다음은 내가 최종적으로 사용하기로 결정한 예제이다.

2.2 세상은 '늙어가고' 있는가?

우리의 행성 지구가 늙어가는지를 묻는 것이 아니다(물론 지구도 계속 늙어가고 있기는 하다). 이 행성에 살고 있는 인류의 평균 연령이 유년기 및 청소년기에서 성년기로 높아지고 있는지를 묻고 있는 것이다. 다시 말해, 세상은 고령화되고 있는가? 사람의 기본적인 특징인 나이에 대해 이렇게 질문을 던지는 것 자체가 흥미롭다. 인구의 전반적인 변화에 대해 궁금해 하지 않을 사람이 어디 있을까?

어느 순간부터 세상이 고령화된다는 사실은 그리 놀라운 일이 아니다. 높은 출산율(여성 1인당 대략 2.6명) 덕에 세상은 아직 상당히 '젊지만', 이러한 추세가 지속되지 않는 이상(실제로 지속되지 않을 것이라고 예측되고 있다) 향후 50년 또는 100년 내에 고령화는 더욱 두드러질 것이다. 이런 측면에서 보면 "세상은 고령화되고 있는가?"라는 질문보다 "아직 세상은 고령화되지 않았나?"라고 물어보는 것이 더 적절할 수도 있다.

사실 이 질문은 인구성장률과도 연관이 있다. 세상이 고령화된다는 것은 인구성장이 줄고 있다는 것을 의미하기도 할 테니까. 논란의 여지도 있지만 지구 자원의 유한성을 고려해 보면 이런 현상은 바람직할지도 모른다.

하지만 질문을 좀 더 자세히 들여다보면 아주 복잡한 문제라는 것을 알 수 있다. 인구성장률 둔화는 지구에게는 좋은 일이겠지만, 고령화된 세상은 안타깝게도 인간들에게는 곤란한 일이다. 사람들은 나이가 들수록 노동시장을 떠나고 생활을 사회복지 프로그램에 더욱 의존하면서 의료비용 또한 증가한다. 대부분의 나라에서는 아직 노동시장에 속해 있는 젊은 층이 이런 사회복지 프로그램에 필요한 비용을 부담하고 있다. 가령 일본의 경우, 은퇴를 했거나 앞두고 있는 60세 이상이 인구의 1/3이나 될 정도로 문제가 되고 있다. 그렇다면 전세계적으로 은퇴자의 비율이 근로자의 비율보다 가파르게 증가하는 경우에는 어떤 일이 발생할까? 어떻게 우리는 우리의 부모와 조부모를 부양할 것인가?

우와! 세상이 고령화되고 있냐는 가벼운 질문이 금세 진지해졌다. 여기서 주목해야 할 부분은, 이 문제에 관심을 가질 만한 이유가 아주 많다는 것이다. 환

경보호론자라서 인구성장률 및 구성원의 특징에 관심이 있을 수도 있고, 꼼꼼한 정책가여서 지속가능한 국민연금 정책에 관심이 있을 수 있다. 아니면 그냥 전세계 인구통계에 관심이 있는 일반 시민이거나, 위에서 언급한 모두에 해당할 수도 있다. 이 중 어떠한 관점으로든 접근해서 데이터 기반 스토리를 만들 수 있는데, 이 책은 시각화를 배우기 위한 것이므로 정치적으로 민감한 상황은 고려하지 않고 인구통계학적인 관점에서만 문제를 바라볼 것이다.

그런데 지금은 너무 앞서 나가고 있는 것 같다. 먼저 데이터부터 찾아보자.

2.3 데이터를 찾고 탐색하기

온라인상에서 원본 데이터(raw data)를 찾을 수 있는 곳은 굉장히 많다. 유엔(UN), 세계은행(WB), 국제통화기금(IMF), 경제협력개발기구(OECD)는 전세계 각국에 대한 방대한 자료를 수집하고 있다. 많은 세계 주요도시 또한 뉴욕의 311 핫라인 데이터와 같이 지방 자치 단체(이하 지자체) 관련 데이터를 제공하고 있다. 이들은 훌륭한 자료지만 사실 빙산의 일각에 불과하다. 우리는 이런 사이트에서 제공하는, 체계적으로 정리된 데이터뿐만 아니라 프로그래밍을 통해 트위터 같은 인터넷 서비스에서 많은 자료를 추출할 수도 있다.[1]

세상이 고령화가 되고 있는지에 대해 답하기 위해서, 유엔 인구국(Population Division of the United Nations)에서 관련 데이터를 찾아보았다. 인구국에서는 전세계 인구를 연령층에 따라 1950년부터 2010년까지 5년 간격으로 추정해 왔다. 연령층은 0세~4세, 5세~9세, 10세~14세처럼 5살 단위로 나누어져 있다. 그림 2.1을 통해 데이터의 형태를 확인해 보자.[2]

또한 인구국은 2015년부터 2100년까지 5년 단위로 미래의 연령층이 어떻게 변할 것인지 예측해 놓았다. 자세히 살펴보면, 미래의 다양한 출산율을 가정해서 여러 추정치를 계산해 놓았다. 높은 출산율 시나리오에서는 높은 출산율을

---

1 (옮긴이) 국내 자료가 필요하다면 통계청 국가통계포털(http://kosis.kr/)과 한국은행 경제통계시스템 (http://ecos.bok.or.kr/)을 추천한다.

2 이 스프레드시트는 http://esa.un.org/unpd/wpp/Excel-Data/EXCEL_FILES/1_Population/WPP2012_POP_F07_1_POPULATION_BY_AGE_BOTH_SEXES.XLS에서 다운 받을 수 있다.

Reference date (as of 1 July)	Total population, both sexes combined, by five-year age group (thousands)						
	0–4	5–9	10–14	15–19	20–24	25–29	30–34
1950	337 251	269 704	260 697	238 747	222 005	194 256	167 209
1955	405 738	314 146	263 500	254 932	231 742	215 029	188 115
1960	433 231	381 461	308 046	258 324	248 292	225 859	209 154
1965	479 684	410 360	373 429	302 363	252 011	242 384	220 192
1970	520 790	461 057	405 234	368 391	296 285	246 786	237 369
1975	541 263	502 057	455 229	399 769	362 507	292 242	243 224
1980	545 877	524 690	497 005	450 683	394 321	357 215	288 242
1985	592 478	531 053	520 141	492 895	445 200	389 125	352 965
1990	644 696	578 491	527 461	516 614	486 853	439 086	384 823
1995	624 783	631 825	575 497	523 100	509 006	480 385	434 623
2000	604 456	613 690	628 646	571 501	516 100	502 205	474 365
2005	614 533	595 740	611 503	624 735	564 010	509 308	495 094
2010	642 161	607 380	592 696	606 056	617 394	559 498	503 170

그림 2.1 유엔 인구국의 데이터

Reference date (as of 1 July)	Total population, both sexes combined, by five-year age group (thousands)						
	0–4	5–9	10–14	15–19	20–24	25–29	30–34
2015	666 097	634 175	603 817	589 119	601 428	612 455	554 135
2020	668 233	658 727	630 771	600 313	584 685	596 785	607 140
2025	664 093	661 608	655 969	627 849	596 197	580 358	591 516
2030	663 764	658 124	659 148	653 250	623 697	591 710	575 328
2035	669 455	658 403	655 909	656 644	649 295	619 391	586 874
2040	677 340	664 644	656 412	653 602	652 946	645 199	614 732
2045	682 671	673 035	662 847	654 269	650 123	649 104	640 737
2050	684 194	678 836	671 418	660 852	650 994	646 532	644 911
2055	682 738	680 791	677 396	669 569	657 791	647 616	642 561
2060	680 700	679 723	679 483	675 686	666 704	654 591	643 861
2065	678 923	678 018	678 535	677 905	673 016	663 671	651 030
2070	677 165	676 526	676 936	677 082	675 425	670 154	660 295
2075	674 551	675 006	675 531	675 594	674 775	672 721	666 959
2080	669 948	672 593	674 081	674 288	673 451	672 228	669 713
2085	663 922	668 166	671 731	672 927	672 292	671 041	669 396
2090	656 828	662 292	667 357	670 663	671 072	670 013	668 379
2095	649 417	655 323	661 526	666 367	668 944	668 913	667 505
2100	641 628	648 019	654 592	660 608	664 779	666 901	666 552

그림 2.2 평균 출산율 시나리오

가정하였고 낮은 출산율 시나리오에서는 낮은 출산율을 가정하였다. 평균 출
산율 시나리오와 현재와 같은 수준의 출산율을 가정하는 시나리오도 사용되
었다.

  그럼 이 중에서 어떤 시나리오를 써야 할까? 다양한 시나리오의 평균치를 이
용하는 평균 출산율 시나리오를 쓰는 것이 가장 바람직할 것이다. 평균 출산율
시나리오에 해당하는 데이터는 과거 연령층 추정 파일 안의 다른 워크시트에 있

다. 그림 2.2를 통해 데이터의 형태를 확인해 보자.

모든 데이터는 인구수(명)로 나타나 있는 것을 확인할 수 있다. 하지만 우리에게 정말 필요한 것은 비율이다. 1950년의 총 인구에서 0~4세에 해당하는 인구의 비율은 얼마였고 2010년과 비교하면 어떻게 다른가? 2010년의 총 인구는 1950년 때보다 거의 3배나 많기 때문에 두 해의 총 영유아 인구를 비교해서는 안 된다.

인구수를 비율로 변환시키는 작업은 간단하다. 연도별 0~4세에 해당하는 인구수를 해당 연도의 총 인구수로 나누면 된다. 해당 연도의 총 인구수는 해당 연도의 모든 연령층에 속해 있는 인구수를 더하면 구할 수 있다. 같은 작업을 5~9세 연령층, 10~14세 연령층 등 모든 연령층에 동일하게 시행한다. 유엔 인구국의 데이터를 인구수에서 비율로 전처리하는 구체적인 방법은 부록 B에 실려 있다. 변환이 완료되면 테이블은 그림 2.3과 같이 바뀌어 있을 것이다.

이제 '세상이 고령화되고 있는가'라는 질문에 대답하기 위한 모든 자료를 다 구했다. 그림 2.3만 살펴보더라도 금방 질문에 대답할 수 있을 것이다. 2010년부터 2050년까지 0~4세 연령층의 인구 비율은 9.3%에서 7.2%로 하락할 것이며 5~9세 연령층은 8.8%에서 7.1%로, 10~14세 연령층은 8.6%에서 7.0%로 그리고 15~19세 연령층은 8.8%에서 6.9%로 줄어들 것이다. 위 연령층을 모두 합쳐서 고려해 보면 총 인구에서 20세 이하의 비율은 2010년 35.4%에서 2050년에는 28.2%까지 줄어들 것이다. 이번에는 그림 2.4를 참고하면서 반대편에 있는 고연령층을 보도록 하자.

2010년부터 2050년까지 나이가 더 많은 연령층의 비율을 비교해 보자. 앞으로 40년 동안 60세 이상의 연령층 비율은 어떻게 변할까? 2010년에는 해당 비율이 11.2%에 불과하지만, 2050년에는 21.2%로 증가할 것이라고 예측되었다! 엄청난 증가율이다. 세상은 확실히 고령화되고 있다. 우리는 이렇게 데이터 기반의 스토리를 만들어 냈다.

	A	B	C	D	E	F
1	year	0-4	5-9	10-14	15-19	20-24
2	1950	13.4%	10.7%	10.3%	9.5%	8.8%
3	1955	14.7%	11.4%	9.5%	9.2%	8.4%
4	1960	14.3%	12.6%	10.2%	8.5%	8.2%
5	1965	14.4%	12.3%	11.2%	9.1%	7.6%
6	1970	14.1%	12.5%	11.0%	10.0%	8.0%
7	1975	13.3%	12.3%	11.2%	9.8%	8.9%
8	1980	12.3%	11.8%	11.2%	10.1%	8.9%
9	1985	12.2%	10.9%	10.7%	10.1%	9.2%
10	1990	12.1%	10.9%	9.9%	9.7%	9.1%
11	1995	10.9%	11.0%	10.0%	9.1%	8.9%
12	2000	9.9%	10.0%	10.3%	9.3%	8.4%
13	2005	9.4%	9.1%	9.4%	9.6%	8.7%
14	2010	9.3%	8.8%	8.6%	8.8%	8.9%
15	2015	9.1%	8.7%	8.2%	8.0%	8.2%
16	2020	8.7%	8.5%	8.2%	7.8%	7.6%
17	2025	8.2%	8.2%	8.1%	7.8%	7.4%
18	2030	7.9%	7.8%	7.8%	7.8%	7.4%
19	2035	7.7%	7.5%	7.5%	7.5%	7.4%
20	2040	7.5%	7.4%	7.3%	7.2%	7.2%
21	2045	7.3%	7.2%	7.1%	7.0%	7.0%
22	2050	7.2%	7.1%	7.0%	6.9%	6.8%

그림 2.3 퍼센트로 나타낸 데이터(1950년부터)

	A	N	O	P	Q	R
1	year	60-64	65-69	70-74	75-79	80+
2	1950	2.9%	2.2%	1.5%	0.9%	0.6%
3	1955	2.8%	2.2%	1.5%	0.9%	0.6%
4	1960	2.8%	2.1%	1.5%	0.9%	0.6%
5	1965	2.9%	2.1%	1.4%	0.9%	0.6%
6	1970	2.9%	2.2%	1.5%	0.9%	0.7%
7	1975	2.9%	2.3%	1.6%	1.0%	0.8%
8	1980	2.7%	2.3%	1.7%	1.1%	0.9%
9	1985	2.9%	2.1%	1.7%	1.2%	1.0%
10	1990	3.0%	2.3%	1.6%	1.2%	1.1%
11	1995	3.0%	2.5%	1.8%	1.1%	1.2%
12	2000	3.1%	2.5%	1.9%	1.3%	1.2%
13	2005	3.0%	2.6%	2.0%	1.4%	1.4%
14	2010	3.4%	2.6%	2.1%	1.5%	1.6%
15	2015	4.0%	2.9%	2.1%	1.6%	1.7%
16	2020	4.1%	3.4%	2.4%	1.6%	1.9%
17	2025	4.5%	3.6%	2.9%	1.9%	2.0%
18	2030	4.8%	4.0%	3.0%	2.2%	2.3%
19	2035	4.8%	4.2%	3.4%	2.4%	2.8%
20	2040	4.8%	4.3%	3.6%	2.7%	3.2%
21	2045	5.2%	4.3%	3.8%	2.9%	3.6%
22	2050	5.6%	4.7%	3.7%	3.1%	4.1%

그림 2.4 더 높은 연령대(60세 이상)

2.4 콘셉트 갈고 닦기

자, 이제 우리에게 데이터와 스토리가 있으니 시각화를 시작하기 전에 정확히 어떤 것을 보여 주고 싶은지 고민을 조금 해보자.

먼저 몇 가지를 고민해 보자. 첫 번째로 과연 5살 단위로 구성되어 있는 연령층 그룹을 모두 보여 줄 필요가 있을까 아니면 연령층 그룹을 0~19세, 60세 이상 같이 더 큰 그룹으로 묶는 것이 더 바람직할까? 두 번째로 어떤 연도 데이터를 보여 줘야 할까? 2010년 데이터부터 보여 줘야 할까 아니면 이전부터 보여 줘야 할까? 그리고 2100년 데이터까지 보여 줘야 할까 아니면 예측을 가까운 미래까지만 제한해야 할까?

이러한 질문에 답을 하려면 중요한 판단들을 내려야 한다. 데이터의 어떤 부분이 개인적으로 가장 흥미로운가? 시각화의 대상은 누구이며 그들은 무엇을 알고 싶어 하는가?

이런 관점에서 모든 연령층을 5살 단위로 보여 주는 것이 중요할까? 80세 이상의 연령층이 다른 연령층보다 월등히 빠르게 증가하고 있기 때문에 모든 연령층을 보여 주는 것이 중요할 수도 있다. 60세 이상의 연령층을 모두 합치면 이런 흥미로운 정보를 잃어버리게 되기 때문이다. 하지만 연령층을 합쳐도 데이터를 매우 정확하게 표현할 수 있는 그래프 형태가 존재한다면 연령층을 합치는 것도 나쁘지 않을 수 있다.

그럼 다음 질문으로 넘어가 보자. 우선 몇 년도 데이터부터 보여 줘야 할지 정해야 한다. 1950년부터 보여 주도록 하자. 그렇게 하면 미래의 고령화 추세뿐만 아니라 과거의 추세도 볼 수 있을 것이다. 또한 과거 데이터를 포함하면서 장기적인 추세와 많은 정보를 제공할 것이다. 물론, 과거 데이터는 과거이긴 하다. 유엔에서 과거 인구를 추정하기 위해서 여러 가설을 이용했을 것이다. 하지만 미래의 인구를 추측하는 데 쓰인 가설만큼 많은 가설을 쓰지는 않았을 것이다. 우리는 미래보다 과거에 대해 더 많이 알고 있기 때문에 과거 자료를 시각화에 포함시키는 것은 현실을 더 정확하게 반영할 수 있다.

그럼 몇 년도 데이터까지 보여 줘야 할까? 더욱 먼 미래의 데이터를 보여 주는 것은 시각화하기 어렵기 때문에 2100년도 데이터까지 보여 줄 필요는 없어 보인다. 2050년 데이터까지 보여 주는 것이 괜찮을 것 같다. 어찌 보면 임의적인 기준일 수도 있겠지만 시각화에 정확히 100년의 데이터를 포함할 수 있기 때문이다. 더 객관적인 이유는 2050년이면 불과 35년 후의 미래이지만 유엔은 그 사이에 연령 분포가 상당히 변할 것이라고 예측하고 있기 때문이다.

자, 이제 범위를 정했으니 실제로 시각화를 디자인해 보자!

2.5 형태 고르기

1장에서 좋은 데이터 시각화의 핵심은 적절한 그래픽 요소와 속성을 선택하는 것이라고 이야기했다. 적절한 그래픽 요소와 속성은 시각화의 형태를 결정할 뿐 아니라 시각적 스토리텔링에서 중요한 역할을 담당한다.

당연히 매번 완전히 새로운 형태를 만들 필요는 없다. 막대 그래프, 선 그래프, 산포도(scatter plot), 레이더 작도(radar plotting), 생키 도표(Sankey diagram), 슬로프 그래프(slope graph), 등치 지역도(choropleth map) 같이 이미 널리 쓰이고 있는 그래프 형태를 고르면 된다. 대부분의 경우, 오랫동안 널리 써 온 형태를 선택하는 것으로 충분하다.

하지만 어떤 것을 선택해야 할까? 여러 형태 중에서 어떤 형태를 선택하든 각 형태마다 강조하는 부분이 있고 덜 강조하는 부분이 있기 때문에 장단점이 있다. 형태에 따라 데이터의 특정한 면을 비교할 수도 있고 없을 수도 있다. 그럼 이제 우리의 연령 분포 데이터를 나타낼 수 있는 다양한 그래픽 형태를 하나씩 살펴보자.

컬럼 차트로 데이터 보여 주기

가장 기본적인 컬럼 차트부터 시작해 보자. 컬럼 차트에서 그래픽적 요소는 수직으로 정렬된 사각형 컬럼이다. 컬럼의 길이(높이)는 해당 분류에 속하는 속성의 개수를 나타낸다. 그림 2.5는 우리의 연령 분포 데이터를 컬럼 차트로 표현한다. 여기서 속성은 사람이고, 우리가 관심 갖고 있는 분류 기준은 나이와 시간이

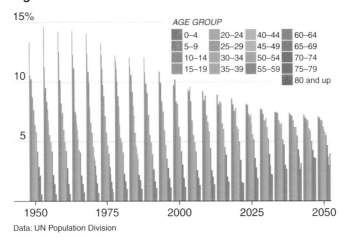

그림 2.5 연령층 데이터에 대한 컬럼 차트

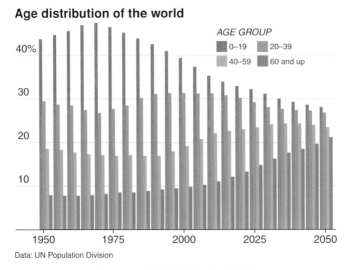

그림 2.6 네 개의 연령대에 대한 컬럼 차트

다. 여기서 나이는 연속체로(0~80+세) 표현하기보다는 간단하게 5살 단위로 분류하여 정리되었다(0~4세, 5~9세 등).

어떻게 생각하는가? 이 차트는 세상이 고령화되고 있다는 것을 잘 보여 주고 있는가?

그렇지 않다. 왜? 너무나 많은 컬럼이 있기 때문이다! 연령 분포에 대한 정보가 파묻혀버린다. 『월스트리트저널 인포그래픽 가이드(Wall Street Journal Guide to Information Graphics)』(2014, 인사이트)의 저자이자 월스트리트저널 그래픽 부서장이었던 도나 웡(Dona M. Wong)은 컬럼 차트에서 항목의 수를 4개 이하로 제한하라고 했다. 이것은 매우 좋은 조언이고 그렇게 하면 그림 2.6처럼 17개의 5살 단위의 그룹을 4개의 더 큰 그룹으로 묶을 수 있다(0~19세, 20~39세, 40~59세, 60세 이상).

조금 더 깔끔해 보이지 않나? 이 차트는 어떤가? 세상이 고령화가 되고 있는 전반적인 추세를 볼 수 있기는 하다. 하지만 연령층을 4개의 큰 연령대로 구성했기 때문에 80세 이상의 연령층이 얼마나 빠르게 증가할 것인지는 보기 힘들다. 그러면 다른 대안들을 살펴보자.

누적 컬럼 차트로 데이터 보여 주기

컬럼을 서로 옆에 위치시키지 말고 위로 쌓아 올려 보면 어떨까? 그림 2.7은 컬럼을 위로 쌓아 올린 형태인 누적 컬럼 차트를 보여 주고 있다.

누적 칼럼 차트 또한 칼럼 차트처럼 17개의 그룹을 모두 나타내기는 힘들다. 그러면 17개의 그룹을 다시 합쳐서 어떻게 보이는지 확인해 보자.

합쳐서 보니 나쁘지 않은 것 같다. 그림 2.8과 그림 2.6의 컬럼 차트와 비교하면 어떤가? 훨씬 이해하기 쉬워 보인다. 0~19세 연령층은 감소하고 있고 60세 이상의 연령층은 증가하고 있는 것을 바로 확인할 수 있다. 그래프 형태 중에서 누적 컬럼 차트는 그래프의 구성요소를 잘 보여 준다. 색깔이 다른 컬럼들은 각각 다른 연령층을 나타낸다는 것을 바로 알 수 있다. 그림 2.5에서는 쉽게 구성연령층을 확인하기 어려웠다.

누적 컬럼 차트를 컬럼 차트와 비교했을 때는 단점이 있다. 2050년을 보자. 연령층 비율의 크기에 따라 정렬을 하면 크기가 비슷해질수록 해당 연도별 연령층의 비율을 비교하기 어려워진다. 두 물체의 끝이 서로 맞닿지 않으면 두 물체의

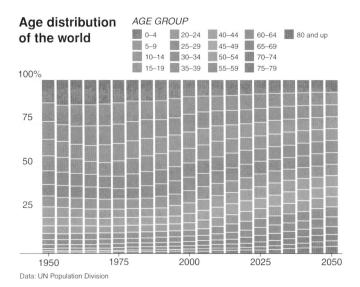

그림 2.7 누적 컬럼 차트

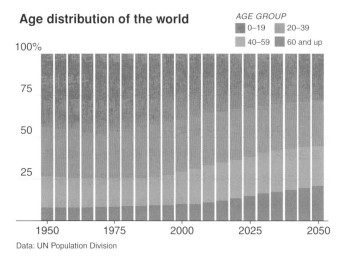

그림 2.8 보다 단순한 누적 컬럼 차트

높이를 비교하기 어렵기 때문이다.[3] 그림 2.5의 컬럼 차트에서는 모든 컬럼의 시작점이 밑에 있는 직선에 위치하고 있기 때문에 컬럼의 높이를 보면서 서로 비교할 수 있었다. 하지만 컬럼들을 위로 쌓아 올려버리면 컬럼의 길이를 비교할 수 없게 된다.

컬럼 차트와 누적 컬럼 차트가 주어졌을 때 어떤 것을 선택하겠는가? 둘 다 장단점이 있기 때문에 편집자의 판단이 중요해진다. 만약 목적이 단순히 세상은 고령화가 되고 있는지에 대한 질문에 해답을 내리는 것이라면 누적 컬럼 차트가 더 적절하다. 명확하게 고령화가 되고 있다는 것을 보여 주고 있기 때문이다. 반면에 해당 연도마다 구성 연령층을 볼 수 있는 것이 중요하다면 컬럼 차트가 더 적절할 수 있다.

선 그래프로 데이터 보여 주기

물론 선택지에 컬럼 차트와 누적 컬럼 차트만 있는 것은 아니다. 선 그래프라는 다른 데이터 시각화 형태를 쓰면 어떻게 데이터가 보이는지 살펴보자.

그림 2.9에 있는 선 그래프를 살펴보면 희한한 점을 볼 수 있다. 시간이 지나면서 인구가 단계적으로 감소하고 있다. 예를 들어 1950년의 5~9세 연령층, 1955년의 10~14세 연령층, 1960년의 15~19세 연령층에서 급격하게 감소하고 있음을 알 수 있다. 왜 이러한 급격한 감소폭이 존재할까? 해답은 제2차 세계 대전에 있었다. 전쟁이 한창이었던 1939년부터 1944년 사이에 출산율이 낮았기 때문이다. 그 당시 태어난 아기들은 1950년에는 대략 6~11세였기 때문에 5~9세 연령층이 감소한 것을 볼 수 있다.

이렇게 시각화를 통해 원본 데이터에서는 알 수 없었던 신기한 정보를 찾아낼 수 있었다. 시각화는 시각화를 보는 사람뿐 아니라 데이터 시각화를 디자인한 이에게도 새로운 패턴을 발견할 수 있게 해 준다.

시각화 작업을 하면서 새로운 정보를 발견하고 시각화의 범위를 조금씩 수정

---

3 참고 문헌: W. Cleveland and R. McGill(1984), Graphical Perception: Theory, Experimentation, and Application to the Development of Graphical Methods, Journal of the American Statistical Association, Vol. 79, No. 387

Age distridution of the world

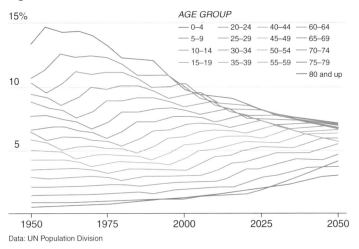

Data: UN Population Division

그림 2.9 선 그래프

Age distribution of the world

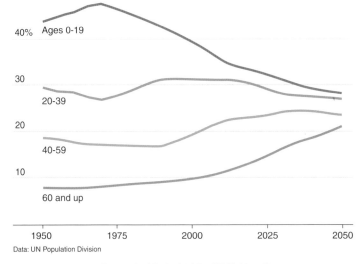

Data: UN Population Division

그림 2.10 더 적은 수의 선을 사용한 선 그래프

하다 보니 데이터 시각화 디자인은 반복적인 과정을 거친다는 것을 알 수 있다. 여기서 최종적인 시각화가 어떤 형태를 가지든 간에, 급격한 인구 감소를 보여 주기로 결정했다고 하자.

그림 2.9는 인구 감소폭을 잘 보여 주면서 세상이 고령화되고 있다는 사실도 잘 보여 주고 있는가? 그렇지 않다. 오히려 시간의 흐름에 따라 선들이 겹쳐져서 그래프를 이해하는 것이 어려워진다. 이전과 같이 4개의 큰 그룹으로 연령층을 합치면 어떻게 되는지 확인해보자(그림 2.10).

제2차 세계 대전으로 인한 인구 감소폭이 아직 남아 있긴 하지만 예전만큼 뚜렷하지 않다. 그림 2.10의 선 그래프와 그림 2.6의 컬럼 차트를 비교해 보자. 어떻게 보이는가? 둘 다 비슷한 방식으로 정확하게 똑같은 동향을 보여 주고 있다. 하지만 컬럼 차트에서는 컬럼 사이의 동향을 찾아내기 어렵고, 선 그래프에서는 쉽게 찾을 수 있다.

이제 그림 2.10의 라인 차트와 그림 2.8의 누적 컬럼 차트를 비교해 보자. 각각의 장단점은 무엇인가? 그림 2.8은 확실히 각 컬럼의 구성 연령층을 잘 보여 준다. 하지만 각 여도별로 연령층의 비율을 비교하기는 힘들다. 컬럼 중앙에 있는 연령층의 동향 또한 파악하기 힘들다. 0~19세 연령층은 컬럼의 윗부분에 있고 60세 이상은 아래 부분에 위치해 있기 때문에 두 연령층의 변화는 쉽게 볼 수 있다. 하지만 컬럼 중간에 있는 연령층의 동향은 보기 힘들다.

이에 반해 그림 2.10의 선 그래프로 모든 연령층의 동향 및 연도별 비율을 확인할 수 있다.

원 그래프로 데이터 보여 주기

그럼 이제 특정 연도의 연령 분포에 대해 더욱 자세히 알아보고 싶다고 치자. 과연 어떻게 해야 할까? 그림 2.11에서 보여 주듯이 원 그래프를 쓸 수 있을 것이다.

원 그래프는 데이터 시각화 분야에서 호불호가 갈리는 형태이다. 차트 형태 중에서 사람들에게 가장 친근하게 다가갈 수 있는 형태이다보니 사람들에게 부담을 주지 않고 흥미를 유발하고 싶어 하는 디자이너들에게는 솔깃한 그래프 형태이다. 하지만 원 그래프는 데이터를 효과적으로 보여 주기에는 적합하지 않다.

원 그래프의 그래픽 요소는 당연히 하나의 원을 여러 조각으로 잘라 정보를 나타내는 형태이다. 그럼 이런 요소를 구분 짓는 속성은 무엇인가? 그래픽 속성은 각 조각의 두 현이 만드는 각도이다. 큰 조각의 각도는 작은 조각의 각도보다 크다.

하지만, 보통 사람들은 각도의 차이를 쉽게 알아차리지 못한다고 한다. 우리는 보통 둔각(90도보다 큰 각)의 경우 실제보다 더 크게 추측을 하며 예각(90도보다 작은 각)의 경우 실제보다 더 작게 추측한다고 한다. 또한, 우리는 똑같은 넓이의 조각이 수직으로(조각의 모서리가 위나 아래로 향하고 있을 때) 위치하고 있을 때보다 수평으로(조각의 모서리가 오른쪽이나 왼쪽에 향하고 있을 때) 위치하고 있을 때 더 넓다고 인식한다. 그렇기 때문에 그림 2.11처럼 원 그래프의 모든 조각들이 다른 방향을 향해 위치하고 있을 때 조각의 넓이를 제대로 파악하기 어려울 수 있다.

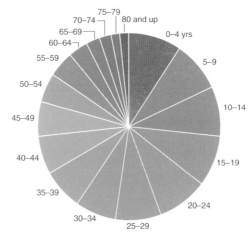

그림 2.11 원 그래프

Age distribution of the world, 2010

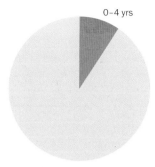

Data: UN Population Division

그림 2.12 한 조각만 있는 원 그래프

몇몇 전문가는 원 그래프로 모든 부분을 서로 비교하는 것보다 한 부분을 전체에 비교할 때만 이용하는 것을 추천한다. 즉, 원 그래프에서 조각의 개수를 하나로 제한하는 것이 바람직하다는 것이다. 그림 2.11에서 조각의 개수를 줄여총 인구에서 0~4세 연령층만 나타낸 그림 2.12는 좋은 예시이다.

하지만 그림 2.12은 실제로 유용한가? 이러한 형태의 원 그래프를 모든 연령층에 대해 그리면 유용해지는가? 별로 그렇지는 않다. 물론 원 그래프를 쓰고싶을 때도 있지만 유용하지 않을 경우가 굉장히 많다.

막대 그래프로 데이터 보여 주기

더 효과적으로 특정 연도의 연령층 비율을 비교하기 위해 그림 2.13과 같이 간단한 막대 그래프를 만드는 방법을 쓸 수 있다.

컬럼 차트와 비슷하게 막대 그래프도 길이가 다른 여러 사각형으로 구성되어있다. 차이점은 그림 2.13에서 보이듯이 막대 그래프는 막대가 가로나 세로로위치할 수 있다는 점이다. 그리고 각각의 막대는 주로 하나의 속성, 분류 혹은범위를 의미한다. 그림 2.5(26쪽)에 있는 컬럼 차트와 다르게 그림 2.13에서는 시간이라는 속성이 빠져 있다. 그림 2.13은 특정한 시점(2010년)의 연령층 분포를나타내고 있다. 연령층 분포를 시간에 따라 나타내고 있지 않기 때문에 더욱 이

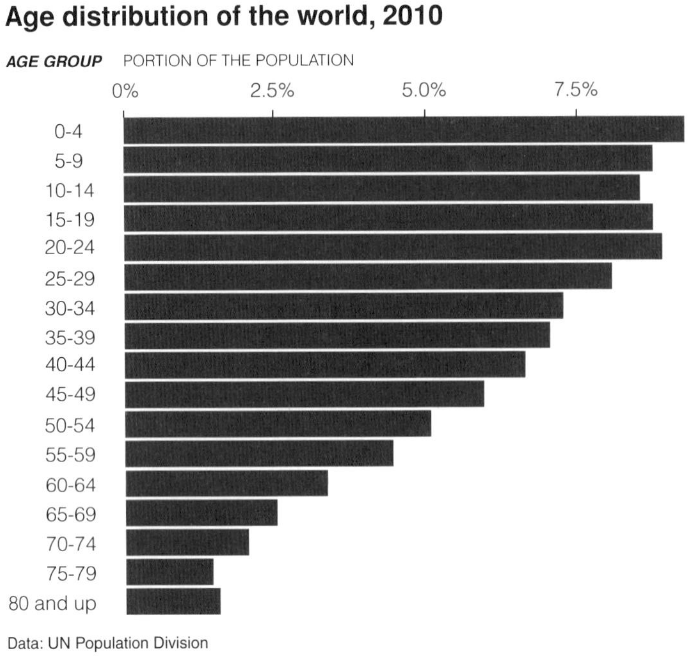
Age distribution of the world, 2010
AGE GROUP
PORTION OF THE POPULATION
0%
2.5%
5.0%
7.5%
0-4
5-9
10-14
15-19
20-24
25-29
30-34
35-39
40-44
45-49
50-54
55-59
60-64
65-69
70-74
75-79
80 and up
Data: UN Population Division

그림 2.13 막대 그래프

해하기 쉬운 그래프를 만들 수 있었다.

노트

막대 그래프와 컬럼 차트에 대한 참고사항: 두 형태 모두 데이터를 사각형의 길이 차이로 나타내기 때문에 모든 사각형을 끝까지 보여 주는 게 중요하다. 그래프의 모든 사각형은 0에서 시작하고 가장 길이가 긴 사각형은 시각화에서 가장 높거나 먼 지점 근처까지 뻗어 나가야 한다.

그렇다면 그림 2.13은 얼마나 좋은 시각화인가? 지금까지 연도별로 각각의 연령층 비율을 막대 그래프만큼 정확하고 명확하게 나타낸 형태는 없었다. 하지만 지금 상태의 막대 그래프를 통해 연도별 연령층 비율을 비교할 수는 없다. 걱정할 필요는 없다. 그런 비교가 가능한 막대 그래프를 만드는 방법이 있으니까!

여러 개의 막대 그래프로 데이터 보여 주기

만약 해마다 그림 2.13의 막대 그래프를 만들어 커다란 시각화에 합쳐 놓으면 어떨까? 모든 막대 그래프를 그림 2.13과 같은 크기로 만들면 엄청나게 큰 시각화가 필요할 것이다. 하지만 연령층 그룹과 막대 그래프의 크기를 줄여서 하나의 시각화로 모아 놓으면 어떨까? 어쩌면 쓸만한 시각화가 생길 것이다. 다음 페이지의 그림 2.14를 참고하자.

이렇게 작고 비슷한 모양의 그래프들을 모아 놓은 그래픽 형태를 트렐리스 차트(trellis chart), 격자 차트(grid chart), 패널 차트(panel chart) 혹은 래티스 차트(lattice chart)라고 한다. 저명한 정보 시각화 연구자이자 저자인 에드워드 터프티(Edward Tufte)는 이런 형태를 스몰 멀티플(small multiple)이라는 명칭으로 부르기도 하였다. 터프티는 저서인 『Envisioning Information』(1990, Cheshire, Conn, Graphics Press)에서 다음과 같이 주장하였다.

양적 추론의 핵심은 "무엇과 비교해서?"라는 질문을 대답하는 것이다. 스몰 멀티플 디자이운 다양하고 많은 양의 데이터를 포함하고 있기 때문에 여러 변화, 물체, 대안들을 시각적으로 비교할 수 있고 질문에 해답을 제공해 줄 수 있다. 다양한 데이터 시각화 문제를 해결하는 데 스몰 멀티플은 최고의 디자인 형태이다.

그럼 스몰 멀티플의 장단점은 무엇인가? 스몰 멀티플은 막대 그래프와 같이 특정한 시점의 연령층 분포를 비교할 수 있게 해준다. 또한, 세로축으로 내려가면서 연도가 증가하고 있기 때문에 연도별 연령층 분포를 비교할 수도 있다.

하지만 인구가 고령화되고 있다는 전반적인 추세는 잘 보여 주지 못한다. 물론 그런 정보가 내포되어 있기는 하지만 다른 디자인 형태처럼 한눈에 바로 들어오지는 않는다.

그럼 지금까지 본 그래픽 형태 중에서 어떤 것이 가장 좋을까? 무엇을 보여 주고 싶은지에 따라 대답은 달라진다. 만약 간단하게 세상이 고령화가 될 것이라는 사실을 보여 주고 싶다면 그림 2.8의 누적 컬럼 차트나 그림 2.10의 라인 차

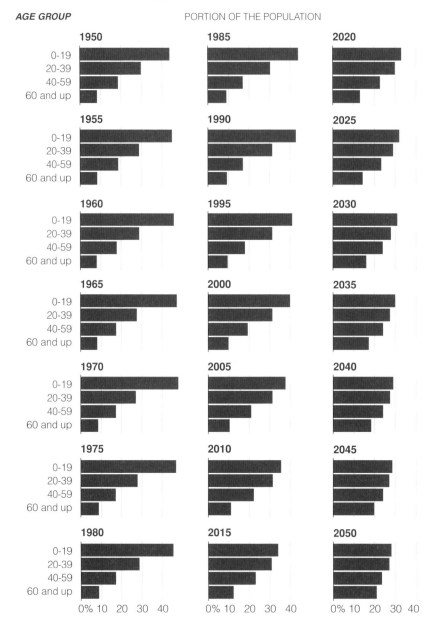

Age distribution of the world

Data: UN Population Division

그림 2.14 스몰 멀티플 막대 그래프

트가 좋은 선택이 될 것이다. 또는 전반적인 추세보다는 특정 연도 내 비교가 목적이면 스몰 멀티플을 선택하는 게 좋을 것이다. 이처럼 그래프를 선택하는 것은 간단하게 해답을 내릴 수 있는 질문이 아니다. 가지고 있는 데이터의 형태와 데이터를 통해서 무엇을 보여 주고 싶은지에 따라 그래픽 형태를 선택해야 한다.

그래프 추천 – 그래프 선택을 도와줄 도표

우리는 지금까지 같은 데이터를 이용해서 다양한 시각화 방법에 대해 알아보면서, 장단점을 분석해 보았고, 시각화 목적에 따라 몇 가지 그래픽 형태를 추천해 보았다. 하지만 여러 형태의 그래프를 다 만들어 보고 그중에서 가장 좋은 형태를 선택하는 방식이 효율적일까? 당연히 아니다.

일단 R 같은 프로그램이나 엑셀, 오픈 오피스, 구글 드라이브 같은 스프레드시트 소프트웨어를 이용해 간단한 그래프를 만들어 보고 데이터를 시각화했을 때 어떤 특징을 갖고 있는지 먼저 확인해 보는 것도 좋은 방법이다.

> **노트**
>
> 나는 개인적으로 보통 R을 이용해서 그래프를 만들고 잉크스케이프 혹은 어도비 일러스트레이터를 통해 최종 수정 작업을 한다. ggplot2를 써 본 사용자들은 색상을 보고 금세 알아차렸겠지만 이 장에서 보여 준 그래프들은 바로 이런 방식으로 만든 것이다.

점점 경험이 쌓이면 그래프를 직접 그리기 전에 어떤 그래프가 적합하고 적합하지 않은지 판단할 수 있는 직관이 생길 것이다. 그 전까지는 그래픽 형태를 선택하는 데 도움이 될 수 있는 도표를 사용할 수 있다. 그림 2.15의 도표는 워싱턴 주에 있는 미국 가톨릭대학교(Catholic University of America)의 마케팅 교수이자 경영학과 학과장인 앤드류 아벨라 박사(Dr. Andrew Abela)가 고안한 것이다.

앞서 이야기한 것과 같이 이 도표는 그래프 선택을 도와 주는 것에 불과하며, 반드시 도표를 따를 필요도 없다. 하지만 데이터 시각화에 많은 경험이 없다면

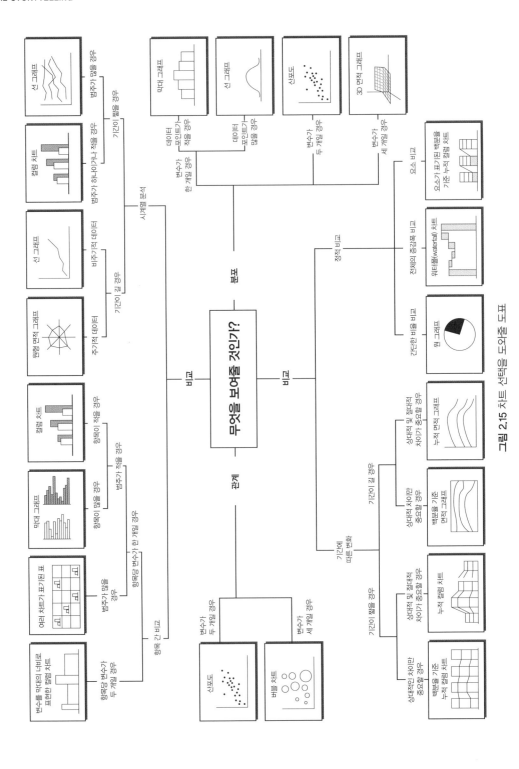

그림 2.15 차트 선택을 도와줄 도표

상황에 알맞은 그래프 형태를 선택하는 데 도움이 될 것이다.

노트

이 도표는 애니메이션이나 시각화 대상과의 소통에 대해서는 고려하고 있지 않다. 즉, 시각화의 최종 결과가 움직이지 않고, 클릭할 수 없으며, 이미지 파일로 존재할 것이라는 가정으로 만들어졌다. 애니메이션이나 시각화 대상과의 소통을 고려한다면 선택의 폭은 달라진다.

2.6 이 책에서 다룰 예제

그러면 이제부터 인구 데이터로 무엇을 해볼까? 우리는 지금까지 몇 가지 괜찮은 방법에 대해 이야기해 왔다. 하지만 개인적으로 지금까지 이야기한 것과는 다른 작업을 하는 것이 좋다고 생각한다. 적어도, 조금은 다른 작업을 하는 게 좋을 것 같다.

앞으로 책에서 다룰 데이터 시각화 작업은 그림 2.16과 많이 비슷할 것이다.

언뜻 보면 그림 2.13의 막대 그래프와 거의 동일하다. 하지만 몇 가지 차이점이 있다. 첫째, 연령층의 순서가 뒤집혀져 있다. 왜 그럴까? 보통 연령층 분포를 나타내는 그래프에서는 연령층이 높은 그룹을 가장 위로, 연령층이 낮은 그룹을 가장 아래로 두는 것이 관례기 때문이다. 하지만 더 중요한 차이는 '인터랙티브'할 것이라는 점이다. 'PLAY ALL YEARS(전체 연도 재생)'라고 적힌 문구와 그 아래 두 줄에 데이터에 포함된 모든 연도가 나열되어 있다. 앞으로 만들 그래프에서는 연도를 클릭할 수 있을 것이다. 연도를 클릭했을 때 막대들은 해당 연도에 알맞은 크기에 도달할 때까지 커지거나 줄어들 것이다. 'PLAY ALL YEARS'를 눌렀을 때, 차트는 처음에 1950년으로 설정될 것이고 자동으로 연도가 바뀌면서 연령층 분포가 변할 것이다.

물론 고령화 추세를 한눈에 알아볼 수 없다는 점에서는 최고의 그래픽 형태라고 말할 수 없다. 하지만 D3의 중요한 특성들을 배워 볼 수 있는 최고의 예제이다. 지금부터 D3를 사용해 중간 크기의 데이터에 대한 웹페이지용 그래픽을 어떻게 생동감 있고 인터랙티브하게 만들 것인지 배울 것이다. 재미있을 것 같지

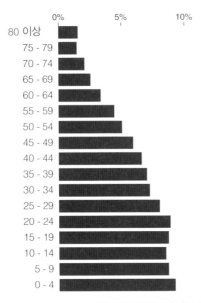

전세계 연령 분포

▶ PLAY ALL YEARS

1950 1955 1960 1965 1970 1975 1980 1985 1990 1995 2000
2005 **2010** 2015 2020 2025 2030 2035 2040 2045 2050

연령 그룹 *PORTION OF THE POPULATION*

그림 2.16 이 책에서 만들 목표

않은가? 좋다! 그럼 이제 시작해 보도록 하자.

2.7 요약

이 장은 책에서 예제로 사용할 데이터에 대해 소개했다. 하지만 이것만 이야기한 것이 아니다. 주어진 데이터에서 시작하거나, 질문으로 시작해서 데이터로 해답을 찾는 방법에 대해 이야기했다. 또한, 데이터를 분석하면서 작업 전에는 생각하지 못했던 것을 그래픽에 추가할 수도 있다는 것을 알게 되었다. 마지막으로 디자인 작업을 시작하기 전에 편집자의 판단을 통해 콘셉트를 조금씩 수정해야 된다는 것을 알게 되었다.

3장

SVG - 확장 가능한 벡터 그래픽

이 장에서는 확장 가능한 벡터 그래픽(이하 SVG)을 소개할 것이다. SVG 요소를 생성하고, 디자인하고, 변환하는 방법을 익히기 위해 먼저 SVG의 기초를 다룬 후, 2010년 전세계 연령 분포에 대한 막대 그래프를 SVG로 구현해 보자. 해당 내용은 HTML과 CSS에 대한 기본적인 배경지식이 있다고 가정하고 진행한다.

3.1 원리 살펴보기

지금부터 2장 마지막에서 언급한 전세계 연령 분포에 대한 막대 그래프를 구현할 것이다. (단, 이 장의 결과물은 인터랙티브하지 않다. 인터랙티브하게 만들기 전에 2010년이나 다른 연도 하나를 골라 정적인 형태로 구현해 보는 것이 좋기 때문이다.) 먼저 SVG를 이용해 막대 그래프를 처음부터 차근차근 만들어 보자. 이렇게 하는 이유는 SVG가 어떻게 작동하는지 알고 난 다음, 다양한 SVG 요소를 생성하고 다루는 D3를 제대로 활용하기 위함이다. 한 가지 유의할 점은, 이 책은 독자가 기본적인 HTML과 CSS를 써 본 경험이 있다고 가정하고 썼기 때문에 코드에 대한 자세한 설명은 생략했다. 〈p〉, 〈div〉 태그가 무엇이고, CSS의 기본을 알고 있는 것으로 충분하다. 자, 그럼 시작해 보자!

3.2 SVG는 정확하게 무엇인가?

그래픽은 벡터(vector)와 래스터(raster) 두 가지 형태로 분류할 수 있다. 래스터 이미지는 일정 수의 정사각형 픽셀(픽셀은 'picture elements'의 약자로, 사진을 구성하는 요소다)로 구성되어 있으며 픽셀 하나는 한 가지 색깔을 갖는다. JPEG, PNG, GIF 등 컴퓨터에서 사용하는 대부분의 이미지는 래스터 형태이다.

그림을 확대하면 그림이 흐릿해지면서 픽셀이 보이는 것(pixelation)은 래스터 형태만의 특성이다. 이러한 현상은 렌더링(rendering) 때문인데, 이미지를 100% 확대한 상태에서는 이미지의 픽셀이 정확하게 모니터의 픽셀 하나에 렌더링되기 때문에 문제가 되지 않지만 이미지를 200% 확대하면 (높이와 길이를 2배로 늘리기 때문에 이미지의 크기는 4배로 넓어진다) 이미지 픽셀 하나가 실제로 화면에서는 픽셀 4개에 렌더링된다. 계속 확대하면 이미지가 무수히 많은 사각형으로 구성되어 있는 것을 눈으로 확인할 수 있다.

반면 벡터 이미지는 컴퓨터에게 위에서 50번째, 왼쪽에서 100번째, 픽셀을 진홍색으로 출력하라고 명령하는 대신 그림 전체에 대한 설명을 전달한다. 검은색 곡선과 빨간색 사각형을 각각 왼쪽과 오른쪽에 위치시키고, 파란색 원에 노란색 윤곽선을 그리고 반투명으로 위쪽에 위치시키라고 이야기하는 것과 같다. 컴퓨터에 따라(보다 정확하게 이야기하면 소프트웨어에 따라) 이러한 지시를 모니터에 반영하는 방법이 다양하다. 이렇게 간단하게 지시를 전달하는 벡터 방식의 큰 장점은 확대 비율에 따라 모니터 픽셀에 각기 다른 형태로 렌더링함으로써 이미지가 언제나 선명하게 유지된다는 것이다. 즉, 픽셀이 보이는 현상이 발생하지 않는다. (한편으로 벡터 이미지는 비교적 간단한 형태에만 사용 가능하다. 예를 들어, 유명 사진작가인 안셀 애덤스(Ansel Adams)의 사진을 인코딩하기에는 적합하지 않다.)

SVG는 수많은 벡터 형태 중 하나인데, 브라우저가 이해할 수 있는 형태로 (인터넷 익스플로러 8 이전 브라우저가 아니라면) 명령을 전달하는 웹 표준 기술이라는 점에서 매우 특별하다. D3 또한 웹 표준 기술을 따르기 때문에 SVG를 쓰기에 매우 적합하다.

3.3 SVG를 통해 원 만들기

SVG는 사람이 쉽게 이해할 수 있는 언어로 되어 있고 시작 태그(opening tags)와 종료 태그(closing tags), 부모 요소(parents)와 자식 요소(children) 등 HTML과 비슷한 형태로 기술된다. 예전에는 다른 URL에 있는 SVG 파일을 ⟨img⟩ 태그를 이용해서 불러와야 했지만, 요즘은 HTML5 표준에 SVG 지원이 새롭게 추가되면서 SVG 마크업을 HTML에 바로 추가해 브라우저에서 시각화를 바로 출력할 수 있게 되었다. (D3도 이런 방식으로 작업을 수행한다.) 게다가 브라우저의 개발자 도구를 통해 SVG 마크업 내부를 볼 수 있는 점은 디버깅할 때 매우 유용하다.

자, 그럼 본격적으로 SVG를 만들어 보자!

브라우저에서 실행할 수 있는 HTML 파일을 만들기 위해 텍스트 에디터를 열어 보자(텍스트 에디터가 없는 경우 1장 1.11절 참고). 파일 이름은 SVG를 가지고 논다는 의미로 svg-sandbox.html로 하겠다.

가장 먼저 해야 할 일은 HTML 문서를 선언하는 것이다. W3C(World Wide Web Consortium)는 모든 페이지에 다음과 같은 서두를 추가하는 것을 권고한다. (웹 표준을 결정하는 W3C이므로 따르도록 하자!)

```
<!DOCTYPE html>
```

만약 이 줄을 추가하지 않으면 브라우저가 코드를 옛날 방식으로 인식해서 결과가 이상하게 나올 수도 있다. DOCTYPE은 브라우저에게 "이봐, 나는 HTML 웹 표준을 따르니까 제대로 읽어 줘!"라고 알려 주는 신호다.

브라우저에게 어떠한 문자 인코딩을 사용할지 알려 주는 것도 필요하다. ASCII 인코딩 방식은 아주 적은 수의 글자만 인식할 수 있기 때문에 유니코드(Unicode) 문자를 사용할 때는 아스키(ASCII)를 피해야 한다. ASCII를 사용하면 브라우저가 유니코드 문자를 제대로 인식하지 못해서 글자가 깨져 보일 테니 말이다.[1] HTML에서 인코딩을 명시하면 이러한 문제를 피해 갈 수 있으며, 가장 포

괄적이고 널리 쓰이는 국제적 인코딩 방식인 UTF-8을 사용할 것을 추천한다.[2]

```
<meta charset="utf-8">
```

그럼, 이제 svg-sandbox.html의 뼈대를 만들어 볼까? 아래와 같이 간단하게 DOCTYPE, 문자 인코딩 그리고 글자를 몇 개 입력해 두었다.

```
<!DOCTYPE html>
<html>
    <head>
        <meta charset="utf-8">
    </head>
    <body>
        <p>SVG sandbox</p>
    </body>
</html>
```

다음으로, SVG 이미지를 만들기 위해 〈svg〉 요소를 〈body〉 안에 추가해 보자. 이렇게 하면 웹페이지에 시각화를 위한 영역이 만들어진다. 다음과 같이 너비와 높이를 지정해 보자.

```
<body>
    <p>SVG sandbox</p>
    <svg width="500px" height="500px"></svg>
</body>
```

SVG가 HTML과 얼마나 비슷한지 보이는가? 〈svg〉 태그 안에서 바로 〈svg〉 요소의 너비와 높이를 설정할 수도 있다. 앞으로 만들어 볼 모든 도형과 문자는 모두 〈svg〉 태그 안에서 설정할 것이다. 먼저 〈circle〉이라는 태그를 이용해서 원을 만들어 보자.

```
<svg width="500px" height="500px">
    <circle/>
</svg>
```

---

1 (옮긴이) 이렇게 글자가 깨지는 현상을 일본어의 '文字化け'에서 따와 영어로는 'mojibake'라고 부른다.

2 (옮긴이) non-ASCII 문자인 한글을 쓰는 우리에게는 유니코드, 인코딩, UTF-8 등에 대한 개념이 아주 중요하다. 스택오버플로를 만든 조엘 스폴스키(Joel Spolsky)가 2003년에 이와 관련된 좋은 블로그 포스트를 썼으니 한번 훑어보자. http://www.joelonsoftware.com/articles/Unicode.html

이제 브라우저에서 svg-sandbox.html을 열어서 원을 확인해 보자! 잠간, 아무
것도 보이지 않는다! 우리가 브라우저에게 원의 크기, 위치, 색깔 등 원의 속성에
대해 아무것도 알려 주지 않았기 때문이다. HTML처럼 인라인(inline, 즉 〈circle〉
태그 안)에서 속성을 설정할 수 있으니 한번 해 보자.

```
<svg width="500px" height="500px">
    <circle cx="100" cy="50" r="20"/>
</svg>
```

그림 3.1과 같은 결과가 출력될 것이다.

SVG sandbox

그림 3.1 기본 SVG 원

이제 기본 색상이 검은색인 원이 만들어졌다. 이미 알아차렸을 수도 있지만 r
은 반지름을, cx는 중심점의 x축(가로) 좌표를, cy는 중심점의 y축(세로) 좌표
를 의미한다. SVG에서 기본 단위로 픽셀이 설정되어 있지만 인치나 센티미터 등
원하는 척도로 설정할 수 있다. (숙제: 반지름을 '100%'로 설정해 보자!) 그림 3.2
는 방금 만든 원의 위치와 크기를 보여 준다.[3]

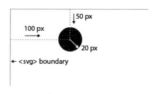

그림 3.2 기본 SVG 원

---

3 (옮긴이) 눈치 빠른 사람은 이미 알아차렸겠지만, 여기서는 좌표 평면의 시작점(0, 0)이 좌상단에 위치해
   있다. 우리가 중학교, 고등학교 수학 시간에 좌표 평면을 배울 때 원점이 좌하단에 있던 것과 다르니 주
   의하라.

3.4 개발자 도구를 통해서 SVG 살펴보기

브라우저의 개발자 도구를 통해 방금 만든 SVG 원을 살펴보자. 이 책에서는 크롬을 사용하지만 최신 브라우저라면 내장된 개발자 도구나 무료로 제공되는 플러그인을 다운받아서 사용할 수 있다. 크롬에서 출력된 원 위에서 마우스 오른쪽 버튼을 클릭하고 '요소 검사(Inspect Element)'를 선택하면 개발자 도구 화면이 나온다. 낯익은 마크업이 보일 것이다(그림 3.3).

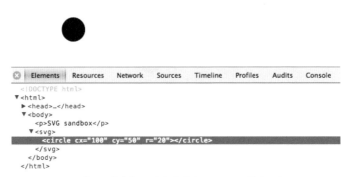

그림 3.3 개발자 도구를 통해서 SVG 요소 살펴보기

개발자 도구를 이용해서 원의 요소를 바꿔 보자. cx 옆에 입력된 100을 더블 클릭하고 0으로 수정해 보자. 이제 원의 중심점이 왼쪽에서 0픽셀 떨어진 곳에 위치하게 되면서 반원이 출력된다(그림 3.4).

그림 3.4 개발자 도구를 통해 원을 화면 밖으로 보내기

3.5 CSS를 이용해서 SVG 요소 꾸미기

도형의 위치와 크기를 조절할 수 있는 것도 좋지만 색깔을 바꿀 수는 없을까?
만약 그래픽 디자인 경험이 조금이라도 있거나 어도비 일러스트레이터를 사용
한 경험이 있다면 SVG 명령어가 친숙해 보일 것이다. 도형의 내부색깔을 fill이라
고 하며 도형의 테두리 선을 stroke라고 한다. 그림 3.5에 있는 예시를 보자.

```
<svg width="500px" height="500px">
    <circle cx="100" cy="50" r="20" fill="darkmagenta"
stroke="black" stroke-width="5"/>
</svg>
```

SVG sandbox

그림 3.5 fill과 stroke를 이용해 만든 원

만약 그림 3.6처럼 똑같은 원을 다양한 위치와 크기로 출력하고 싶다면 태그
안에서 속성을 명시하면 된다.

```
<svg width="500px" height="500px">
    <circle cx="120" cy="50" r="20" fill="darkmagenta"
stroke="black" stroke-width="5"/>
    <circle cx="15" cy="50" r="10" fill="darkmagenta"
stroke="black" stroke-width="5"/>
    <circle cx="60" cy="100" r="50" fill="darkmagenta"
stroke="black" stroke-width="5"/>
</svg>
```

SVG sandbox

그림 3.6 동일한 stroke와 fill이지만 크기와 위치가 다른 원 3개

또는 CSS를 사용해도 된다. HTML을 사용할 때와 같이, CSS를 이용하면 다양한 요소를 쉽게 꾸밀 수 있다. 물론 앞의 코드를 사용해도 문제없이 작동하지만, 각각의 원에 클래스를 지정해서 스타일을 주는 것이 더 편할 것이다.

```
<!DOCTYPE html>
<html>
<head>
<meta charset="utf-8">
<style>
.styled-circle
{
    fill: darkmagenta;
    stroke: black;
    stroke-width:5;
}
</style>
</head>
<body>
    <p>SVG sandbox</p>
    <svg width="500px" height="500px">
        <circle cx="120" cy="50" r="20" class="styled-circle"/>
        <circle cx="15" cy="50" r="10" class="styled-circle"/>
        <circle cx="60" cy="100" r="50" class="styled-circle"/>
    </svg>
</body>
</html>
```

마무리하기 전에 몇 가지만 짚고 넘어가자.

첫째, fill과 stroke 같은 스타일(style) 속성만 CSS에서 설정할 수 있다. 즉, CSS를 이용해서 SVG 요소의 위치나 크기를 설정할 수는 없다. 따라서 반지름이 5인 원 100개를 출력하고 싶다면 각의 원마다 r을 입력해 줘야 한다. 하지만 걱정하지 말자! D3를 이용하면 단 한 줄의 코드로 해결할 수 있으니까(곧 뒤에서 배우게 될 것이다).

둘째, SVG와 HTML은 스타일 속성의 명칭들이 다르다는 점을 기억하자. 심지어 비슷한 속성에 대해 명칭이 다르기도 하다. 가령 HTML의 〈div〉에 윤곽선을 만들고 싶다면 stroke가 아니라 border를 사용해야 한다. 〈div〉에는 stroke가 없기 때문이다. 스캇 머레이(Scott Murray)는 이런 혼란을 방지하기 위해 svg라는

단어를 SVG 요소와 관련된 클래스 앞에 추가하는 것을 추천한다.[4]

```
svg .styled-circle {
    /* CSS는 여기에 입력 */
}
```

이런 방식은 〈svg〉 요소와 그 자식 요소에서만 CSS를 사용할 수 있게 제한시켜 줄 뿐 아니라, 우리가 해당 클래스에 SVG 속성을 사용해야 한다는 것을 기억하게 해준다.

3.6 다른 도형

SVG는 원만 출력할 수 있는 것이 아니다(그림 3.7부터 그림 3.12까지 참고). 이곳에 원을 포함하여 다른 기본 SVG 요소를 생성하고, 위치와 크기를 조절하는 방법을 정리해 놓았으니 한번 훑어보자.

직사각형

태그

```
<rect>
```

위치 및 크기

x	직사각형 좌측상단의 x축 좌표
y	직사각형 좌측상단의 y축 좌표
width	직사각형의 너비
height	직사각형의 높이

```
<svg width="500px" height="500px">
    <rect x="0" y="0" width="100" height="20"/>
</svg>
```

---

4 스캇 머레이는 데이터 시각화 전문가이자 『D3.js: 쉽고 빠른 인터랙티브 데이터 시각화』(2014, 인사이트)의 저자이다.

그림 3.7 직사각형

모서리가 둥근 직사각형

태그

```
<rect>
```

위치 및 크기

x	직사각형 좌측상단의 x축 좌표
y	직사각형 좌측상단의 y축 좌표
width	직사각형의 너비
height	직사각형의 높이
rx	굴곡의 x축 반지름
ry	굴곡의 y축 반지름

```
<svg width="500px" height="500px">
    <rect x="0" y="0" width="100" height="50" rx="10" ry="10"/>
</svg>
```

그림 3.8 모서리가 둥근 직사각형

노트

모서리가 둥근 직사각형은 rx와 ry가 같을 때 가장 보기 좋다.

원

태그

```
<circle>
```

위치 및 크기

cx	중심점의 x축 좌표
cy	중심점의 y축 좌표
r	반지름

```
<svg width="500px" height="500px">
    <circle cx="50" cy="25" r="20"/>
</svg>
```

그림 3.9 원

타원

태그

```
<ellipse>
```

위치 및 크기

cx	중심점의 x축 좌표
cy	중심점의 y축 좌표
rx	타원의 x축 반지름
ry	타원의 y축 반지름

```
<svg width="500px" height="500px">
    <ellipse cx="50" cy="25" rx="40" ry="20"/>
</svg>
```

그림 3.10 타원

다각형

태그

<polygon>

위치 및 크기

points	각이 생기는 위치의 좌표

```
<svg width="500px" height="500px">
    <polygon points="100,0 50,50 150,50"/>
</svg>
```

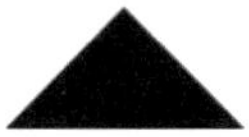

그림 3.11 다각형

노트

다각형은 언제나 폐쇄된 형태이다. 만약 세 점을 정의하면 세 번째 점은 언제나 첫 번째 점에 연결된다.

선

태그

<line>

위치 및 크기

x1	시작점의 x축 좌표
y1	시작점의 y축 좌표
x2	종점의 x축 반지름
y2	종점의 y축 반지름

```
<svg width="500px" height="500px">
    <line x1="0" y1="0" x2="200" y2="50" stroke="black"/>
</svg>
```

그림 3.12 선

노트

선을 보이게 하려면 stroke를 이용해서 색상을 지정해 줘야 한다.

패스

태그

```
<path>
```

위치 및 크기

d	브라우저에서 패스를 그리는 방법을 알려준다.

패스는 거의 하나의 새로운 언어라고 말할 수 있을 정도이다. 〈path〉를 이용하면 직선과 곡선뿐만 아니라 닫힌 도형 등 모든 SVG 도형을 만들 수 있다. 모든 경우를 다룰 수는 없겠지만 다음 예시를 통해 잠시 맛보고 넘어가자(그림 3.13 참조).

```
<svg width="500px" height="500px">
    <path d="M 0 50 q 50 -50 100 0 l -100 0" stroke="black" fill="none"/>
</svg>
```

그림 3.13 패스

모든 〈path〉는 숫자와 글자를 사용해 경로를 표현하는 (때로는 아주 긴) d라는 속성 값을 가진다. 가령, 앞 코드의 d를 보면 M은 'move to'의 약자로 〈path〉의 시작점을 말하는데, 좌측에서 0픽셀, 위에서 50픽셀 떨어진 곳에서 시작하자는 것을 의미한다. q는 시작점에서 50픽셀 떨어진 지점에 높이가 50픽셀인 최고점을 지정하고 100픽셀 지점에서 원점으로 떨어지는 2차 베지에 곡선(Bézier curve)을 그리는 것을 뜻하며, 마지막으로 l은 길이가 좌측에서 100픽셀인 선을 생성하라는 의미이다(지고 있는 태양과 비슷한 형태).

이제 패스를 하나의 새로운 언어라고 말한 것이 이해되는가? 방금 살펴본 코드는 아주 간단한 예시에 불과하다. 패스에 대해 더 자세하게 배우고 싶다면 W3C에서 제공하고 있는 자료를 참고하자(http://www.w3.org/TR/SVG11/paths.html). 다행히도 D3를 이용하면 SVG를 직접 코딩할 필요없이 쉽게 패스를 그릴 수 있다.

3.7 SVG 문자

SVG에서는 도형뿐 아니라 문자도 그릴 수 있다. ⟨p⟩를 통해 충분히 문자를 추가할 수 있는데 군이 SVG를 사용할 필요가 있을까 싶지만, 실제로 D3를 이용해서 시각화를 만든 후 글자를 수정하고 움직이고 싶을 때는 SVG 문자를 사용하는 것이 편리하다. 게다가 SVG 문자는 회전할 수 있고 곡선이나 다양한 경로를 따라 움직일 수도 있다(물론 이렇게 하면 문자를 읽기 힘들어질 수도 있어서 추천하고 싶지는 않다). 다음과 같이 입력하면 간단한 SVG 문자를 생성할 수 있으며, 그림 3.14는 생성된 문자를 보여 준다.

```
<body>
    <svg width="500px" height="500px">
        <text x="10" y="25" font-size="20">
        SVG sandbox, now in SVG only</text>
    </svg>
</body>
```

SVG sandbox, now in SVG only
그림 3.14 SVG 문자

SVG ⟨text⟩ 태그는 자동으로 끝나지 않는다는 점에 유의하자. ⟨p⟩ 태그처럼 문자는 시작과 종료 태그 사이에 넣는다.

SVG 문자의 기본 속성은 font-size, font-family, font-weight, font-style 등 HTML과 같은 명칭을 사용한다. 단, 색상(color)은 예외다. SVG 문자에서는 다른

도형에서처럼 색상은 fill이라고 한다. 물론 문자에 stroke를 추가할 수도 있다.

```
<svg width="500px" height="500px">
    <text x="10" y="50" font-size="40" fill="lightgrey"
     stroke="red" font-family="Comic Sans MS">Party like it's 1999!</text>
</svg>
```

그림 3.15에서 출력된 결과물을 확인해 보자.

Party like it's 1999!

그림 3.15 훨씬 화려한 SVG 문자

x와 y 속성은 문자의 고정점(anchor point) 위치를 지정해 준다. 기본적으로 고정점은 문자열의 시작에 위치해 있으며 문자의 베이스라인(baseline, 글자의 밑선)과 동일한 높이에 있다. 고정점과 아랫변이 눈에 보이게 코드를 짜면 그림 3.16과 같이 보인다.

```
<svg width="500px" height="500px">
    <text x="10" y="50" font-size="40" fill="grey">Anchors away! Or
        not...</text>
    <circle cx="10" cy="50" r="4" fill="magenta"/>
    <line x1="10" y1="50" x2="420" y2="50" stroke="magenta"/>
</svg>
```

고정점이 아랫변과 같은 높이에 있기 때문에 문자의 높이를 고려해서 y 값을 설정해야 함을 기억하자. y를 0으로 설정하면 글자들의 아랫 부분만 일부 보일 것이다.

```
<svg width="500px" height="500px">
    <text x="10" y="0" font-size="40">Where did all my text go?</text>
</svg>
```

Anchors away! Or not...

그림 3.16 고정되어 있는 문자

고정점의 위치를 바꾸고 싶다면 text-anchor 속성을 사용해서 고정점의 위치를 바꿀 수 있다. text-anchor의 기본값은 start이지만 고정점의 위치를 가운데로 맞추고 싶다면 middle을, 오른쪽으로 맞추고 싶다면 end로 수정하면 된다. 그림 3.17은 start, middle, end 고정점을 사용한 문자를 보여 준다.

```
<svg width="500px" height="500px">
    <text x="10" y="20" text-anchor="start">This text is</text>
    <text x="10" y="35" text-anchor="start">aligned</text>
    <text x="10" y="50" text-anchor="start">to the left</text>
    <text x="300" y="20" text-anchor="middle">This text is</text>
    <text x="300" y="35" text-anchor="middle">aligned</text>
    <text x="300" y="50" text-anchor="middle">to the center
        </text>
    <text x="590" y="20" text-anchor="end">This text is</text>
    <text x="590" y="35" text-anchor="end">aligned</text>
    <text x="590" y="50" text-anchor="end">to the right</text>
</svg>
```

This text is aligned to the left	This text is aligned to the center	This text is aligned to the right

그림 3.17 다양한 문자 고정점 예시

이미 알아차렸겠지만 SVG 문자는 줄바꿈(linebreak)의 위치를 직접 지정해 줘야 한다는 단점이 있다. 그림 3.17 결과를 만들기 위해 왼쪽, 가운데, 오른쪽 문자열 별로 세 개의 〈text〉 요소를 생성해야 했다. 아쉽지만 HTML과 다르게 SVG에서는 자동으로 줄바꿈되는 문자열을 작성할 방법이 없다.

마지막으로 SVG 문자는 〈a〉 태그를 통해 웹사이트에 링크를 걸 수 있다는 점을 알아 두자. 단, SVG의 〈a〉 태그는 HTML의 〈a〉 태그와 두 가지 차이점이 있다. 첫째로 href="주소" 대신 xlink:href="주소"를 사용해야 하며, 둘째로 링크 위로 마우스를 옮기면 커서의 모양은 바뀌지만 문자 형태나 색상은 바뀌지 않는다. 다음 코드를 이용하면 HTML 링크와 똑같은 링크를 만들 수 있다.

```
<head>
<style>
svg a {
```

```
    fill:blue;
}
svg a:visited{
    fill:purple;
}
svg a:hover{
    text-decoration:underline;
}
</style>
</head>
<body>
    <svg width="500px" height="500px">
    <text x="10" y="20">Here's where to go to <a
    xlink:href="http://www.w3schools.com/svg/svg_text.asp">learn more
    about SVG text</a>, including how to rotate it</text>
    </svg>
</body>
```

3.8 SVG 스타일 속성

SVG는 시각화에 활용할 수 있는 다양한 스타일 속성이 있다. 이미 fill과 stroke
에 대해서는 다뤘지만 몇 가지를 더 알아보자.

색상과 투명도

SVG에서 fill이나 stroke의 색상을 여러 방법으로 설정할 수 있다.

색상	파란색	짙은 분홍색	엷은 황갈색
HEX	#0000FF	#8B008B	#FFEBCD
RGB	rgb(0,0,255)	rgb(139,0,139)	rgb(255,235,205)

그림 3.18은 아래 코드로 그린 세 가지 다른 원을 보여 준다.

```
<svg width="500px" height="500px">
    <circle cx="50" cy="50" r="20" fill="BlanchedAlmond"/>
    <circle cx="100" cy="50" r="20" stroke="#0000FF" stroke-
    width="5" fill="none"/>
    <circle cx="150" cy="50" r="20" fill="rgb(139,0,139)"/>
</svg>
```

그림 3.18 다양한 방식과 형태로 칠해진 원

또한 SVG 요소는 투명하게 만들 수도 있다.

opacity	0부터 1 사이 값을 지정하여 fill과 stroke의 투명도를 설정할 수 있다. 0으로 설정하면 도형이 안보일 정도로 투명해지고 1로 설정하면 불투명해진다.
fill-opacity	fill의 투명도를 변경할 수 있다.
stroke-opacity	stroke의 투명도를 변경할 수 있다.
RGBA	RGB 색상을 지정할 수 있다. 또한 RGB 색상 숫자 뒤에 0부터 1까지 숫자를 추가해서 투명도를 지정할 수 있다.

그림 3.19에서 투명도를 이용한 예시를 보자.

```
<svg width="500px" height="500px">
    <circle cx="50" cy="50" r="40" fill="rgb(0,0,255)"opacity="0.5"/>
    <circle cx="100" cy="50" r="40" fill="rgba(0,0,255,0.5)"/>
</svg>
```

그림 3.19 서로 겹치는 투명한 원

SVG로 그래픽을 만들 때, 나는 RGBA보다 opacity를 이용해서 투명도를 설정하는 것을 선호한다. 그 이유는 첫째, opacity를 사용하면 코드에서 어떤 요소에 투명도가 적용되었는지 쉽게 파악할 수 있다. 둘째, 색상은 그대로 두고 투명도만 바꾸고 싶을 때, 불필요하게 색상 전체를 재설정할 필요가 없어진다.

Stroke의 속성

사용자는 stroke의 색상, 너비, 투명도를 바꿀 수 있다. 또한, stroke를 점선 형태로 나타내거나 선의 끝 부분을 둥글게 만들 수도 있다.

stroke	stroke의 색상 설정
stroke-width	stroke의 너비 설정
stroke-opacity	stroke의 투명도 설정
stroke-linecap	끝모양 설정.butt(기본 형태), round, square 세 가지 형태가 있다.
stroke-dasharray	마디의 길이를 지정하면서 점선 형태로 설정한다.

그림 3.20으로 아래 코드가 만드는 다양한 선의 끝 모양(linecap) 스타일을 살펴보자.

```
<head>
<style>
.linecap-demo{
    stroke:darkmagenta;
    stroke-width:5;
}
</style>
</head>
<body>
    <svg width="500px" height="500px">
        <text x="0" y="20" font-weight="bold">Linecaps</text>
        <text x="0" y="50">Butt</text>
        <line x1="60" y1="45" x2="200" y2="45" class="linecap-
        demo" stroke-linecap="butt"/>
        <text x="0" y="70">Round</text>
        <line x1="60" y1="65" x2="200" y2="65" class="linecap-
        demo" stroke-linecap="round"/>
        <text x="0" y="90">Square</text>
        <line x1="60" y1="85" x2="200" y2="85" class="linecap-
        demo" stroke-linecap="square"/>
    </svg>
</body>
```

Linecaps

Butt
Round
Square

그림 3.20 linecap 형태

한편 dasharray는 여러 숫자의 나열을 통해 마디의 너비와 마디 사이의 간격을 조절한다. 예를 들어 dasharray가 "5 5"이면 마디 간 간격이 5픽셀이고, 각 마디의 길이가 5픽셀인 마디가 생긴다. 지정한 픽셀의 끝에(이 경우에는 10픽셀) 도달하면 패턴이 처음부터 반복된다. dasharray 코드는 사용자가 원하는 만큼 길고 복잡하게 만들 수 있다. 그림 3.21을 통해 다양한 dasharray 형태를 살펴보자.

```
<head>
<style>
.dasharray-demo{
    stroke:darkmagenta;
    stroke-width:3;
}
</style>
</head>
<body>
    <svg width="500px" height="500px">
        <text x="0" y="20" font-weight="bold">Dasharrays</text>
        <text x="100" y="50" text-anchor="end">1 1</text>
        <line x1="110" y1="45" x2="350" y2="45"
        class="dasharraydemo" stroke-dasharray="1 1"/>
        <text x="100" y="70" text-anchor="end">10 4 4 4</text>
        <line x1="110" y1="65" x2="350" y2="65" class="dasharray-
        demo" stroke-dasharray="10 4 4 4"/>
        <text x="100" y="90" text-anchor="end">5 10 1 20 30 5</text>
        <line x1="110" y1="85" x2="350" y2="85" class="dasharray-
        demo" stroke-dasharray="5 10 1 20 30 5"/>
    </svg>
</body>
```

그림 3.21 dasharray 형태

3.9 출력 순서 조절 및 그룹화

SVG는 어도비 일러스트레이터나 잉크스케이프와 다르게 레이어(layer)란 개념이 없지만 선언되는 순서에 따라, 즉 코드에서 처음에 설정된 요소부터 출력한다. 따라서 요소 2개의 위치가 겹친다면 더 나중에 코딩된 요소가 앞 위치에서 보이게 될 것이다. 그림 3.22를 통해 출력 순서의 성질을 살펴보자.

```
<style>
svg text{
    text-anchor:middle;
    fill:lightgrey;
}
svg rect{
    fill:crimson;
    opacity:0.5;
}
</style>
<body>
    <svg width="500px" height="500px">
        <text x="100" y="35">Text on bottom</text>
        <rect x="0" y="0"/ width="200" height="60"/>
        <rect x="250" y="0" width="200" height="60"/>
        <text x="350" y="35">Text on top</text>
    </svg>
</body>
```

그림 3.22 출력 순서

또한, 〈g〉 태그를 통해 요소를 그룹화할 수 있다. 곧 D3를 배우다 보면 그룹 (group)이 얼마나 유용하고 중요한지 저절로 알게 되겠지만, 지금도 그룹의 스타일 속성 변경 등을 통해 그룹의 유용성을 확인할 수 있다. 그림 3.23에서 그룹의 예를 보자.

```
<head>
<style>
.blue-group{
    fill: blue;
    stroke-width: 3;
}
.red-group{
    fill: red;
    stroke-width: 4;
    font-weight:bold;
}
.green-group{
    fill: green;
    stroke-width: 2;
```

```
        font-family: Arial;
        fill-opacity:0.5;
    }
    </style>
    </head>
    <body>
        <svg width="500px" height="500px">
            <g class="blue-group">
                <text x="0" y="20">Blue group</text>
                <rect x="0" y="40" width="50" height="50" rx="10"ry="10"/>
                <polygon points="80,30 70,70 130,50"/>
                <line x1="60" y1="75" x2="120" y2="90"stroke="blue"/>
            </g>
            <g class="red-group">
                <text x="200" y="20">Red group</text>
                <rect x="200" y="40" width="50" height="50" rx="10"ry="10"/>
                <polygon points="280,30 270,70 330,50"/>
                <line x1="260" y1="75" x2="320" y2="90"stroke="red"/>
            </g>
            <g class="green-group">
                <text x="400" y="20">Green group</text>
                <rect x="400" y="40" width="50" height="50" rx="10"ry="10"/>
                <polygon points="480,30 470,70 530,50"/>
                <line x1="460" y1="75" x2="520" y2="90" stroke="green"/>
            </g>
        </svg>
    </body>
```

그림 3.23 SVG 그룹

코드가 매우 길지만 한번 자세히 들여다 보자. 왜 〈line〉의 stroke를 CSS에서 정의하지 않고 인라인으로 정의했을까? 그렇다. 만약 stroke를 CSS에서 정의했다면 그룹에 속한 모든 도형, 즉 글자에까지 stroke가 적용되었을 것이기 때문이다.

3.10 변환

변환(transform)을 이용하면 SVG 요소를 움직이거나 회전시킬 수 있다. 몇 가지 변환속성을 살펴보자(대괄호 안에 있는 인자는 선택 사항이다).

– translate(tx[,ty])	tx와 ty 좌표를 원점(0,0)으로 설정하고 SVG 요소의 좌표를 재설정한다. ty가 정의되지 않았다면 기본적으로 0으로 설정된다.
– rotate(angle[,cx,cy])	요소를 angle에서 설정한 각도만큼 시계방향으로 회전한다. cx와 cy을 통해 회전점의 좌표를 설정할 수 있다. 정의되지 않았다면 기본적으로 0, 0으로 설정된다.
– scale(sx[,sy])	요소의 크기를 가로 sx배, 세로 sy배만큼 조절할 수 있다. 정의되지 않았다면 sx와 같은 값으로 설정된다.

속성의 의미를 기술적으로 표시하다 보니 이해하기 어려울 수도 있다. translate부터 차근차근 살펴보자. translate는 SVG 요소의 좌표를 재설정하는 것이다. 좌표를 재설정하는 것이 어떨 때 쓸모 있을까? 방금 살펴본 예시를 통해 알아보도록 하자.

예시에서는 파란색 그룹(blue-group)을 가장 먼저 만들고, SVG 코드를 복사해서 빨간색 그룹(red-group)을 만들었다. 복사한 그룹에서 blue-group으로 지정된 클래스를 red-group으로 바꾸고 텍스트를 "Red group"으로 변경했다. 또한 〈line〉의 stroke를 빨간색으로 설정했다. 그리고 파란색 그룹과 겹치는 것을 방지하기 위해서 빨간색 그룹에 있는 모든 요소의 x좌표를 200픽셀로 설정했다. 초록색 그룹에도 동일하게 문자 요소를 변경하고 좌표를 200픽셀에서 400픽셀로 변경했다.

만약 translate를 사용하면 x좌표를 직접 지정해 주지 않고도 빨간색 그룹과 초록색 그룹의 좌표를 재설정해서 이동시킬 수 있다(다음 예시에 대한 CSS는 앞의 예시와 동일하다).

```
<svg width="500px" height="500px">
    <g class="blue-group">
        <text x="0" y="20">Blue group</text>
        <rect x="0" y="40" width="50" height="50" rx="10"ry="10"/>
        <polygon points="80,30 70,70 130,50"/>
        <line x1="60" y1="75" x2="120" y2="90" stroke="blue"/>
    </g>
    <g class="red-group" transform="translate(200)">
        <text x="0" y="20">Red group</text>
        <rect x="0" y="40" width="50" height="50" rx="10"ry="10"/>
        <polygon points="80,30 70,70 130,50"/>
        <line x1="60" y1="75" x2="120" y2="90" stroke="red"/>
    </g>
    <g class="green-group" transform="translate(400)">
        <text x="0" y="20">Green group</text>
        <rect x="0" y="40" width="50" height="50" rx="10"ry="10"/>
        <polygon points="80,30 70,70 130,50"/>
        <line x1="60" y1="75" x2="120" y2="90" stroke="green"/>
    </g>
</svg>
```

빨간 그룹의 〈text〉 요소는 x축 좌표가 0으로 설정되었다. 하지만 그룹 자체가 200픽셀만큼 이동했기 때문에 0픽셀은 실제로 화면에서 200픽셀을 의미한다. 만약 200픽셀이 너무 멀다고 느껴지면 translate 함수에서 값을 한 번만 바꿔서 그룹 전체를 다른 곳으로 이동할 수 있다.

다음은 rotate와 scale을 이용한 예시다. (CSS는 이전 예시와 동일하다.)

```
<svg width="500px" height="500px">
    <g class="blue-group" transform="scale(1.2)">
        <text x="0" y="20">Blue group</text>
        <rect x="0" y="40" width="50" height="50" rx="10"ry="10"/>
        <polygon points="80,30 70,70 130,50"/>
        <line x1="60" y1="75" x2="120" y2="90" stroke="blue"/>
    </g>
    <g class="red-group" transform="translate(200)">
        <text x="0" y="20">Red group</text>
        <rect x="0" y="40" width="50" height="50" rx="10" ry="10"/>
        <polygon points="80,30 70,70 130,50"/>
        <line x1="60" y1="75" x2="120" y2="90" stroke="red"/>
    </g>
    <g class="green-group" transform="translate(200,120)
    rotate(90)">
        <text x="0" y="20">Green group</text>
```

```
        <rect x="0" y="40" width="50" height="50" rx="10"
        ry="10"/>
        <polygon points="80,30 70,70 130,50"/>
        <line x1="60" y1="75" x2="120" y2="90" stroke="green"/>
    </g>
</svg>
```

그림 3.24를 통해 변환된 그룹을 살펴보자.

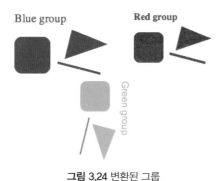

그림 3.24 변환된 그룹

3.11 SVG로 막대 그래프 만들기

이제 SVG로 기본적인 막대 그래프를 만들기 위해 필요한 것을 모두 배웠다. 그럼 이제 2010년 연령별 세계 인구 분포를 살펴보자.

연령대	인구비율
0–4세	9.3%
5–9세	8.8%
10–14세	8.6%
15–19세	8.80%
20–24세	8.90%
25–29세	8.10%
30–34세	7.30%

35–39세	7.10%
40–44세	6.60%
45–49세	6.00%
50–54세	5.10%
55–59세	4.50%
60–64세	3.40%
65–69세	2.60%
70–74세	2.10%
75–79세	1.50%
80세 이상	1.60%

2장에서 가로로 위치한 막대 그래프를 만들기로 했고, 80세 이상 연령층이 그래프 상단에, 0~4세 연령층이 하단에 위치하도록 만들자고 결정했다. 이제 pop2010.html 파일을 만들어서 다음 내용을 입력해 보자.

```html
<!DOCTYPE html>
<html>
<head>
<meta charset="utf-8">
<style>
</style>
</head>
<body>
    <svg width="500px" height="500px">
        <!-- 80 and up -->
        <rect x="0" y="0" height="20" width=""/>
        <!-- 75-79 -->
        <rect x="0" y="25" height="20" width=""/>
        <!-- 70-74 -->
        <rect x="0" y="50" height="20" width=""/>
        <!-- 65-69 -->
        <rect x="0" y="75" height="20" width=""/>
        <!-- 60-64 -->
        <rect x="0" y="100" height="20" width=""/>
        <!-- 55-59 -->
        <rect x="0" y="125" height="20" width=""/>
```

```
        <!-- 50-54 -->
        <rect x="0" y="150" height="20" width=""/>
        <!-- 45-49 -->
        <rect x="0" y="175" height="20" width=""/>
        <!-- 40-44 -->
        <rect x="0" y="200" height="20" width=""/>
        <!-- 35-39 -->
        <rect x="0" y="225" height="20" width=""/>
        <!-- 30-34 -->
        <rect x="0" y="250" height="20" width=""/>
        <!-- 25-29 -->
        <rect x="0" y="275" height="20" width=""/>
        <!-- 20-24 -->
        <rect x="0" y="300" height="20" width=""/>
        <!-- 15-19 -->
        <rect x="0" y="325" height="20" width=""/>
        <!-- 10-14 -->
        <rect x="0" y="350" height="20" width=""/>
        <!-- 5-9 -->
        <rect x="0" y="375" height="20" width=""/>
        <!-- 0-4 -->
        <rect x="0" y="400" height="20" width=""/>
    </svg>
  </body>
</html>
```

총 17개 막대가 각각 연령층을 나타내고, 막대 각각의 길이는 20픽셀이며 막대 간에 5픽셀씩 떨어져 있다. 막대의 너비를 통해서 데이터를 표현할 것이기 때문에 아직 너비는 설정하지 않았다. 먼저 연령층에 대한 백분율 자료를 어떻게 픽셀로 변환시킬지 생각해 보자. 일단은 숫자를 있는 그대로 너비로 설정해 보자. 그림 3.25 같은 그래프가 생성될 것이다.

```
<svg width="500px" height="500px">
    <!-- 80 and up -->
    <rect x="0" y="0" height="20" width="1.6"/>
    <!-- 75-79 -->
    <rect x="0" y="25" height="20" width="1.5"/>
    <!-- 70-74 -->
    <rect x="0" y="50" height="20" width="2.1"/>
    <!-- 65-69 -->
    <rect x="0" y="75" height="20" width="2.6"/>
    <!-- 60-64 -->
    <rect x="0" y="100" height="20" width="3.4"/>
    <!-- 55-59 -->
```

```
                    <rect x="0" y="125" height="20" width="4.5"/>
                    <!-- 50-54 -->
                    <rect x="0" y="150" height="20" width="5.1"/>
                    <!-- 45-49 -->
                    <rect x="0" y="175" height="20" width="6.0"/>
                    <!-- 40-44 -->
                    <rect x="0" y="200" height="20" width="6.6"/>
                    <!-- 35-39 -->
                    <rect x="0" y="225" height="20" width="7.1"/>
                    <!-- 30-34 -->
                    <rect x="0" y="250" height="20" width="7.3"/>
                    <!-- 25-29 -->
                    <rect x="0" y="275" height="20" width="8.1"/>
                    <!-- 20-24 -->
                    <rect x="0" y="300" height="20" width="8.9"/>
                    <!-- 15-19 -->
                    <rect x="0" y="325" height="20" width="8.8"/>
                    <!-- 10-14 -->
                    <rect x="0" y="350" height="20" width="8.6"/>
                    <!-- 5-9 -->
                    <rect x="0" y="375" height="20" width="8.8"/>
                    <!-- 0-4 -->
                    <rect x="0" y="400" height="20" width="9.3"/>
            </svg>
```

그림 3.25 너비가 충분하지 않은 그래프

흠… 막대가 너무 짤막해서 막대 간 차이를 보기 힘들다. 막대를 확실히 더 길게 만들 필요가 있다. 그럼 각 숫자에 10을 곱해 보자. 10을 곱하면 너비는 증가하지만 막대의 상대적 너비 차이는 그대로 유지된다. 그림 3.26을 통해서 새 그래프를 확인해 보자.

```
<svg width="500px" height="500px">
    <!-- 80 and up -->
    <rect x="0" y="0" height="20" width="16"/>
    <!-- 75-79 -->
    <rect x="0" y="25" height="20" width="15"/>
    <!-- 70-74 -->
    <rect x="0" y="50" height="20" width="21"/>
    <!-- 65-69 -->
    <rect x="0" y="75" height="20" width="26"/>
    <!-- 60-64 -->
    <rect x="0" y="100" height="20" width="34"/>
    <!-- 55-59 -->
    <rect x="0" y="125" height="20" width="45"/>
    <!-- 50-54 -->
    <rect x="0" y="150" height="20" width="51"/>
    <!-- 45-49 -->
    <rect x="0" y="175" height="20" width="60"/>
    <!-- 40-44 -->
    <rect x="0" y="200" height="20" width="66"/>
    <!-- 35-39 -->
    <rect x="0" y="225" height="20" width="71"/>
    <!-- 30-34 -->
    <rect x="0" y="250" height="20" width="73"/>
    <!-- 25-29 -->
    <rect x="0" y="275" height="20" width="81"/>
    <!-- 20-24 -->
    <rect x="0" y="300" height="20" width="89"/>
    <!-- 15-19 -->
    <rect x="0" y="325" height="20" width="88"/>
    <!-- 10-14 -->
    <rect x="0" y="350" height="20" width="86"/>
    <!-- 5-9 -->
    <rect x="0" y="375" height="20" width="88"/>
    <!-- 0-4 -->
    <rect x="0" y="400" height="20" width="93"/>
</svg>
```

그림 3.26 약간 나아진 그래프

그래프가 약간 나아졌다. 이제 각 숫자에 20을 곱하는 것부터 시작해서 출력되는 너비가 적절할 때까지 더 큰 숫자를 곱해 볼 수 있다. 그런데 이렇게 시행착오를 반복하지 않고 그래프가 적절한 크기가 되게 할 수는 없을까?

만약 그래프 전체의 너비를 400픽셀로 설정하고 싶다고 가정해 보자. 데이터에서 가장 큰 값(길이가 가장 긴 막대)은 0~4세 연령대 비율에 해당하는 9.3이다. 9.3이라는 값을 400픽셀로 어떻게 변환시킬 수 있을까? 이전과 동일하게 곱셈을 이용하자. 400을 9.3으로 나눈 값은 43.0이다. 데이터의 모든 값에 43을 곱하면 가장 긴 막대의 너비는 400픽셀로 설정될 것이며 나머지 막대 또한 비율에 맞게 너비가 재설정될 것이다.

그렇게 하기 위해 모든 데이터 값에 43을 일일이 곱해 줄 수 있지만 다음과 같이 모든 〈rect〉 요소를 그룹으로 만들고 변환 함수 중 scale을 사용하면 너비를 더 쉽게 조절할 수 있다.

```
<svg width="500px" height="500px">
    <g transform="scale(43,1)">
        <!-- 80 and up -->
        <rect x="0" y="0" height="20" width="1.6"/>
        <!-- 75-79 -->
        <rect x="0" y="25" height="20" width="1.5"/>
        <!-- 70-74 -->
```

```
        <rect x="0" y="50" height="20" width="2.1"/>
        <!-- 65-69 -->
        <rect x="0" y="75" height="20" width="2.6"/>
        <!-- 60-64 -->
        <rect x="0" y="100" height="20" width="3.4"/>
        <!-- 55-59 -->
        <rect x="0" y="125" height="20" width="4.5"/>
        <!-- 50-54 -->
        <rect x="0" y="150" height="20" width="5.1"/>
        <!-- 45-49 -->
        <rect x="0" y="175" height="20" width="6.0"/>
        <!-- 40-44 -->
        <rect x="0" y="200" height="20" width="6.6"/>
        <!-- 35-39 -->
        <rect x="0" y="225" height="20" width="7.1"/>
        <!-- 30-34 -->
        <rect x="0" y="250" height="20" width="7.3"/>
        <!-- 25-29 -->
        <rect x="0" y="275" height="20" width="8.1"/>
        <!-- 20-24 -->
        <rect x="0" y="300" height="20" width="8.9"/>
        <!-- 15-19 -->
        <rect x="0" y="325" height="20" width="8.8"/>
        <!-- 10-14 -->
        <rect x="0" y="350" height="20" width="8.6"/>
        <!-- 5-9 -->
        <rect x="0" y="375" height="20" width="8.8"/>
        <!-- 0-4 -->
        <rect x="0" y="400" height="20" width="9.3"/>
    </g>
</svg>
```

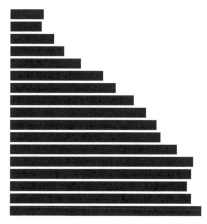

그림 3.27 비율로 너비가 조절된 그래프

그림 3.27로 그래프를 확인해 보자. 이전 코드에서 scale을 통해 막대의 x축 크기를 43배로 늘렸고, y축 크기는 전과 똑같이 유지되었다(모두 1이 곱해졌다).

꽤 깔끔한 그래프가 만들어졌다. 그래프의 의미를 나타내기 위해 레이블(label)과 축에 대한 정보를 추가해 보자. 이런! 막대가 좌측 상단에서부터 출력되어서 레이블이 들어갈 자리가 없다. 하지만 당황하지 말자. 레이블을 추가하기 위해 translate를 이용해서 막대를 움직이고 공간을 만들면 된다.

```
<svg width="500px" height="500px">
    <g transform="translate(100,30) scale(43.1,1)">
        <!-- 80 and up -->
        <rect x="0" y="0" height="20" width="1.6"/>
        <!-- 75-79 -->
        <rect x="0" y="25" height="20" width="1.5"/>
        <!-- 70-74 -->
        <rect x="0" y="50" height="20" width="2.1"/>
        <!-- 65-69 -->
        <rect x="0" y="75" height="20" width="2.6"/>
        <!-- 60-64 -->
        <rect x="0" y="100" height="20" width="3.4"/>
        <!-- 55-59 -->
        <rect x="0" y="125" height="20" width="4.5"/>
        <!-- 50-54 -->
        <rect x="0" y="150" height="20" width="5.1"/>
        <!-- 45-49 -->
        <rect x="0" y="175" height="20" width="6.0"/>
        <!-- 40-44 -->
        <rect x="0" y="200" height="20" width="6.6"/>
        <!-- 35-39 -->
        <rect x="0" y="225" height="20" width="7.1"/>
        <!-- 30-34 -->
        <rect x="0" y="250" height="20" width="7.3"/>
        <!-- 25-29 -->
        <rect x="0" y="275" height="20" width="8.1"/>
        <!-- 20-24 -->
        <rect x="0" y="300" height="20" width="8.9"/>
        <!-- 15-19 -->
        <rect x="0" y="325" height="20" width="8.8"/>
        <!-- 10-14 -->
        <rect x="0" y="350" height="20" width="8.6"/>
        <!-- 5-9 -->
        <rect x="0" y="375" height="20" width="8.8"/>
        <!-- 0-4 -->
        <rect x="0" y="400" height="20" width="9.3"/>
    </g>
```

```
<g>
    <text x="0" y="45">80 and up</text>
    <text x="0" y="70">75-79</text>
    <text x="0" y="95">70-74</text>
    <text x="0" y="120">65-69</text>
    <text x="0" y="145">60-64</text>
    <text x="0" y="170">55-59</text>
    <text x="0" y="195">50-54</text>
    <text x="0" y="220">45-49</text>
    <text x="0" y="245">40-44</text>
    <text x="0" y="270">35-39</text>
    <text x="0" y="295">30-34</text>
    <text x="0" y="320">25-29</text>
    <text x="0" y="345">20-24</text>
    <text x="0" y="370">15-19</text>
    <text x="0" y="395">10-14</text>
    <text x="0" y="420">5-9</text>
    <text x="0" y="445">0-4</text>
</g>
</svg>
```

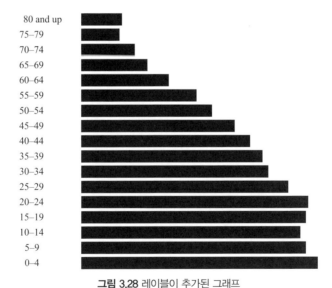

그림 3.28 레이블이 추가된 그래프

그림 3.28에서 각 막대에 연령층에 대한 레이블이 같이 출력되는 그래프를 확

인해 보자.

자, 이제 그래프의 축을 만들어 볼까? 〈line〉 요소를 사용해서 2.5%마다 백분율을 표시해 주자. 0, 2.5%, 5.0%, 7.5% 지점의 픽셀 좌표를 찾고 백분율을 표기해야 한다. 막대처럼 scale을 사용할 수 있다면 편하겠지만 이 경우 scale을 사용할 수 없다(이유는 직접 생각해 보자). 대신 각 지점에 해당하는 값에 43을 곱해야 한다.

```
<g transform="translate(100,30)" stroke="black">
    <line x1="0" y1="0" x2="0" y2="-10"/>
    <line x1="107.75" y1="0" x2="107.75" y2="-10"/>
    <line x1="215.5" y1="0" x2="215.5" y2="-10"/>
    <line x1="323.25" y1="0" x2="323.25" y2="-10"/>
</g>
```

이제 이 지점에도 레이블을 추가하자. 코드는 다음과 같다.

```
<svg width="500px" height="500px">
    <g transform="translate(100,30) scale(43.1,1)">
        <!-- 80 and up -->
        <rect x="0" y="0" height="20" width="1.6"/>
        <!-- 75-79 -->
        <rect x="0" y="25" height="20" width="1.5"/>
        <!-- 70-74 -->
        <rect x="0" y="50" height="20" width="2.1"/>
        <!-- 65-69 -->
        <rect x="0" y="75" height="20" width="2.6"/>
        <!-- 60-64 -->
        <rect x="0" y="100" height="20" width="3.4"/>
        <!-- 55-59 -->
        <rect x="0" y="125" height="20" width="4.5"/>
        <!-- 50-54 -->
        <rect x="0" y="150" height="20" width="5.1"/>
        <!-- 45-49 -->
        <rect x="0" y="175" height="20" width="6.0"/>
        <!-- 40-44 -->
        <rect x="0" y="200" height="20" width="6.6"/>
        <!-- 35-39 -->
        <rect x="0" y="225" height="20" width="7.1"/>
        <!-- 30-34 -->
        <rect x="0" y="250" height="20" width="7.3"/>
        <!-- 25-29 -->
        <rect x="0" y="275" height="20" width="8.1"/>
        <!-- 20-24 -->
        <rect x="0" y="300" height="20" width="8.9"/>
```

```
        <!-- 15-19 -->
        <rect x="0" y="325" height="20" width="8.8"/>
        <!-- 10-14 -->
        <rect x="0" y="350" height="20" width="8.6"/>
        <!-- 5-9 -->
        <rect x="0" y="375" height="20" width="8.8"/>
        <!-- 0-4 -->
        <rect x="0" y="400" height="20" width="9.3"/>
    </g>
    <g>
        <text x="0" y="45">80 and up</text>
        <text x="0" y="70">75-79</text>
        <text x="0" y="95">70-74</text>
        <text x="0" y="120">65-69</text>
        <text x="0" y="145">60-64</text>
        <text x="0" y="170">55-59</text>
        <text x="0" y="195">50-54</text>
        <text x="0" y="220">45-49</text>
        <text x="0" y="245">40-44</text>
        <text x="0" y="270">35-39</text>
        <text x="0" y="295">30-34</text>
        <text x="0" y="320">25-29</text>
        <text x="0" y="345">20-24</text>
        <text x="0" y="370">15-19</text>
        <text x="0" y="395">10-14</text>
        <text x="0" y="420">5-9</text>
        <text x="0" y="445">0-4</text>
    </g>
    <g transform="translate(100,30)" stroke="black">
        <line x1="0" y1="0" x2="0" y2="-10"/>
        <line x1="107.75" y1="0" x2="107.75" y2="-10"/>
        <line x1="215.5" y1="0" x2="215.5" y2="-10"/>
        <line x1="323.25" y1="0" x2="323.25" y2="-10"/>
    </g>
    <g transform="translate(100,30)" text-anchor="middle">
        <text x="0" y="-15">0</text>
        <text x="107.75" y="-15">2.5%</text>
        <text x="215.5" y="-15">5.0%</text>
        <text x="323.25" y="-15">7.5%</text>
    </g>
</svg>
```

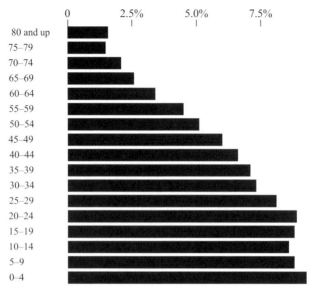

그림 3.29 축이 추가된 그래프

그림 3.29에서 축이 추가된 그래프를 확인해 보자.

이제 상당히 괜찮아 보인다! 이번에는 HTML을 통해 그래프 위에 제목을 추가하고 CSS로 스타일까지 수정해 보자.

```
<!DOCTYPE html>
<html>
<head>
<meta charset="utf-8">
<style>
    body {
        font-family: Helvetica;
    }
    svg {
        width:500px;
        height:500px;
    }
    .top-label {
        font-size: 13px;
        font-style: italic;
        text-transform: uppercase;
        float: left;
    }
    .age-label {
```

```
        text-align: right;
        font-weight: bold;
        width: 90px;
        padding-right: 10px;
    }
    .clearfix {
        clear:both;
    }
    .bar {
        fill: DarkSlateBlue;
    }
    .bar-label {
        text-anchor: end;
    }
    .axis-label {
        text-anchor: middle;
        font-size: 13px;
    }
</style>
</head>
<body>
    <h2>Age distribution of the world, 2010</h2>
    <div class="top-label age-label">
        <p>age group</p>
    </div>
    <div class="top-label">
        <p>portion of the population</p>
    </div>
    <div class="clearfix"></div>
    <svg>
        <g transform="translate(100,30) scale(43.1,1)"
        class="bar">
            <!-- 80 and up -->
            <rect x="0" y="0" height="20" width="1.6"/>
            <!-- 75-79 -->
            <rect x="0" y="25" height="20" width="1.5"/>
            <!-- 70-74 -->
            <rect x="0" y="50" height="20" width="2.1"/>
            <!-- 65-69 -->
            <rect x="0" y="75" height="20" width="2.6"/>
            <!-- 60-64 -->
            <rect x="0" y="100" height="20" width="3.4"/>
            <!-- 55-59 -->
             <rect x="0" y="125" height="20" width="4.5"/>
            <!-- 50-54 -->
            <rect x="0" y="150" height="20" width="5.1"/>
            <!-- 45-49 -->
            <rect x="0" y="175" height="20" width="6.0"/>
```

```
        <!-- 40-44 -->
        <rect x="0" y="200" height="20" width="6.6"/>
        <!-- 35-39 -->
        <rect x="0" y="225" height="20" width="7.1"/>
        <!-- 30-34 -->
        <rect x="0" y="250" height="20" width="7.3"/>
        <!-- 25-29 -->
        <rect x="0" y="275" height="20" width="8.1"/>
        <!-- 20-24 -->
        <rect x="0" y="300" height="20" width="8.9"/>
        <!-- 15-19 -->
        <rect x="0" y="325" height="20" width="8.8"/>
        <!-- 10-14 -->
        <rect x="0" y="350" height="20" width="8.6"/>
        <!-- 5-9 -->
        <rect x="0" y="375" height="20" width="8.8"/>
        <!-- 0-4 -->
        <rect x="0" y="400" height="20" width="9.3"/>
    </g>
    <g class="bar-label">
        <text x="90" y="45">80 and up</text>
        <text x="90" y="70">75-79</text>
        <text x="90" y="95">70-74</text>
        <text x="90" y="120">65-69</text>
        <text x="90" y="145">60-64</text>
        <text x="90" y="170">55-59</text>
        <text x="90" y="195">50-54</text>
        <text x="90" y="220">45-49</text>
        <text x="90" y="245">40-44</text>
        <text x="90" y="270">35-39</text>
        <text x="90" y="295">30-34</text>
        <text x="90" y="320">25-29</text>
        <text x="90" y="345">20-24</text>
        <text x="90" y="370">15-19</text>
        <text x="90" y="395">10-14</text>
        <text x="90" y="420">5-9</text>
        <text x="90" y="445">0-4</text>
    </g>
    <g transform="translate(100,30)" stroke="black">
        <line x1="0" y1="0" x2="0" y2="-10"/>
        <line x1="107.75" y1="0" x2="107.75" y2="-10"/>
        <line x1="215.5" y1="0" x2="215.5" y2="-10"/>
        <line x1="323.25" y1="0" x2="323.25" y2="-10"/>
    </g>
    <g transform="translate(100,30)" class="axis-label">
        <text x="0" y="-15">0</text>
        <text x="107.75" y="-15">2.5%</text>
        <text x="215.5" y="-15">5.0%</text>
```

```
                <text x="323.25" y="-15">7.5%</text>
            </g>
        </svg>
    </body>
</html>
```

Age distribution of the world, 2010

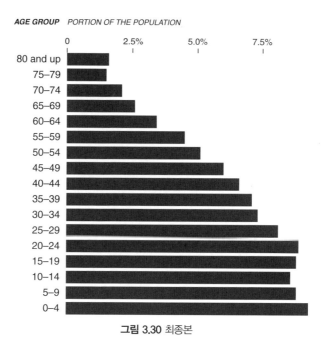

그림 3.30 최종본

축하한다! 직접 SVG를 코딩해서 첫 그래픽을 생성했다. 하지만 이렇게 직접 모든 내용을 코딩하는 일은 이번이 마지막이 될 것이다.

비록 데이터 포인트가 17개 밖에 없었지만 정말 힘겹게 (코드가 얼마나 길고 반복적인지 확인해 보자) 그래프를 만들었다. 만약 데이터 포인트가 217개였으면 어떻게 됐을까? D3의 가장 큰 장점은 반복적으로 SVG를 코딩하는 지루한 절차를 굉장히 간편하게 만들어 준다는 것이다(물론 방법을 배운다면).

예를 들어 아무런 계산 없이 그래프의 크기를 몇 배로 증가시킬지 결정할 수 있다. 그래프의 너비를 일단 설정해 주면 D3는 가장 큰 값의 데이터를 찾고 너비를 조절하기 위해 모든 데이터에 필요한 비율을 자동으로 적용해 준다. D3를 사용하면, 직접 선을 그리기 위한 코딩을 할 필요도 없다.

자, 이제 자바스크립트를 본격적으로 다뤄 볼 차례다!

3.12 요약

그래픽 형태인 SVG는 해상도를 유지하면서 크기를 조절할 수 있다는 큰 장점이 있다. SVG는 HTML과 비슷한 일종의 마크업 언어이며 기본적인 SVG 태그를 이용해서 브라우저에 다양한 도형, 선, 문자를 그릴 수 있다. SVG 요소를 클래스로 지정할 수 있으며, CSS를 통해서 스타일을 수정할 수 있다. SVG의 스타일, 변환 속성을 사용하면 그래픽을 다양한 형태로 구현할 수 있다.

4장

D3 선택영역으로 웹페이지 꾸미기

이제 본격적으로 D3를 시작해 보자! 이 장에서는 D3로 웹페이지를 조작할 때 핵심적인 역할을 하는 '선택영역(selections)'에 대해 살펴본다. D3는 데이터 시각화에 효과적이지만, 놀랍게도 그래프를 직접 만드는 함수가 없다.[1] 대신 D3는 데이터 기반으로 웹페이지를 조작할 수 있는 다양한 기능을 제공하는데, 그중 하나가 선택영역이다. 이를 어떻게 다룰 수 있는지 지금부터 알아보자.

4.1 D3 설정하기

D3는 하나의 파일에 여러 함수와 메서드가 정의된 자바스크립트 라이브러리이다. 만약 함수와 메서드가 무엇인지 모르겠다면 이번 장을 시작하기 전에 꼭 부록 A(초보자를 위한 자바스크립트)를 읽는 것을 추천한다.

D3를 사용하려면 가장 먼저 HTML 파일에서 D3 함수와 메서드가 정의된 라이브러리를 호출해야 한다. 라이브러리의 위치를 전달해 주지 않으면 브라우저가 D3 함수나 메서드를 이해하지 못해서 실행하지 않기 때문이다. 다음 코드를 HTML의 body에 추가해서 D3를 호출해 보자(여기서는 D3의 버전 3을 호출한다).

---

1 (옮긴이) 요즘에는 D3가 로우 레벨(low level)인 점을 보완한 D3 기반 그래프 라이브러리가 많이 생겼다. 그 예로 c3.js(http://c3js.org/), dc.js(http://dc-js.github.io/dc.js/), nvd3.js(http://nvd3.org/) 등이 있다. 그리고 cubism.js(https://square.github.io/cubism/)처럼 특정 시각화 형태만 지원하는 라이브러리도 있다.

```
<script src="http://d3js.org/d3.v3.min.js"></script>
```

위 코드가 들어간 웹페이지를 열면 브라우저는 지정해 준 주소에 접속해서 자바스크립트 파일을 실행시키고 D3 함수와 메서드를 스크립트와 콘솔에서 사용할 수 있게 해준다.

코드 4.1은 D3로 웹페이지를 만드는 코드를 간단하게 보여 준다.

코드 4.1 시작 코드 요약

```
<!DOCTYPE html>
<html>
<head>
<meta charset="utf-8">
<style>
    /* CSS는 여기에 입력 */
</style>
</head>
<body>
<script src="http://d3js.org/d3.v3.min.js"></script>
    <!-- HTML은 여기에 입력 -->
<script>
    //   자바스크립트는 여기에 입력
</script>
</body>
</html>
```

위 코드에서 '...여기에 입력' 부분은 주석으로 입력되었기 때문에 컴퓨터에서 코드로 인식되지 않는다(주석 앞의 부호가 모두 다른 이유는 각각 다른 언어로 작성되기 때문이다).

D3 라이브러리는 HTML 코드 전에 언급되었지만 실제 자바스크립트 코드는 HTML 이후에 입력되는 것을 확인할 수 있다. 왜 그럴까? D3로 웹페이지 내 객체를 다루기 전에 먼저 객체를 생성해야 하기 때문이다!

4.2 선택영역 만들기

그렇다면 선택영역(selections)이란 정확히 무엇인가? 선택영역이란 웹페이지의 문서 객체 모델(Document Object Model, 이하 DOM) 중에서 선택된 요소를 의미한다. DOM은 계층적인 형태를 띠며, 모든 웹페이지의 형태를 만드는 데 쓰인다. 브라우저가 웹페이지를 렌더링한다는 것은 DOM을 표현한다는 의미다.

개발자 도구를 통해 DOM을 살짝 살펴보면 HTML 파일과 비슷하게 생겼고 심지어 로딩되는 HTML 파일과 완벽하게 동일한 경우도 있다. 하지만 정적인 HTML 파일과 DOM의 차이점은 크다. DOM은 언제나 웹페이지의 현 상태를 나타낸다. 웹페이지의 초기 상태는 정적인 HTML으로 구현이 가능하지만 자바스크립트를 통해 웹페이지를 수정하면서 상태가 변할 수 있다.

선택영역 이야기로 다시 돌아가 보자. 그렇다면 어떤 요소를 선택영역으로 설정할 수 있을까? 하나의 〈div〉 태그, 문단 요소, myClass 클래스, SVG 원 심지어 페이지 전체도 선택영역이 될 수 있다.

선택영역은 무엇이고 어떻게 작동하는지 배우려면 직접 써 보는 것보다 좋은 방법이 없다. 밑에 보이는 코드를 selections.html 파일로 저장하고 브라우저를 통해서 열어 보자(그림 4.1). 이제 콘솔을 통해서 선택영역을 만들 수 있다!

```html
<!DOCTYPE html>
<html>
<head>
<meta charset="utf-8">
<style>
    /* CSS는 여기에 입력*/
</style>
</head>
<body>
<script src="http://d3js.org/d3.v3.min.js"></script>
    <div id="header">
        <p>Is this a circle?</p>
    </div>
    <svg width="500px" height="40px">
        <circle r="20" cx="50" cy="20"/>
    </svg>
    <div class="footer">
        <p>Yeah, looks like it</p>
    </div>
<script>
    // 자바스크립트는 여기에 입력
</script>
</body>
</html>
```

Is this a circle?

Yeah, looks like it

그림 4.1 그럴듯해 보이는 원

D3에서 d3.select()와 d3.selectAll() 두 가지 메서드를 사용하면 선택영역을 생성할 수 있다. 먼저 선택영역을 하나씩 만드는 d3.select()부터 살펴보기 위해 콘솔을 열어 보자. 크롬을 사용하고 있다면 도구에서 자바스크립트 콘솔을 선택하면 된다. 콘솔에 d3.select("p")를 입력해 보자. 그림 4.2와 같은 결과가 나올 것이다.

```
> d3.select("p")
  [▶ Array[1] ]
> |
```

그림 4.2 D3 선택영역

굉장히 간단해 보이지만 이것이 전부다! 생성된 선택영역에는 배열 안에 또 다른 배열이 있다. 선택영역은 언제나 이런 형태를 띠고 있는데, 일단 지금은 간단히 살펴보고 나중에 자세한 이유를 다시 이야기하도록 하자. 배열의 인덱스(index)를 이용하면 배열 내부를 살펴볼 수 있다. 콘솔에 d3.select("p")[0][0]을 입력하면 그림 4.3과 같은 결과가 출력된다.

```
> d3.select("p")[0][0]
  <p>Is this a circle?</p>
>
```

그림 4.3 선택영역 안에 있는 요소

출력된 결과를 어디서 본 것 같지 않은가? 위에서 작성한 selections.html 첫 문단의 마크업이다. 아마 d3.select()의 원리를 알아차린 독자도 있을 것이다. 메서드에서 "p"라는 인자(argument)가 주어졌기 때문에 문단 요소가 선택된 것이다. 그리고 d3.select()는 코드에서 인자와 일치한 가장 첫 번째 부분을 선택영역으로 생성한다.

이제 생성된 선택영역으로 무엇을 할 수 있을까? 놀랍게도 엄청나게 많은 것을 할 수 있다! 선택영역을 생성하고 수정하는 것이 D3의 전부라고 봐도 무방하다. D3에는 선택영역으로 지정된 요소를 수정할 수 있는 메서드가 무수히 많다. 수많은 메서드 중에서 text()를 살펴보자. 콘솔에서 d3.select("p").text()를 입력하면 그림 4.4와 같은 결과를 볼 것이다.

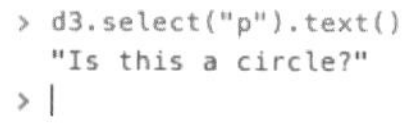

```
> d3.select("p").text()
  "Is this a circle?"
> |
```

그림 4.4 문단 본문 출력

그림에서 볼 수 있듯이 text()는 선택영역 안에 들어 있는 문자를 출력해 준다. 보다 정확하게 이야기하자면 선택영역으로 저장된 요소의 시작 태그와 마무리 태그 사이에 있는 글자를 출력한다. 신기하지 않은가? 이제 더욱 신기한 것을 보여 주겠다. 다음 코드처럼 text()의 인자를 설정해 주면 출력되는 글자를 바꿀 수 있다.

```
d3.select("p").text("This is a circle, eh?")
```

그림 4.5 캐나다식 영어로 번역

그림 4.5와 같은 결과가 나올 것이다.

축하한다! D3로 데이터 기반 웹페이지를 만들어 봤다. 조금만 더 살펴보자!

CSS 선택자로 선택영역 만들기

이번에는 웹페이지의 다른 요소를 선택영역으로 지정해 보자. 캐나다식 영어를
제거하기 위해 selections.html을 새로고침하고, 두 번째 〈div〉 요소를 선택해 보
자. 기존에 사용했던 d3.select("div")는 첫 번째 〈div〉 요소를 갖고 오기 때문에
두 번째 요소를 갖고 오기 위해서는 수정이 필요하다. 코드를 살펴보면 유일하
게 두 번째 〈div〉 요소만 "footer"라는 클래스를 포함하고 있다. 이 사실을 이용
해서 d3.select(".footer")를 입력하고 그림 4.6에서 결과를 확인해 보자.

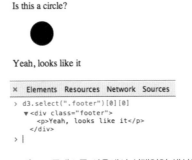

그림 4.6 클래스를 사용해서 선택영역 생성하기

D3에서 클래스를 선택하기 위해서는 CSS처럼 클래스 이름 앞에 마침표를 포
함해서 '.className'의 형태로 코딩해야 한다. 이를 이용해 D3는 CSS 선택영역을
사용해서 선택자를 생성하게 된다. 선택자(selector)라는 용어가 낯설게 느껴지
는가? 용어는 낯설지라도 HTML을 자주 다뤄봤다면 사실은 익숙한 개념일 것
이다. 예를 들어 문단 요소의 선택자는 p이다. ID가 "myID"인 요소의 선택자는
#myID이다. 결국 선택자란, 선택영역으로 지정되는 CSS 요소를 의미한다.

CSS 선택자로 SVG 요소 또한 선택할 수 있다. 그렇기 때문에 CSS를 사용해
서 SVG 요소를 수정할 수도 있다. HTML 요소를 나타내는 선택자처럼 CSS 선
택자 또한 SVG 요소의 명칭을 사용해서 선택영역을 생성해 준다. 사각형 관
련 태그인 〈rect〉는 rect라는 선택자를 갖게 되며 그룹과 관련된 태그인 〈g〉 또
한 g라는 선택자를 갖게 된다. 클래스로 구성된 SVG 요소는 이전과 동일하게

'.className'이라는 선택자를 갖게 된다.

콘솔에 d3.select("circle")을 입력해 보자. 물론 d3.select("circle").text()를 입력하면 아무런 일이 없겠지만 곧 SVG 요소를 다루는 방법을 배울 것이다.

기존 선택영역으로 새로운 선택영역 만들기

기존에 생성된 선택영역으로 새로운 선택영역을 만들 수 있다. 예를 들어 selections.html에서 두 번째 문단 요소를 선택영역으로 만들고 싶다고 하자. 만약 d3.select("p")를 사용하면 첫 번째 문단 요소만 선택될 것이다. 그리고 두 번째 문단은 클래스나 ID가 없다 보니 따로 지정할 수 있는 방법이 없다. 대신 두 번째 〈div〉를 클래스 이름을 통해 선택하고 해당 〈div〉의 첫 번째 문단을 선택하면 된다.

```
d3.select(".footer").select("p")
```

위 코드에서 D3는 footer 클래스에 속한 〈div〉의 문단 요소를 찾는다.

선택영역을 변수로 설정하기

선택영역은 배열이기 때문에 평범한 배열처럼 변수로 설정할 수 있다. 다음 코드를 콘솔에 입력해 보자.

```
var myGraf = d3.select("p")
myGraf.text()
```

4.3 선택영역 속성 변경하기

이제 우리는 HTML에서 이미 정의된 문장을 바꿀 수 있게 되었다. 글자 크기나 요소의 다른 속성(attribute)을 변경하고 싶다면 어떻게 해야 할까? SVG 도형도 수정할 수 있을까?

D3에는 선택영역의 속성을 변경시켜 주는 attr()라는 유용한 메서드가 있다.

내 경우에는 새로운 함수나 메서드의 이름을 속으로 읽으면서 익숙해지려고 하는데 attr()는 속성을 의미하는 'attribute'라는 온전한 단어가 아니라 'r'에서 끊기다 보니 발음하기가 상당히 어렵다(물론 프랑스인이라면 아닐 수도 있겠지만). 그래서 많은 사람들은 attr를 '애터'라고 읽기도 한다.

지금까지 selections.html에서 만든 SVG 원에 attr()를 적용해 보겠다. 일단 원을 자주 사용할 것이니 선택영역을 변수에 지정해 주기 위해 다음 코드를 콘솔에 입력해 보자.

```
var myCircle = d3.select("circle");
```

이제 다음 코드를 입력해 보자.

```
myCircle.attr("fill","red");
```

그림 4.7과 같은 결과가 출력될 것이다.

Is this a circle?

Yeah, looks like it

```
×   Elements  Resources  Network  Sources  Timeline
>  var myCircle = d3.select("circle")
   undefined
>  myCircle.attr("fill","red")
   [▶ Array[1] ]
> |
```

그림 4.7 빨간색 원

자세히 살펴보지 않아도 attr() 메서드가 원의 fill 속성을 빨간색으로 바꾼 것을 알 수 있다. 멋지다! 이번에는 원의 반지름을 바꿔 볼까? 다음 코드를 콘솔에 입력해 보자.

```
myCircle.attr("r",5)
```

그림 4.8처럼 원의 반지름이 작아진 것을 확인할 수 있다.

Is this a circle?

●

Yeah, looks like it

```
× Elements  Resources  Network  Sources  Timeline
> var myCircle = d3.select("circle")
  undefined
> myCircle.attr("fill","red")
  [▶ Array[1] ]
> myCircle.attr("r",5)
  [▶ Array[1] ]
> |
```

그림 4.8 원이 너무 작아서 점처럼 보인다

또한 stroke가 정의되지 않았다면 attr()를 사용해서 추가할 수 있다.

```
myCircle.attr("stroke","black")
```

그림 4.9처럼 stroke가 추가된 원이 만들어질 것이다.

Is this a circle?

◉

Yeah, looks like it

```
× Elements  Resources  Network  Sources  Timeline
> var myCircle = d3.select("circle")
  undefined
> myCircle.attr("fill","red")
  [▶ Array[1] ]
> myCircle.attr("r",5)
  [▶ Array[1] ]
> myCircle.attr("stroke","black")
  [▶ Array[1] ]
> |
```

그림 4.9 Stroke가 추가된 원

attr()의 원리

선택영역에 대해 더 배우기 전에 일단 attr()가 어떻게 작동하는지 살펴보자. 많은 사용자는 선택영역처럼 attr()의 정확한 의미를 알지 못한 채 HTML에서 자주 사용했을 것이다. HTML(그리고 SVG)의 속성은 시작 태그에서 정의되며 생성된 요소를 수정하거나 새로운 속성(attribute)을 추가할 수 있다. 보통 다음과 같이 정의한다.

```
<tag attribute="value"></tag>
```

지금까지 다루었던 selections.html에서는 다음과 같은 속성이 정의되었다.

마크업(markup)	속성(attribute)	값(value)
〈div id="header"〉	id	"header"
〈svg width="500px" height="40px"〉	width, height	"500px", "40px"
〈circle r="20" cx="50" cy="20"/〉	r, cx, cy	"20", "50", "20"
〈div class="footer"〉	class	"footer"

attr()를 사용하기 위해서는 속성의 이름과 해당 속성 값을 인자로 입력해야 한다. 이렇게 정의된 속성 값은 DOM에서 선택된 해당 속성의 시작 태그에 추가된다.

```
<circle r="20" cx="50" cy="20"/>
```

예를 들어 myCircle.attr("fill","red")는 위의 코드를 아래 코드로 원의 요소를 바꿔 준다.

```
<circle r="20" cx="50" cy="20" fill="red"/>
```

만약 못 믿겠다면 selections.html을 새로고침해 보고 직접 attr()를 사용해서 원의 fill을 바꿔 보자. 그리고 수정된 원을 개발자 도구로 살펴보면 그림 4.10과 같은 화면이 보일 것이다(참고로 〈circle/〉은 〈circle〉〈/circle〉과 동일하다는 것을 기억하자). 이제 원의 반지름을 수정하고 싶다고 해보자. 하지만 원 요소에서 이미 r이라는 속성이 정의되었다. 이런 경우 attr()를 사용할 수 있을까? 물론 전혀 걱정하지 않아도 된다. attr()는 이미 정의된 값을 새로운 값으로 변경할 수 있다. 예를 들어 myCircle.attr("r",5)를 입력하면,

Is this a circle?

Yeah, looks like it

```
 ×  | Elements  Resources  Network  Sources  Timeline  Profiles  Audits
   <!DOCTYPE html>
▼ <html>
  ▶ <head>…</head>
  ▼ <body>
      <script src="http://d3js.org/d3.v3.min.js"></script>
    ▶ <div id="header">…</div>
    ▼ <svg height="40px">
        <circle r="20" cx="50" cy="20" fill="red"></circle>
      </svg>
    ▶ <div class="footer">…</div>
    </body>
  </html>
```

그림 4.10 DOM을 수정하는 attr()

```
<circle r="5" cx="50" cy="20" fill="red"/>
```

위와 같은 코드가 아니라, 다음과 같이 코드가 변경된다(코드 맨 뒤에 새로운 r 값 추가).

```
<circle r="20" cx="50" cy="20" fill="red" r="5"/>
```

잠시 코딩 스타일에 대한 관례 몇 가지를 짚고 넘어가자. 요소 태그(element tag)에서 속성 명(attribute name)은 따옴표를 사용하지 않지만 속성 값(attribute value)은 언제나 따옴표를 사용해서 정의한다. 예를 들어 위 코드의 마크업을 살펴보면 r=5, "r"="5" 대신 r="5"가 사용되었다. 하지만 D3 코드에서 속성 명은 언제나 따옴표 안에 들어간다. 왜 이러한 차이점이 생겼을까? 예를 들어 myCircle.attr(r,5)를 입력하면 브라우저는 자바스크립트에서 r이라는 변수를 찾는다. 하지만 r이라는 변수가 없기 때문에 오류를 출력한다. 따라서 D3에서는 언제나 속성 명을 따옴표 안에 설정해 준다. 따옴표를 사용하면 D3는 자동으로 따옴표를 없애고, 속성 명과 값을 선택된 요소의 시작 태그에 입력해 준다.

또한 속성 값을 따옴표 안에 정의하면 D3는 속성 값의 따옴표를 포함해 시작 태그에 입력한다. 그리고 따옴표 없이 숫자를 입력하면 D3는 알아서 따옴표를 추가한다. 예를 들어 D3에서 myCircle.attr("r",5)와 myCircle.attr("r","5")는 결과가 동일하다. 속성 값에서 숫자를 사용해 쉽게 연산을 할 수도 있다. 예를 들어 myCircle.attr("r", 2 + 3)과 같은 연산을 할 수 있다. 지금은 별로 쓸모 있어 보이지는 않지만 이 장 끝 부분에서 굉장히 유용하게 사용될 것이다.

attr()를 사용해서 클래스 및 스타일 규칙 적용하기

클래스와 id 둘 다 속성이기 때문에 attr()를 사용해서 클래스와 id를 적용할 수 있다. myGraf 라는 클래스를 selections.html의 첫 문단 요소로 추가해 보자. 간단하게 다음과 같은 코드를 입력하면 된다.

```
d3.select("p").attr("class", "myGraf")
```

이제 CSS를 사용해서 myGraf 클래스에 스타일을 적용해 보자. 클래스를 첫 문단에서 정의하면 CSS에 따라 스타일이 수정될 것이다.

혹은 attr()를 사용해서 HTML 요소의 스타일을 수정할 수 있다. HTML 요소(element)의 인라인에서 스타일을 적용하려면 다음과 같은 마크업을 사용해야 한다.

```
<element style="property:value"></element>
```

selections.html 첫 문단의 글꼴을 arial로 바꾸고 싶다면 아래 마크업을 입력하면 된다.

```
<p style="font-family: Arial">Is this a circle?</p>
```

혹은 attr()를 사용해서 시작 태그의 인라인에 추가할 수도 있다. 다음 코드를 입력해 보자.

```
d3.select("p").attr("style", "font-family: Arial");
```

이런 방법도 나쁘지 않지만 style()이라는 D3 메서드를 사용하면 더욱 간편하게 HTML 요소의 스타일을 수정할 수 있다. style()을 사용해서 첫 문단의 글꼴을 바꾸려면 다음 코드를 입력해 보자.

```
d3.select("p").style("font-family", "Arial");
```

style()은 attr()와 비슷하지만 스타일 속성을 수정한다는 것을 가정하고 속성 명과 속성 값만 인자로 받는다. style()을 사용하면 코드를 보다 간단하고 쉽게 이해할 수 있다.

4.4 선언적인 D3

attr()와 style()은 사용하기 굉장히 간편하다. 예를 들어 선택영역의 fill을 빨간색 으로 지정하기 위해서 간단히 attr("fill", "red")를 입력하면 된다. 만약 선택영역의 글꼴을 Arial로 설정하고 싶다면 style("font-family", "Arial")를 입력하면 된다. 굉 장히 직관적이다.

D3는 선언형 프로그래밍(declarative programming)이라고 불린다. 컴퓨터에게 자세한 절차를 설명해 줄 필요 없이 무엇을 수정하고 싶은지만 알려 주면 된다.

속성의 이름과 값을 attr()에서 지정해 주면 나머지는 D3가 알아서 처리할 것 이다.

선언적 코드는 만들기도 쉽고, 보고 이해하기도 쉽다. myCircle.attr("fill", "red");라는 코드를 보면, 코드가 무엇을 수정하는지 정확하게 알 수 있다.

4.5 연속적으로 메서드 연결시키기

D3의 선언적 특징은 메서드를 연속적으로 연결시킬 수 있게 해준다(만약 jQuery를 사용해 본 적이 있다면 연속적으로 메서드를 연결시키는 것이 낯설지 않을 것이다[2]). SVG 원을 예시로 살펴보자. 먼저 브라우저에서 selections.html 을 새로고침하고, 원의 선택영역인 myCircle을 다음과 같이 만들어 보자.

---

2 (옮긴이) jQuery에서 이렇게 메서드를 하나하나 연결시키는 것을 체이닝(chaining)이라고 한다.

```
var myCircle = d3.select("circle");
```

이제 원의 속성을 다양하게 바꿔 보자. 지금까지 배운 것을 이용해서 다음과 같이 속성을 변경할 수 있다.

```
myCircle.attr("fill", "red");
myCircle.attr("r", 10);
myCircle.attr("stroke", "black");
myCircle.attr("stroke-width", 2);
```

그림 4.11과 같은 결과가 나올 것이다.

Is this a circle?

Yeah, looks like it

```
×  Elements  Resources  Network  Sources  Timeline
> var myCircle = d3.select("circle")
  myCircle.attr("fill","red")
  myCircle.attr("r",10)
  myCircle.attr("stroke","black")
  myCircle.attr("stroke-width",2)
  [▶ Array[1] ]
> |
```

그림 4.11 다른 형태의 원

이렇게 모든 메서드를 나열하는 것보다 더욱 간편 방법이 있다. 메서드를 연결시켜서 하나의 긴 선언문으로 만드는 것이다. 다음과 같이 입력해 보자.

```
d3.select("circle").attr("fill", "red").attr("r", 10).
attr("stroke", "black").attr("stroke-width", 2);
```

줄을 나누고 들여 쓰면 자바스크립트에 영향을 주지 않고도 보다 깔끔하게 코드를 정리할 수 있다.

```
d3.select("circle")
    .attr("fill", "red")
    .attr("r", 10)
    .attr("stroke", "black")
    .attr("stroke-width", 2);
```

위 코드를 살펴보면 연속적으로 메서드를 연결시킨다는 의미를 쉽게 이해할 수 있다. 코드 앞에 있는 선택영역에 그 뒤에 있는 모든 attr()를 적용시키는 것이다. 세미콜론(;)은 연속적으로 연결된 메서드의 끝을 나타내므로, 마지막 줄에만 추가하도록 하자. 그 전에 세미콜론을 추가한다면 오류가 생길 것이다.

D3에서 attr()뿐만 아니라 다른 메서드도 연속적으로 연결시킬 수 있다. 예를 들어 다음 코드처럼 메서드를 연결시키면 결과로 그림 4.12가 출력될 것이다.

```
d3.select("p")
    .attr("class", "myGraf")
    .style("font-family", "Arial")
    .style("color", "blue")
    .text("Did all this chaining work?");
```

Did all this chaining work?

Yeah, looks like it

```
× Elements  Resources  Network  Sources  Timeline
> d3.select("p")
      .attr("class","myGraf")
      .style("font-family","Arial")
      .style("color","blue")
      .text("Did all this chaining work?");
  [▶ Array[1] ]
> |
```

그림 4.12 다양한 메서드를 연속적으로 연결시키기

메서드 연결 도중에 새로운 선택영역 생성하기

D3를 쓰다 보면 메서드를 연속적으로 연결하는 도중에 새로운 선택영역을 생성해야 하는 상황이 자주 생길 것이다. 새로운 선택영역을 생성하면 그 이후에 연결되는 메서드는 기존의 선택영역 대신에 새로운 선택영역에 적용된다. 다음 예시를 살펴보자.

```
d3.select("#header")
    .style("background-color", "BlanchedAlmond")
  .select("p")
    .style("color", "DarkCyan")
    .style("font-family", "Arial")
    .style("font-weight", "bold");
```

그림 4.13을 통해 결과를 확인해 보자.

그림 4.13 새로운 선택영역을 연결시키기

위에 있는 코드를 자세히 살펴보자. 먼저 〈div〉에서 header라는 id에 대한 선택영역을 만들고 바탕을 옅은 아몬드 색상(blanched almond)으로 수정하였다. 그리고 첫 문단의 〈div〉를 위한 새로운 선택영역을 생성하고 세 가지 스타일 속성을 수정했다.

새로운 선택영역을 생성하기 위한 줄(.select("p") 부분)은 다른 줄에 비해 반밖에 들여 쓰지 않았다. 이러한 양식은 가독성을 위한 개인적인 방식(마이크 보스톡의 영향)이다. 코드가 중간에 좌측으로 튀어나온 것을 보면서 새로운 선택영역이 추가된 것을 확인할 수 있다. 그 이후에 오는 메서드는 기존의 선택영역이 아닌 새로운 선택영역에 적용된다는 것을 잊지 말자.

연결된 메서드를 변수로 지정해 주기

마지막으로 연속적으로 연결된 메서드에 대해 하나만 더 배워 보자. 생성된 선택영역에 메서드를 연속적으로 연결시킨 것을 변수로 지정할 수 있다. 예를 들어, 다음 코드에서는 원에 대한 선택영역을 생성하고 속성을 변경한 뒤 myCircle 이라는 변수에 지정해 주었다.

```
var myCircle = d3.select("circle")
    .attr("fill", "red")
    .attr("r", 10)
    .attr("stroke", "black")
    .attr("stroke-width", 2);
```

만약 연결된 메서드 중간에 새로운 선택영역이 추가되면 마지막 메서드가 적용된 선택영역이 변수로 지정된다.

```
var myGraf = d3.select("#header")
    .style("background-color", "BlanchedAlmond")
  .select("p")
    .style("color", "DarkCyan")
    .style("font-family", "Arial")
    .style("font-weight", "bold");
```

예를 들어 위 코드에서 myGraf라는 변수로 지정된 선택영역은 문단 요소이다(그래도 〈div〉의 바탕 색상은 아몬드 색상으로 변경되었다).

4.6 새로운 요소 추가하기

D3를 사용해서 DOM을 다양하게 수정해 보았다. 하지만 지금까지는 새로운 요소를 만들거나 삭제하지 않고 이미 만들어진 요소를 수정했다.

D3에서는 remove()와 append()를 사용해서 새로운 요소를 생성하고 삭제할 수 있다. 먼저 remove()에 대해 배워 보자. 브라우저에서 selections.html을 새로고침하고, 콘솔을 열어서 d3.select("body").remove();를 입력해 보자. 우와! 모든 것이 사라졌다! 개발자 도구를 열어 보면 그림 4.14와 같은 화면이 보일 것이다.

그림 4.14 귀신 같이 사라진 DOM

remove()를 사용하는 것은 매우 쉽다. 만약 첫 번째 〈div〉를 제거하고 싶다면 d3.select("div").remove()를 입력하면 된다.

이제 새로운 요소를 추가해 보자. append()를 사용하면 선택영역에 상관없이 자식 요소를 추가할 수 있다. selections.html을 새로고침하고 다음 코드를 콘솔에 입력해 보자.

```
d3.select("#header").append("p")
    .text("(I am an appended paragraph)")
    .style("font-style", "italic")
    .style("color", "grey");
```

그림 4.15와 같은 결과가 나올 것이다.

Is this a circle?

(I am an appended paragraph)

Yeah, looks like it

```
×   Elements  Resources  Network  Sources  Timeline  Profiles
> d3.select("#header").append("p")
      .text("(I am an appended paragraph)")
      .style("font-style","italic")
      .style("color","grey");
  [▶ Array[1] ]
> |
```

그림 4.15 새롭게 추가된 문단

append()에 대해 꼭 알아야 할 세 가지 특징이 있다. 첫 번째로 append()에 주어지는 인자는 추가하려는 요소 태그를 따옴표로 감싸서 표기해야 한다. 위 예시에서 인자는 "p"이고, 콘솔 입력 결과로 새로운 문단 요소가 생성되었다. 만약 〈div〉를 추가하고 싶다면 append("div")를 입력하고, 직사각형을 만들고 싶다면 append("rect")를 사용하면 된다.

두 번째로 append()는 항상 새롭게 생성된 요소를 맨 뒤에 추가시킨다(그렇기 때문에 '덧붙이다'라는 의미가 있는 append를 메서드 이름으로 사용한다). 위 예시에서 새롭게 생성된 문단은 첫 번째 〈div〉 안에서 가장 마지막 문단으로 추가되었다(그림 4.16).

세 번째로 append()는 선택영역을 반환(return)한다. 다시 말해서 연속적으로 연결된 메서드에 새로운 선택영역을 추가시키는 것이다. 그렇기 때문에 위 예시에서 text()와 style() 메서드 두 개는 처음에 선택된 〈div〉가 아닌 새롭게 추가된

Is this a circle?

(I am an appended paragraph)

Yeah, looks like it

```
×  | Elements  Resources  Network  Sources  Timeline  Profiles  Audits  Console
   <!DOCTYPE html>
▼ <html>
   ▶ <head>…</head>
   ▼ <body>
        <script src="http://d3js.org/d3.v3.min.js"></script>
      ▼ <div id="header">
           <p>Is this a circle?</p>
           <p style="font-style: italic; color: rgb(128, 128, 128);">(I am an appended paragraph)</p>
        </div>
      ▶ <svg height="40px">…</svg>
      ▶ <div class="footer">…</div>
      </body>
   </html>
```

그림 4.16 새로운 요소는 맨 뒤에 추가된다

문단 요소에 적용된다.

4.7 지금까지 배운 것 종합하기

지금까지 상당히 다양한 기능에 대해 배워 보았다. 이제 D3만 사용해서 웹페이지를 구축할 수 있다. 잠시 selections.html을 닫아 두고 selections2.html라는 새로운 페이지를 만들자. 그리고 코드 4.1을 참고해서 페이지를 만들어 보자.

이제부터 콘솔에 입력하지 않고 D3로 코딩을 해서 selections2.html을 수정할 것이다. DOM을 콘솔에서 코딩하면 페이지를 새로고침할 때마다 수정 내용이 모두 사라지기 때문이다.

HTML 대신 D3를 사용해서 selections.html을 다시 만들어 보자. 단계별로 어떻게 하는지 설명을 읽기 전에 혼자서 생각해 보자.

selections.html body의 첫 번째 요소는 header라는 id를 갖고 있는 〈div〉 요소다. append()를 사용하면 별로 어렵지 않게 만들 수 있다. 그런데 〈div〉를 어디에 추가시켜야 할까? 부모 요소에 추가시켜야 하는데, selections.html의 구조를 살펴보면 첫 번째 〈div〉 요소의 부모 요소는 body 그 자체이다. 다음 구문을 selections2.html의 두 번째 스크립트(〈script〉) 태그에 입력해 보자.

```
d3.select("body").append("div")
    .attr("id", "header");
```

⟨div⟩를 생성했다면 이제 ⟨div⟩를 선택해서 문단 요소를 추가해 보자. 다음 코드를 스크립트에 추가하고 저장한 뒤, 브라우저를 열어서 코드가 제대로 작동하는지 확인해 보자.

```
d3.select("div").append("p")
    .text("Is this a circle?");
```

좋다! 이제 ⟨svg⟩ 요소를 만들어 보자. body를 선택영역으로 지정하고 높이가 40 픽셀인 ⟨svg⟩ 요소를 추가해 보자.

```
d3.select("body").append("svg")
    .attr("height", 40);
```

그리고 ⟨circle⟩을 추가하자.

```
d3.select("svg").append("circle")
    .attr("r", 20)
    .attr("cx", 50)
    .attr("cy", 20);
```

마지막으로 ⟨div⟩ 요소를 추가하고 문단 요소를 만들자.

```
d3.select("body").append("div")
    .attr("class", "footer");
d3.select(".footer").append("p")
    .text("Yeah, looks like it");
```

자, 지금까지 selections.html과 완벽하게 똑같은 페이지를 D3로 Vselections2.html에 구현해 보았다. 지금까지 작성한 내용은 다음과 같이 더욱 간략하게 만들 수 있다.

```
var body = d3.select("body")
body.append("div")
    .attr("id","header")
  .append("p")
    .text("Is this a circle?");
body.append("svg")
```

```
    .attr("height",40)
  .append("circle")
    .attr("r",20)
    .attr("cx",50)
    .attr("cy",20);
body.append("div")
    .attr("class","footer")
  .append("p")
    .text("Yeah, looks like it");
```

만약 위에 있는 코드를 전부 이해했다면 이 장에서 배운 내용을 완벽하게 습득했다고 볼 수 있다.

4.8 d3.selectAll()을 사용해서 여러 요소 선택하기

d3.select()를 자세히 배워 봤지만 자매격 메서드인 d3.selectAll()에 대해서는 아직까지 언급하지 않았다. 하지만 실제로 d3.select()보다 d3.selectAll()을 자주 사용하며, 특히 5장에서 데이터 결합을 적용할 때 빈번하게 사용한다. 구체적인 사항은 다음 장에서 다루도록 하고, 일단은 간략하게 살펴보고 넘어가자.

d3.selectAll()은 한 번에 많은 요소를 선택영역으로 생성한다. d3.select("p")는 페이지에서 첫 번째 문단을 선택영역으로 생성하지만 d3.selectAll("p")는 모든 문단 요소를 선택영역으로 생성한다. d3.selectAll()로 생성된 선택영역에도 동일하게 attr()와 text()를 사용할 수 있다. 이렇게 적용하면 선택된 모든 요소에 수정사항이 반영된다.

이제 selections.html로(혹은 selections2.html을 사용해도 상관없다) 돌아가 보자. 브라우저에서 열고 다음 코드를 콘솔에 입력해 보자.

```
d3.selectAll("p")
    .text("Stop repeating me!")
    .style("font-family", "Arial")
    .style("color", "DeepPink")
    .style("font-weight", "bold");
```

그림 4.17과 같은 결과가 나올 것이다.

Stop repeating me!

Stop repeating me!

```
×  Elements  Resources  Network  Sources
>  d3.selectAll("p")
      .text("Stop repeating me!")
      .style("font-family","Arial")
      .style("color","DeepPink")
      .style("font-weight","bold");
   [▶ Array[2] ]
>
```

그림 4.17 한 번에 반복적인 작업 처리하기

4.9 선택영역으로 막대 그래프 만들기

그럼 이제 D3를 사용해서 3장에서 만들었던 인구 막대 그래프를 만들어 보자. 가장 간단하게 그래프를 만드는 방법은 D3의 선택영역, append(), attr()와 같이 지금까지 배운 메서드를 사용해서 앞서 만든 pop2010.html의 마크업을 태그 단위로 재구성하는 것이다.

코딩을 시작하기 전에 밑에 요약된 코드를 pop2010-D3.html이라고 저장하자.

```
<!DOCTYPE html>
<html>
<head>
<meta charset="utf-8">
<style>
    body {
        font-family: Helvetica;
    }
    svg {
        width: 500px;
        height: 500px;
    }
    .top-label {
        font-size: 13px;
        font-style: italic;
        text-transform: uppercase;
        float: left;
    }
    .age-label {
```

```
            text-align: right;
            font-weight: bold;
            width: 90px;
            padding-right: 10px;
        }
        .clearfix {
            clear: both;
        }
        .bar {
            fill: DarkSlateBlue;
        }
        .bar-label {
            text-anchor: end;
        }
        .axis-label {
            text-anchor: middle;
            font-size: 13px;
        }
    </style>
    </head>
    <body>
    <script src="http://d3js.org/d3.v3.min.js"></script>
    <script>
        // 자바스크립트는 여기에 입력
    </script>
    </body>
    </html>
```

3장에서 만든 pop2010.html에서 CSS를 그대로 복사했음을 확인할 수 있다. D3로 그래프를 만들면서 attr()로 생성할 요소에 클래스를 적용할 것이다. 편리성과 일관성을 고려해 SVG로 생성한 그래프에서 사용한 클래스 이름을 그대로 사용한다. 또한 요소의 스타일을 그대로 유지하기 위해서 똑같은 CSS를 사용하겠다.

단계별로 코드를 작성할 때마다 변하는 그래프의 형태는 보여 주지 않겠다. D3를 사용해도 이전과 똑같은 요소를 생성하기 때문에 그래프 형태가 궁금하다면 pop2010.html을 만드는 과정을 참고하길 바란다.

먼저 HTML의 윗부분부터 만들어 보자.

```
<h2>Age distribution of the world, 2010</h2>
<div class="top-label age-label">
    <p>age group</p>
</div>
<div class="top-label">
    <p>portion of the population</p>
</div>
<div class="clearfix"></div>
```

위에 있는 코드는 모두 body 요소에 속해 있다. 그렇기 때문에 D3로 이 요소를 생성하기 위해서는 문서의 body를 선택해서 추가해야 한다. 다음과 같이 코드를 작성할 수 있다.

```
d3.select("body").append("h2")
    .text("Age distribution of the world, 2010");
d3.select("body").append("div")
    .attr("class", "top-label age-label");
d3.select("body").append("div")
    .attr("class", "top-label");
d3.select("body").append("div")
    .attr("class", "clearfix");
```

매번 body를 선택하는 것은 지루하고 비효율적이기 때문에 아예 변수로 지정해 보자.

```
var body = d3.select("body");
body.append("h2")
    .text("Age distribution of the world, 2010");
body.append("div")
    .attr("class", "top-label age-label");
body.append("div")
    .attr("class", "top-label");
body.append("div")
    .attr("class", "clearfix");
```

이제 문단을 추가해 보자. 문단을 각각 알맞은 〈div〉에 추가해야 한다. 각각의 〈div〉에 대해 변수를 지정할 수도 있지만 연속적으로 연결된 메서드에 바로 넣어 주자.

```
body.append("div")
    .attr("class", "top-label age-label")
  .append("p")
    .text("age group");
body.append("div")
    .attr("class", "top-label")
  .append("p")
    .text("portion of the population");
```

완벽하다! 이제 SVG를 만들기 위해 다음의 코드가 막대 그래프를 생성한다
는 점을 상기하자.

```
<svg>
    <g transform="translate(100,30) scale(43.1,1)" class="bar">
        <!-- 80 and up -->
        <rect x="0" y="0" height="20" width="1.6"/>
        <!-- 75-79 -->
        <rect x="0" y="25" height="20" width="1.5"/>
        <!-- 70-74 -->
        <rect x="0" y="50" height="20" width="2.1"/>
        <!-- 65-69 -->
        <rect x="0" y="75" height="20" width="2.6"/>
        <!-- 60-64 -->
        <rect x="0" y="100" height="20" width="3.4"/>
        <!-- 55-59 -->
        <rect x="0" y="125" height="20" width="4.5"/>
        <!-- 50-54 -->
        <rect x="0" y="150" height="20" width="5.1"/>
        <!-- 45-49 -->
        <rect x="0" y="175" height="20" width="6.0"/>
        <!-- 40-44 -->
        <rect x="0" y="200" height="20" width="6.6"/>
        <!-- 35-39 -->
        <rect x="0" y="225" height="20" width="7.1"/>
        <!-- 30-34 -->
        <rect x="0" y="250" height="20" width="7.3"/>
        <!-- 25-29 -->
        <rect x="0" y="275" height="20" width="8.1"/>
        <!-- 20-24 -->
        <rect x="0" y="300" height="20" width="8.9"/>
        <!-- 15-19 -->
        <rect x="0" y="325" height="20" width="8.8"/>
        <!-- 10-14 -->
        <rect x="0" y="350" height="20" width="8.6"/>
        <!-- 5-9 -->
        <rect x="0" y="375" height="20" width="8.8"/>
```

```
        <!-- 0-4 -->
        <rect x="0" y="400" height="20" width="9.3"/>
    </g>
```

가장 먼저 〈svg〉 요소를 body에 추가해야 한다. 앞으로 〈svg〉 요소에 많은
요소를 추가할 예정이니 변수로 지정하자.

```
var svg = body.append("svg");
```

또한 다른 형태의 직사각형 17개를 생성하기 위해 앞으로 반복적으로 〈svg〉
에 그룹을 추가할 것이다. 역시 간편하게 처리하기 위해 변수로 지정한다.

```
var barGroup = svg.append("g")
    .attr("transform", "translate(100,30) scale(43,1)")
    .attr("class", "bar");
```

이제 막대가 될 직사각형을 만들어 보자.

```
barGroup.append("rect")
    .attr("x", 0)
    .attr("y", 0)
    .attr("height", 20)
    .attr("width", 1.6);
barGroup.append("rect")
    .attr("x", 0)
    .attr("y", 25)
    .attr("height", 20)
    .attr("width", 1.5);
barGroup.append("rect")
    .attr("x", 0)
    .attr("y", 50)
    .attr("height", 20)
    .attr("width", 2.1);
barGroup.append("rect")
    .attr("x", 0)
    .attr("y", 75)
    .attr("height", 20)
    .attr("width", 2.6);
barGroup.append("rect")
    .attr("x", 0)
    .attr("y", 100)
    .attr("height", 20)
    .attr("width", 3.4);
barGroup.append("rect")
```

```
        .attr("x", 0)
        .attr("y", 125)
        .attr("height", 20)
        .attr("width", 4.5);
barGroup.append("rect")
        .attr("x", 0)
        .attr("y", 150)
        .attr("height", 20)
        .attr("width", 5.1);
barGroup.append("rect")
        .attr("x", 0)
        .attr("y", 175)
        .attr("height", 20)
        .attr("width", 6.0);
barGroup.append("rect")
        .attr("x", 0)
        .attr("y", 200)
        .attr("height", 20)
        .attr("width", 6.6);
barGroup.append("rect")
        .attr("x", 0)
        .attr("y", 225)
        .attr("height", 20)
        .attr("width", 7.1);
barGroup.append("rect")
        .attr("x", 0)
        .attr("y", 250)
        .attr("height", 20)
        .attr("width", 7.3);
barGroup.append("rect")
        .attr("x", 0)
        .attr("y", 275)
        .attr("height", 20)
        .attr("width", 8.1);
barGroup.append("rect")
        .attr("x", 0)
        .attr("y", 300)
        .attr("height", 20)
        .attr("width", 8.9);
barGroup.append("rect")
        .attr("x", 0)
        .attr("y", 325)
        .attr("height", 20)
        .attr("width", 8.8);
barGroup.append("rect")
        .attr("x", 0)
        .attr("y", 350)
        .attr("height", 20)
```

```
    .attr("width", 8.6);
barGroup.append("rect")
    .attr("x", 0)
    .attr("y", 375)
    .attr("height", 20)
    .attr("width", 8.8);
barGroup.append("rect")
    .attr("x", 0)
    .attr("y", 400)
    .attr("height", 20)
    .attr("width", 9.3);
```

굉장히 많은 직사각형을 만들어 보았다. 이제 D3에서 append()와 attr()를 사용해서 SVG 마크업을 구현하는 일에 익숙해졌을 것이다. 이제 나머지 부분도 만들어 보자. 나머지 부분에 대한 코드를 밑에 추가해 놓았지만 직접 만들기를 권한다.

```
<!DOCTYPE html>
<html>
<head>
<meta charset="utf-8">
<style>
    body {
        font-family: Helvetica;
    }
    svg {
        width: 500px;
        height: 500px;
    }
    .top-label {
        font-size: 13px;
        font-style: italic;
        text-transform: uppercase;
        float: left;
    }
    .age-label {
        text-align: right;
        font-weight: bold;
        width: 90px;
        padding-right: 10px;
    }
    .clearfix {
        clear: both;
    }
    .bar {
        fill: DarkSlateBlue;
    }
```

```
        .bar-label {
            text-anchor: end;
        }
        .axis-label {
            text-anchor: middle;
            font-size: 13px;
        }
    </style>
    </head>
    <body>
    <script src="http://d3js.org/d3.v3.min.js"></script>
    <script>
        var body = d3.select("body");
        body.append("h2")
            .text("Age distribution of the world, 2010");
        body.append("div")
            .attr("class", "top-label age-label")
          .append("p")
            .text("age group");
        body.append("div")
            .attr("class", "top-label")
          .append("p")
            .text("portion of the population");
        body.append("div")
            .attr("class", "clearfix")
        var svg = body.append("svg");
        var barGroup = svg.append("g")
            .attr("transform", "translate(100,30) scale(43,1)")
            .attr("class", "bar");
        barGroup.append("rect")
            .attr("x", 0)
            .attr("y", 0)
            .attr("height", 20)
            .attr("width", 1.6);
        barGroup.append("rect")
            .attr("x", 0)
            .attr("y", 25)
            .attr("height", 20)
            .attr("width", 1.5);
        barGroup.append("rect")
            .attr("x", 0)
            .attr("y", 50)
            .attr("height", 20)
            .attr("width", 2.1);
        barGroup.append("rect")
            .attr("x", 0)
            .attr("y", 75)
            .attr("height", 20)
```

```
        .attr("width", 2.6);
barGroup.append("rect")
    .attr("x", 0)
    .attr("y", 100)
    .attr("height", 20)
    .attr("width", 3.4);
barGroup.append("rect")
    .attr("x", 0)
    .attr("y", 125)
    .attr("height", 20)
    .attr("width", 4.5);
barGroup.append("rect")
    .attr("x", 0)
    .attr("y", 150)
    .attr("height", 20)
    .attr("width", 5.1);
barGroup.append("rect")
    .attr("x", 0)
    .attr("y", 175)
    .attr("height", 20)
    .attr("width", 6.0);
barGroup.append("rect")
    .attr("x", 0)
    .attr("y", 200)
    .attr("height", 20)
    .attr("width", 6.6);
barGroup.append("rect")
    .attr("x", 0)
    .attr("y", 225)
    .attr("height", 20)
    .attr("width", 7.1);
barGroup.append("rect")
    .attr("x", 0)
    .attr("y", 250)
    .attr("height", 20)
    .attr("width", 7.3);
barGroup.append("rect")
    .attr("x", 0)
    .attr("y", 275)
    .attr("height", 20)
    .attr("width", 8.1);
barGroup.append("rect")
    .attr("x", 0)
    .attr("y", 300)
    .attr("height", 20)
    .attr("width", 8.9);
barGroup.append("rect")
    .attr("x", 0)
```

```
    .attr("y", 325)
    .attr("height", 20)
    .attr("width", 8.8);
barGroup.append("rect")
    .attr("x", 0)
    .attr("y", 350)
    .attr("height", 20)
    .attr("width", 8.6);
barGroup.append("rect")
    .attr("x", 0)
    .attr("y", 375)
    .attr("height", 20)
    .attr("width", 8.8);
barGroup.append("rect")
    .attr("x", 0)
    .attr("y", 400)
    .attr("height", 20)
    .attr("width", 9.3);
var barLabelGroup = svg.append("g")
    .attr("class", "bar-label")
barLabelGroup.append("text")
    .attr("x", 90)
    .attr("y", 45)
    .text("80 and up");
barLabelGroup.append("text")
    .attr("x", 90)
    .attr("y", 70)
    .text("75-79");
barLabelGroup.append("text")
    .attr("x", 90)
    .attr("y", 95)
    .text("70-74");
barLabelGroup.append("text")
    .attr("x", 90)
    .attr("y", 120)
    .text("65-69");
barLabelGroup.append("text")
    .attr("x", 90)
    .attr("y", 145)
    .text("60-64");
barLabelGroup.append("text")
    .attr("x", 90)
    .attr("y", 170)
    .text("55-59");
barLabelGroup.append("text")
    .attr("x", 90)
    .attr("y", 195)
    .text("50-54");
```

```
barLabelGroup.append("text")
    .attr("x", 90)
    .attr("y", 220)
    .text("45-49");
barLabelGroup.append("text")
    .attr("x", 90)
    .attr("y", 245)
    .text("40-44");
barLabelGroup.append("text")
    .attr("x", 90)
    .attr("y", 270)
    .text("35-39");
barLabelGroup.append("text")
    .attr("x", 90)
    .attr("y", 295)
    .text("30-34");
barLabelGroup.append("text")
    .attr("x", 90)
    .attr("y", 320)
    .text("25-29");
barLabelGroup.append("text")
    .attr("x", 90)
    .attr("y", 345)
    .text("20-24");
barLabelGroup.append("text")
    .attr("x", 90)
    .attr("y", 370)
    .text("15-19");
barLabelGroup.append("text")
    .attr("x", 90)
    .attr("y", 395)
    .text("10-14");
barLabelGroup.append("text")
    .attr("x", 90)
    .attr("y", 420)
    .text("5-9");
barLabelGroup.append("text")
    .attr("x", 90)
    .attr("y", 445)
    .text("0-4");
var axisTickGroup = svg.append("g")
    .attr("transform", "translate(100,30)")
    .attr("stroke", "black");
axisTickGroup.append("line")
    .attr("x1", 0)
    .attr("y1", 0)
    .attr("x2", 0)
    .attr("y2", -10);
```

```
        axisTickGroup.append("line")
            .attr("x1", 107.75)
            .attr("y1", 0)
            .attr("x2", 107.75)
            .attr("y2", -10);
        axisTickGroup.append("line")
            .attr("x1", 215.5)
            .attr("y1", 0)
            .attr("x2", 215.5)
            .attr("y2", -10);
        axisTickGroup.append("line")
            .attr("x1", 323.25)
            .attr("y1", 0)
            .attr("x2", 323.25)
            .attr("y2", -10);
        var axisLabelGroup = svg.append("g")
            .attr("transform", "translate(100,30)")
            .attr("class", "axis-label");
        axisLabelGroup.append("text")
            .attr("x", 0)
            .attr("y", -15)
            .text("0");
        axisLabelGroup.append("text")
            .attr("x", 107.75)
            .attr("y", -15)
            .text("2.5%");
        axisLabelGroup.append("text")
            .attr("x", 215.5)
            .attr("y", -15)
            .text("5.0%");
        axisLabelGroup.append("text")
            .attr("x", 323.25)
            .attr("y", -15)
            .text("7.5%");
    </script>
    </body>
    </html>
```

축하한다! D3를 사용해서 막대 그래프를 맨 처음부터 만들어 보았다.

하지만 이전 장에서 만들었던 방식보다 나아진 것이 하나도 없다. 3장에서 만든 pop2010.html은 코드가 119줄 밖에 되지 않았지만 pop2010-D3.html은 무려 312줄이나 된다. 코드의 길이가 거의 3배나 증가했다! 그렇다면 과연 왜 D3를 사용하는 것일까?

아직 D3의 모든 기능을 사용하지 않았기 때문이다. 오히려 아주 한정적인 기능만 사용하고 있다. 더군다나 자바스크립트를 제대로 활용하지도 않았다. 코드를 보다 간결하고 유용한 형태로 바꿀 수 있는 방법은 다양하다.

변수 사용하기

똑같은 숫자를 반복적으로 입력하지 않고 변수를 사용해서 입력하는 방식을 살펴보자. 적절히 선택된 변수는 마치 공장의 레버나 오디오의 음향 조절 버튼과 비슷하다. 변수를 사용해서 입출력을 조절할 수 있기 때문이다. 직사각형을 생성하는 부분을 다시 살펴보자(다음 예시는 17개 직사각형 중에서 4개만을 선택했으며, 나머지 직사각형에도 똑같이 적용할 수 있다).

```
barGroup.append("rect")
    .attr("x", 0)
    .attr("y", 0)
    .attr("height", 20)
    .attr("width", 1.6);
barGroup.append("rect")
    .attr("x", 0)
    .attr("y", 25)
    .attr("height", 20)
    .attr("width", 1.5);
barGroup.append("rect")
    .attr("x", 0)
    .attr("y", 50)
    .attr("height", 20)
    .attr("width", 2.1);
barGroup.append("rect")
    .attr("x", 0)
    .attr("y", 75)
    .attr("height", 20)
    .attr("width", 2.6);
```

유용한 변수로 만들 수 있는 값이 보이는가? "height"(높이)를 변수로 바꾸면 되지 않을까? 실제 막대의 높이는 각각 다르지만 "height"는 동일하게 20으로 주어진다. 이제 숫자를 매번 입력하는 대신 barHeight라는 변수를 만들어서 대체해 보자.

```
var barHeight = 20;
barGroup.append("rect")
    .attr("x", 0)
    .attr("y", 0)
    .attr("height", barHeight)
    .attr("width", 1.6);
barGroup.append("rect")
    .attr("x", 0)
    .attr("y", 50)
    .attr("height", barHeight)
    .attr("width", 1.5);
barGroup.append("rect")
    .attr("x", 0)
    .attr("y", 100)
    .attr("height", barHeight)
    .attr("width", 2.1);
barGroup.append("rect")
    .attr("x", 0)
    .attr("y", 150)
    .attr("height", barHeight)
    .attr("width", 2.6);
```

만약 막대를 20픽셀보다 크거나 작게 만들고 싶다면 가장 위에서 정의된 변수 barHeight의 값을 수정하면 된다(마치 높이를 조절하는 레버나 버튼을 조절하는 것과 비슷하다). barHeight 값을 수정하면 직사각형 4개의 높이가 모두 변하게 된다.

사실 변수를 사용하는 것은 CSS를 사용하는 것과 별반 다르지 않다. CSS에서 수많은 요소를 하나의 클래스로 정의하면 클래스만 수정해서 모든 요소를 한 번에 바꿀 수 있기 때문이다. 마크업이나 D3를 자세히 살펴보면서 요소를 일일이 수정하는 것보다 단번에 모두 수정하는 게 확실히 간편하다.

연산 사용하기

변수를 사용하는 대신에 CSS를 사용하는 게 더 편할 것이라고 생각할 수 있다. 실제로 자바스크립트에서 변수를 선언하지 않고 CSS를 통해 막대의 너비를 설정할 수도 있으니 말이다.

하지만 CSS와는 달리 자바스크립트에서는 연산을 사용할 수 있다. 예를 들어 직사각형의 y값을 살펴보자. 첫 번째 사각형에서 y값은 0으로 설정되었고 그다음에는 25, 그다음에는 50, 그리고 마지막에는 75로 설정되었다. 막대를 25 픽셀마다 만들어 주면 된다. 각 막대의 수직점이 어떻게 수학적으로 계산되는지 알아냈으니, 직접 계산을 할 필요 없이 자바스크립트의 연산 능력을 사용해서 컴퓨터가 값을 저절로 계산해 주도록 만들어 보자. 사람이 직접 계산하는 것보다는 컴퓨터가 연산하는 것이 훨씬 정확할 것이다.

만약 barSpacing이라는 변수를 25라는 값으로 정의하면 직사각형의 y 속성을 각각 다음과 같이 설정할 수 있다.

첫 번째 막대	.attr("y", 0)
두 번째 막대	.attr("y", barSpacing)
세 번째 막대	.attr("y", 2 * barSpacing)
네 번째 막대	.attr("y", 3 * barSpacing)

매우 좋다. 이제 다른 변수를 수정해 보자.

더 나은 변수 사용하기

지금까지 barHeight와 barSpacing이라는 두 변수를 만들어봤다. 하지만 실제로 굉장히 유용한 변수는 아니다. 왜 그런지 생각해 보자. 예를 들어 barHeight를 30으로 설정하고 싶다고 해보자. barSpacing 또한 수정하지 않으면 막대끼리 겹치도록 출력될 것이다. 이는 바람직하지 않다. 막대의 높이와 막대 간의 간격을 동시에 조절할 수 있으면 더욱 유용할 것이다. 그리고 막대 간의 간격을 원하는 간격의 크기와 막대의 높이를 합한 값으로 설정하면 더욱 유용할 것이다. 다음과 같이 간단하게 설정할 수 있다.

```
var barHeight = 20,
    barGap = 5,
    barSpacing = barHeight + barGap;
barGroup.append("rect")
    .attr("x", 0)
    .attr("y", 0)
```

```
        .attr("height", barHeight)
        .attr("width", 1.6);
    barGroup.append("rect")
        .attr("x", 0)
        .attr("y", barSpacing)
        .attr("height", barHeight)
        .attr("width", 1.5);
    barGroup.append("rect")
        .attr("x", 0)
        .attr("y", 2 * barSpacing)
        .attr("height", barHeight)
        .attr("width", 2.1);
    barGroup.append("rect")
        .attr("x", 0)
        .attr("y", 3 * barSpacing)
        .attr("height", barHeight)
        .attr("width", 2.6);
```

데이터를 변수로 사용하기

보통 자바스크립트에서 데이터를 다룰 때는 데이터를 배열과 같은 변수로 저장
한다. 코드를 수정하면서 새로운 위치에 데이터를 추가로 입력하거나 데이터 값
을 변경하고 싶을 때가 있는데, 이럴 때 코드 곳곳에 산재된 D3 코드를 하나하
나 변경하는 것은 쉽지 않기 때문이다.

다음과 같은 배열로 데이터를 정의해 보자.

```
var popData = [1.6, 1.5, 2.1, 2.6, 3.4, 4.5, 5.1, 6.0, 6.6, 7.1,
7.3, 8.1,8.9, 8.8, 8.6, 8.8, 9.3];
```

첫 번째 값은 2010년 전체 인구에서 80세 이상이 차지하는 비율, 즉 그래프에
서 가장 위에 있는 막대가 나타내는 값이다. 비슷하게 배열의 마지막에 있는 값
은 그래프에서 가장 밑에 위치한 막대가 나타내는 값이다(0세부터 4세까지 인
구 비율).

이제 막대의 너비를 설정하고 싶다면 다음과 같이 배열의 인덱스를 사용해서
값에 접근할 수 있다.

첫 번째 막대	.attr("width", popData[0])
두 번째 막대	.attr("width", popData[1])
세 번째 막대	.attr("width", popData[2])
네 번재 막대	.attr("width", popData[3])

제약조건 명시하기

지금까지 막대를 수정했다. 이제 막대가 속한 상위 그룹을 자세히 살펴보자.

```
var barGroup = svg.append("g")
    .attr("transform", "translate(100,30) scale(43,1)")
    .attr("class", "bar");
```

중간에 43이라는 희한한 숫자가 들어가 있는 것을 볼 수 있다. 이 숫자가 무엇을 나타내는지 기억하는가? 막대의 너비가 최대 400픽셀이 되도록 설정해 놓은 값이다. 우리는 막대의 너비를 변환하기 위해 400을 데이터 중에서 가장 큰 값(가장 긴 막대)인 9.3으로 나누었다.

만약 막대의 너비를 300픽셀이나 500픽셀로 설정하고 싶으면 어떻게 수정해야 할까? 귀찮겠지만 새로운 너비를 매번 9.3으로 나눌 수도 있다.

보다 효율적인 방법은 막대의 최대 너비를 제한하는 제약조건을 명시하는 것이다. 즉, 새로운 변수를 설정해서 이 변수를 통해 각 너비에 곱해 줄 배수를 계산하게 만들 수 있다.

```
var popData = [1.6, 1.5, 2.1, 2.6, 3.4, 4.5, 5.1, 6.0, 6.6, 7.1,
7.3, 8.1,8.9, 8.8, 8.6, 8.8, 9.3];
var width = 400,
    scaleFactor = width / popData[16];
```

이제 scaleFactor라는 변수를 실제로 사용하기 위해 접합(concatenation)을 사용해야 한다. 예시에서 barGroup이라는 그룹은 다음과 같은 변환 속성을 갖고 있다.

```
"translate(100,30) scale(43,1)"
```

동일한 형태이지만 43이라는 값 대신 scaleFactor라는 변수를 사용해야 한다. 자바스크립트에서 자동종류변환이라는 기능이 있다는 것을 기억하자. 만약 숫자나 숫자를 나타내는 변수를 텍스트와 더하면 자바스크립트는 숫자를 저절로 텍스트로 변환해서 접합시킨다.

```
"translate(100,30) scale(" + scaleFactor + ",1)"
```

D3의 많은 메서드가 텍스트를 인자로 받다보니 이와 같은 경우를 자주 접할 것이다. 따옴표가 괄호 뒤나 쉼표 전에 위치하는 것이 희한하다고 생각할 수도 있지만 당황할 필요 없다. 코드를 차근차근 요소를 나눠서 살펴보면(변수를 숫자라고 생각하고 주변 문자와 연결해서 읽어 보자) 이해하는 데 아무런 문제가 없을 것이다. 이는 구문 하이라이팅(syntax highlighting)이 얼마나 중요한지 보여 준다. 만약 에디터에서 변수와 텍스트가 다른 색상으로 나타난다면 희한하게 생긴 접합도 훨씬 쉽게 이해할 수 있다.

반복문 사용하기

마지막으로 pop2010-D3.html을 더 깔끔하게 위해 반복문을 사용해서 중복적인 요소를 제거하자. 지금까지 수정한 코드를 살펴보자. 조금 반복적이라고 생각하지 않는가?

```
var popData = [1.6, 1.5, 2.1, 2.6, 3.4, 4.5, 5.1, 6.0, 6.6, 7.1,
7.3, 8.1, 8.9, 8.8, 8.6, 8.8, 9.3];
var width = 400,
    scaleFactor = width / popData[16];
var barHeight = 20,
    barGap = 5,
    barSpacing = barHeight + barGap;
var barGroup = svg.append("g")
    .attr("transform", "translate(100,30) scale(" + scaleFactor
      + ",1)"),
    .attr("class", "bar");
barGroup.append("rect")
    .attr("x", 0)
```

```
        .attr("y", 0)
        .attr("height", barHeight)
        .attr("width", popData[0]);
    barGroup.append("rect")
        .attr("x", 0)
        .attr("y", barSpacing)
        .attr("height", barHeight)
        .attr("width", popData[1]);
    barGroup.append("rect")
        .attr("x", 0)
        .attr("y", 2 * barSpacing)
        .attr("height", barHeight)
        .attr("width", popData[2]);
    barGroup.append("rect")
        .attr("x", 0)
        .attr("y", 3 * barSpacing)
        .attr("height", barHeight)
        .attr("width", popData[3]);
```

엄청나게 반복적이다! 모든 barGroup.append("rect")는 서로 거의 동일한 형태를 갖고 있다. 17개의 직사각형을 barGroup에 추가시키는 작업이다. 각각 동일한 높이와 수평점을 갖고 있고 너비와 수직점은 막대의 순서와 연관되어 있다 (막대가 첫 번째 막대인지 두 번째 막대인지).

정확히 이런 상황을 해결하기 위해 반복문이 만들어졌다. 왜 그런지 이해를 못하겠더라도 곧 알게 될테니 걱정하지 말자. 먼저 부록 A에서 반복문 부분을 보고 오면 더욱 쉽게 이해할 수 있을 것이다. 반복문으로 17개 막대를 생성하기 위해서 다음과 같은 기본 형태가 필요하다.

```
for (var i = 0; i < 17; i++) {
    // 뭔가를 실행해라
}
```

카운터(counter) i는 0부터 시작해서 16으로 끝날 때까지 반복문이 반복할 때마다 1씩 증가한다(for문은 조건이 성립하지 않을 때까지 반복된다).

이제 반복문을 17번 거치면서 총 17개의 직사각형 요소를 생성해 보자.

```
for (var i = 0; i < 17; i++) {
    barGroup.append("rect")
}
```

그리고 모든 막대가 공통적으로 갖고 있는 속성(x와 height)을 다음과 같이 반복문에 추가해 보자.

```
for (var i = 0; i < 4; i++) {
    barGroup.append("rect")
        .attr("x", 0)
        .attr("height", barHeight);
}
```

나머지 두 속성(y와 width)은 매번 반복할 때마다 변하는 i 값을 사용하면 된다. 정확히 어떻게 사용할지 알아보기 위해 매번 반복할 때마다 i 값이 어떻게 변하고 y와 width가 어떤 값을 갖는지 살펴보자.

반복횟수	i	y	width
1	0	0	popData[0]
2	1	barSpacing	popData[1]
3	2	2*barSpacing	popData[2]
4	3	3*barSpacing	popData[3]

width를 어떻게 처리해야 할지 바로 알 수 있을 것이다. 지금처럼 popData[0]이나 popData[1]을 사용하는 대신 인덱스를 사용해서 popData[i]를 사용하면 반복할 때마다 원하는 대로 변하게 된다.

y 속성은 width보다 약간 까다롭다. 위 표에서 마지막 두 줄을 보면 y는 각각 2*barSpacing과 3*barSpacing인 것을 알 수 있다. 이 경우에는 i*barSpacing을 사용하면 된다. 하지만 나머지 경우에도 이런 규칙이 성립할까? 처음으로 반복문이 시작할 때 i는 0이기 때문에 i*barSpacing은 0이 된다. 아직까지는 아무런 문제가 없다. 두 번째로 반복할 때 i는 1이기 때문에 i*barSpacing은 barSpacing과 동일할 것이다. 두 번째로 반복할 때도 아무런 문제가 없다.

그렇다면 다음과 같이 for문을 설정할 수 있다.

```
for (var i = 0; i < 17; i++) {
    barGroup.append("rect")
        .attr("x", 0)
        .attr("y", i * barSpacing)
        .attr("height", barHeight)
        .attr("width", popData[i]);
}
```

이 for문에 하나만 더 추가해 보자. 현재 반복문 조건(i < 17)은 숫자에 기반을 두고 있다. 여기서 17이라는 숫자를 사용하는 이유는 데이터셋 안에 17개의 데이터 포인트가 있다는 것을 이미 알고 있기 때문이다. 만약 데이터 포인트 수가 더 적은 데이터를 사용하면 어떻게 될까? 예를 들어 연령 분포가 10년 단위(0-9세, 10-19세 등)로 구분되어 있다고 해보자. 이런 경우 반복문이 i가 17일 때 멈추는 것보다 i가 9나 새로운 데이터 셋의 데이터 포인트 개수와 동일할 때 멈추는 것이 필요하다.

매번 데이터 포인트 개수를 직접 세고 그 값을 for문에 입력하는 것은 매우 귀찮은 작업일 것이다. 대신 데이터 배열의 길이(length) 속성을 사용하자.

```
for (var i = 0; i < popData.length; i++) {
    barGroup.append("rect")
        .attr("x", 0)
        .attr("y", i * barSpacing)
        .attr("height", barHeight)
        .attr("width", popData[i]);
}
```

완벽하다. 0인 각 막대의 x 값을 제외하면 for문에 숫자가 없는 것을 확인할 수 있다. 이는 굉장히 바람직하다. 더 많은 숫자를 변수로 교체할 수 있다면 더욱 좋은 코드인 것이다. 이제 다음과 같이 더욱 간결하게 막대를 만들 수 있다.

```
var popData = [1.6, 1.5, 2.1, 2.6, 3.4, 4.5, 5.1, 6.0, 6.6, 7.1,
7.3, 8.1, 8.9, 8.8, 8.6, 8.8, 9.3];
var width = 400,
    scaleFactor = width / popData[3];
var barHeight = 20,
    barGap = 5,
    barSpacing = barHeight + barGap;
var barGroup = svg.append("g")
    .attr("transform", "translate(100,30) scale(" + scaleFactor
      + ",1)"),
```

```
        .attr("class", "bar");
  for (var i = 0; i < popData.length; i++) {
      barGroup.append("rect")
          .attr("x", 0)
          .attr("y", i * barSpacing)
          .attr("height", barHeight)
          .attr("width", popData[i]);
  }
```

지금까지 예시에서는 직사각형 4개에 대해서만 다루었지만 그대로 나머지 부
분에 적용시킬 수 있다. 한번 직접 시도해 보자! 다음과 같이 코드를 만들 수 있
을 것이다.

```
<!DOCTYPE html>
<html>
<head>
<meta charset="utf-8">
<style>
    body {
        font-family: Helvetica;
    }
    svg {
        width:500px;
        he1ght:500µx;
    }
    .top-label {
        font-size: 13px;
        font-style: italic;
        text-transform: uppercase;
        float: left;
    }
    .age-label {
        text-align: right;
        font-weight: bold;
        width: 90px;
        padding-right: 10px;
    }
    .clearfix {
        clear: both;
    }
    .bar {
        fill: DarkSlateBlue;
    }
    .bar-label {
        text-anchor: end;
    }
```

```
.axis-label {
    text-anchor: middle;
    font-size: 13px;
}
</style>
</head>
<body>
<script src="http://d3js.org/d3.v3.min.js"></script>
<script>
    var popData = [1.6, 1.5, 2.1, 2.6, 3.4, 4.5, 5.1, 6.0, 6.6,
        7.1, 7.3, 8.1, 8.9, 8.8, 8.6, 8.8, 9.3],
        axisData = [0, 2.5, 5.0, 7.5],
        barLabels = ["80 and up", "75-79", "70-74", "65-69", "60-
        64", "55-59", "50-54", "45-49", "40-44", "35-39", "30-
        34", "25-29", "20-24", "15-19", "10-14", "5-9", "0-4"];
    var width = 400,
        leftMargin = 100,
        topMargin = 30,
        barHeight = 20,
        barGap = 5,
        tickGap = 5,
        tickHeight = 10,
        scaleFactor = width / popData[16],
        barSpacing = barHeight + barGap,
        translateText = "translate(" + leftMargin + "," +
          topMargin + ")",
        scaleText = "scale(" + scaleFactor + ",1)";
    var body = d3.select("body");
    body.append("h2")
        .text("Age distribution of the world, 2010");
    body.append("div")
        .attr("class", "top-label age-label")
      .append("p")
        .text("age group");
    body.append("div")
        .attr("class", "top-label")
      .append("p")
        .text("portion of the population");
    body.append("div")
        .attr("class", "clearfix")
    var svg = body.append("svg");
    var barGroup = svg.append("g")
        .attr("transform", translateText + " " + scaleText)
        .attr("class", "bar");
    for (var i = 0; i < popData.length; i++) {
        barGroup.append("rect")
            .attr("x", 0)
            .attr("y", i * barSpacing)
```

```
            .attr("height", barHeight)
            .attr("width", popData[i]);
    };
    var barLabelGroup = svg.append("g")
        .attr("transform", translateText)
        .attr("class", "bar-label")
    for (var i = 0; i < barLabels.length; i++) {
        barLabelGroup.append("text")
            .attr("x", -10)
            .attr("y", i * barSpacing + barHeight*(2/3))
            .text(barLabels[i]);
    };
    var axisTickGroup = svg.append("g")
        .attr("transform", translateText)
        .attr("stroke", "black");
    var axisLabelGroup = svg.append("g")
        .attr("transform", "translate(100,30)")
        .attr("class", "axis-label");
    for (var i = 0; i < axisData.length; i++) {
        axisTickGroup.append("line")
            .attr("x1", axisData[i] * scaleFactor)
            .attr("x2", axisData[i] * scaleFactor)
            .attr("y1", 0)
            .attr("y2", -tickHeight);
        axisLabelGroup.append("text")
            .attr("x", axisData[i] * scaleFactor)
            .attr("y", -tickHeight - tickGap)
            .text(axisData[i] + "%");
    };
</script>
</body>
</html>
```

4.10 요약

이 장에서는 HTML의 라이브러리를 사용해서 D3를 설정하는 법과, 선택영역 및 관련 메서드를 자세히 살펴보았다. 선택영역은 D3에서 웹페이지의 요소를 접근할 수 있게 해주며 선택영역의 메서드는 선택된 요소를 수정할 수 있게 해준다. 그리고 선택영역과 메서드를 사용해서 D3로 웹페이지와 막대 그래프를 처음부터 만들어 보았다.

5장

VISUAL STORYTELLING with D3

데이터 결합

데이터 결합(data join) 없는 D3는 앙꼬 없는 찐빵이다.[1]

D3에는 시각화를 생성하기 위한 기본 함수가 없다. 대신, 데이터 결합이 있다. 이 장에서는 데이터 결합을 이용해 데이터를 웹페이지의 요소에 어떻게 엮고 반영할 수 있는지 배울 것이다. 이 책에서 기억해야 할 부분을 딱 한 가지 꼽는다면 데이터 결합이니, 꼼꼼히 살펴보도록 하자.

5.1 데이터를 결합한다는 것은?

데이터 결합은 말 그대로 데이터를 무언가와 합치는 것을 의미한다. 그 무언가는 ⟨rect⟩, ⟨circle⟩, ⟨div⟩ 등 웹페이지 요소 하나가 될 수도 있고, 여러 개의 요소가 될 수도 있다. 더 정확하게는, 그 요소들의 D3 선택영역과 데이터를 결합하는 것이다.

자, 본격적으로 시작하기 전에 D3를 잠시 잊고 큰 그림을 보자. 인터랙티브 시각화를 하나 떠올려 볼까? 예전에 어디서 본 것이어도 좋고 당신이 스스로 만든 것이어도 좋다. 딱히 떠오르는 것이 없다면 머릿속으로 아무거나 하나를 상

---

1 (옮긴이) 'data join'이라는 용어를 오해하지 말자. join이라는 단어가 데이터베이스 등에서는 데이터테이블 간 병합을 할 때 자주 사용되지만, 시각화에서는 데이터와 다른 무언가를 엮는다는 의미로 사용된다. 자세한 내용은 본문을 참고하자.

상해 보자. 이 시각화에는 데이터를 형상화한 도형도 있고 시각화를 조작할 수 있는 버튼도 있다. 버튼을 클릭하면 도형의 모양이 바뀌거나, 위치가 옮겨지거나, 크기나 색이 바뀐다. 심지어 모든 도형이 화면에서 사라질 수도 있다. 어찌 됐든, 아무리 복잡하거나 데이터가 다양하게 얽힌 시각화라 하더라도 근본적으로는 아래의 세 가지 중 하나의 동작을 하게 된다.

- 웹페이지로 '들어간다(enter)' - 데이터 시각화는 데이터 또는 시각적 요소가 하나라도 없으면 만들 수 없다. 따라서 도형이 웹페이지에 나타날 수 있어야 한다.
- '업데이트(update)'된다 - 버튼을 클릭하거나 슬라이더를 조종하면 도형이 변형되면서 새로운 데이터를 표현하도록 바뀐다.
- 웹페이지에서 '나간다(exit)' - 특정 데이터가 더 이상 유효하지 않게 되면, 그것을 표현하던 도형도 화면에서 사라질 수 있다.

이쯤에서 재밌는 비유를 하나 들어 볼까? 인터랙티브 시각화는 일종의 연극 무대와 같다고 할 수 있다. 연극을 하면 배우들이 무대에 들어가고 연기를 한 후 퇴장을 하듯이, 인터랙티브 시각화에서도 도형(또는 각종 시각적 요소)이 웹페이지에 등장하고 다양한 형태로 업데이트된 후 나간다.

D3에서 이런 역할을 담당하는 것이 데이터 결합이다. 데이터 결합을 이용하면 시각적 요소가 웹페이지에 들어가고, 업데이트되고, 나갈 수 있다(여기서 나온 '들어가기(enter)', '업데이트하기(update)', '나가기(exit)' 등의 표현은 D3의 공식 용어이기도 하다).

게다가 D3에서 이 모든 동작은 데이터 기반으로 이루어진다. D3에서는 '데이터 엮기(data binding)' 기능이 있어서 데이터를 페이지 요소 하나하나와 편리하게 결합할 수 있는 것이다. 가령 이런 방식으로 작동하곤 한다. "자, 네모야, 너랑 엮인 데이터는 어떤 값을 가지니? 35? 그래! 그러면 네 너비는 35로 하자!"

지금 당장은 이게 무슨 말인가 싶을 수 있다. 하지만 예제를 보면서 천천히 하나하나 자세히 설명할 것이니 걱정말자. 일단 이번 장에서는 '들어가기(enter)'

만 다루고, 8장에서 '업데이트하기(update)'와 '나가기(exit)'를 공부할 것이다.

5.2 데이터 결합의 개념 요약

데이터 결합이 어떻게 작동하는지 살펴보기 위해 새로운 예시를 들어 보자. 연령 분포 막대 그래프에도 물론 데이터 결합이 사용되지만, 데이터 결합의 모든 기능이 사용되는 것은 아니다. 데이터 결합의 모든 기능이 포함되어 있는 예시를 사용하면, 데이터 결합의 정체를 더 구체적으로 파악할 수 있을 것이다.

참고로 이번 장은 데이터 결합의 일부분, '들어가기(enter)'만 다루고, 8장에서 같은 예제를 사용해 '업데이트하기(update)'와 '나가기(exit)'를 다룰 것이다.

자, 당신에게 프랭크라는 이름의 친구가 있다고 해보자. 프랭크는 연예인들의 소문과 타블로이드지(US 위클리(US Weekly), 피플(People), 내셔널 인콰이어러(National Enquirer) 등)에 관심이 많다. 만일 당신이 마트 계산대에 멍하니 줄 서 있는 동안에만 무심코 바라본 적이 있는 잡지라면, 프랭크는 그 잡지에 관심이 아주 많다고 할 수 있다. 다만 그는 킴과 칸예(Kim and Kayne)의 행적에 대해서는 관심이 없다.[2]

그가 유일하게 관심을 두는 것은 잡지 커버에 누가 등장했는가이다. 프랭크는 지난 1년 동안 무려 20개의 다른 잡지와 신문의 커버(즉, 매달 50여 개의 커버)에 나오는 유명 인사가 누구인지 기록했다. 그리고 기록을 시작하기 전 4년 동안 어떤 사람들이 잡지 커버에 등장했는지를 연구하기도 했다. 프랭크는 "특정 시점에 뜨는 연예인은 당대의 정신이나 요구사항을 반영한다고." 같은 말을 무척 자주한다. 당신이 프랭크의 말에 회의적이라고 할지라도, 프랭크가 다가와 자신의 아이디어를 시각화하는 것을 도와달라고 했을 때 차마 거절할 수는 없을 것이다. 프랭크의 아이디어는, 자신이 수집한 5년 분의 데이터를 이용해서 매달 가장 주목을 끌었던 유명인 다섯 명을 보여 주자는 것이다. 그는 자신의 시각화가 인터랙티브한 동적 시각화면 좋겠다고 생각하지만, 구체적으로 어떻

---

2 (옮긴이) 킴 카다시안(Kim Kardashian)과 칸예 웨스트(Kanye West)는 미국 연예계에서 유명한 커플이다.

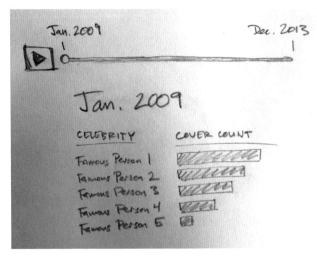

그림 5.1. 프랭크에게 전해준 스케치

게 구현해야 할지는 모른다. 하지만 당신에게는 방법이 떠오른다. 당신은 잠시 노트에 끄적이고, 그림 5.1과 같은 스케치를 프랭크에게 전해 준다.

이 스케치에 따르면, 시각화는 2009년 1월에 가장 인기 있었던 5명의 유명인을 보여 주는 것으로 시작한다. 이때, 각 유명인이 해당 시점에 얼마나 인기 있었는지를 나타내기 위해 유명인의 이름 옆에 인기도를 막대로 표시한다. 이렇게 하면 한 유명인이 해당 월에 인기를 독차지했는지 아닌지를 알 수 있다. 사용자는 두 가지 방식으로 다른 달의 정보를 볼 수 있다. 첫째, 재생 버튼을 눌러 시각화가 스스로 재생되는 것을 볼 수 있다. 둘째, 슬라이더의 핸들을 이리저리 옮기면서 자신이 보고 싶은 시점으로 직접 이동할 수 있다. 시각화가 다른 시점의 정보를 표시하면 순위에 따라 어떤 유명인의 이름은 들어올 것이고, 다른 유명인의 이름은 나갈 것이다. 또한, 다른 유명인의 이름은 명단에서 위로 올라가거나 내려가면서 막대의 크기도 달라질 것이다. "괜찮은데!"라며 프랭크는 자신의 3,000줄짜리 데이터를 던져 준다. 들어가고, 업데이트하고, 나가는 것. D3는 바로 이것을 위해 만들어졌다.

5.3 들어온 데이터 엮기

자, 이제 프랭크의 데이터를 볼 것이다. 이미 기본적인 데이터 분석은 끝내서, 각 유명인이 월별로 커버에 몇 번 등장했는지 집계하고, 순위까지 매겼다고 가정해 보자. 그림 5.2는 2009년 1월부터 3월까지 최초 석 달에 대한 (물론, 가짜) 데이터이다.

데이터의 특징 몇 가지를 꼽자면 다음과 같다.

· 커버 개수의 총합이 항상 50이 되는 것은 아니다. 때로는 커버에 두 명의 유명인이 등장하기도 하고, 그런 경우 중복으로 집계되기 때문이다.
· 1월에는 네 명의 유명인만이 커버에 등장했다. 이때는 브래드 피트와 안젤리나 졸리에게 많은 관심이 몰렸던 때이다(프랭크가 이것에 대해 뭐라고 할까?).
· 2월은 위클리월드뉴스(Weekly World News)가 '뱃차일드(bat-child)'[3]에 대

프랭크의 데이터

2009년 1월

유명인 이름	커버 개수	순위
Angelina Jolie	20	1
Brad Pitt	18	2
Jennifer Aniston	10	3
Britney Spears	8	4

2009년 2월

유명인 이름	커버 개수	순위
Jennifer Aniston	18	1
Angelina Jolie	15	2
Britney Spears	7	3
Brad Pitt	2	4
"Bat-child"	1	5

2009년 3월

유명인 이름	커버 개수	순위
The "Octomom"	25	1
Jennifer Aniston	15	2
John Mayer	12	3
Britney Spears	10	4

그림 5.2. 최초 석 달에 대한 프랭크의 데이터

---

3 (옮긴이) '뱃차일드(bat-child)'는 미국의 타블로이드 위클리월드뉴스에 종종 등장하는 반 박쥐, 반 인간이다. '뱃보이'라는 제목의 뮤지컬로 그의 이야기가 상연된 바도 있다.

한 업데이트 뉴스를 내보낸 것만 빼면 1월과 비슷했다.

· '옥토맘(Octomom)'은 나디아 슐만(Nadya Suleman)이 2009년 초 여덟 쌍둥이 낳은 후 붙여진 별명이다.

이 데이터를 자바스크립트로 효과적으로 구조화시키는 방법은 객체의 배열을 구성하는 것이다. 예를 들면, 1월의 데이터는 다음과 같이 나타낼 수 있다.

```
var janData = [
    {name:"Angelina Jolie", covers:20, rank:1},
    {name:"Brad Pitt", covers:18, rank:2},
    {name:"Jennifer Aniston", covers:10, rank:3},
    {name:"Britney Spears", covers:8, rank:4}
];
```

이 데이터 구조에서 어떤 점이 좋은가? janData라는 배열에 4개의 객체가 있고, 각 객체는 하나의 인물에 대한 모든 정보를 담고 있을 뿐 아니라 하나의 인물에 대한 정보만 담고 있기도 하다. 자료 구조에 대한 이야기는 7장에서 더 해볼 것이다.

자, 이제 가장 먼저 해야 할 것은 웹페이지에 뭔가를 나타내는 것이다. 일단 막대는 잊고, 유명인들의 이름부터 표시해 보자. 4장 'D3 선택영역으로 웹페이지 꾸미기'에서 했던 것처럼 for문을 사용해도 되지만, 여기서는 그렇게 하지 않을 것이다. for문은 잠시 잊자. 지금은 데이터 결합을 생각할 때이다.

어떻게? 웹페이지에 있는 텍스트 요소를 전부 선택해서 각각의 데이터를 결합하는 것이다. 그런데 잠깐, 우리의 웹페이지는 지금 텅 비어 있다. 텍스트 요소가 아예 존재하지 않는 것이다! 그렇다면 존재하지도 않는 것을 '전부 선택한다'는 것은 어떤 의미인가?

바로 이게 D3가 '들어가기' 단계에서 부리는 마술이다. d3.selectAll()을 이용하면 페이지에 존재하지 않는 요소를 선택할 수 있다. 우리의 경우에는 텍스트가 페이지에 들어가게 하려는 것이니, d3.selectAll("p")로 아직 '존재하지 않는' ⟨p⟩ 요소를 선택해 보자. 이 과정은 그림 5.3에 간략히 나타나 있다.

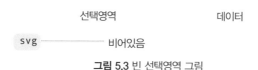

그림 5.3 빈 선택영역 그림

다음으로, 선택된 영역에 두 개의 메서드, data()와 enter()를 추가해 보자. 이 원투펀치는 아주 멋진 일을 하는데, 그것은 모든 데이터 포인트에 대해 새로운 객체를 생성하는 것이다. 그렇지! 심지어 D3에게 데이터의 크기가 얼마인지 알려 주지 않아도 된다. 그저 비어 있는 선택영역을 지정하고, 데이터를 결합해 주면 알맞은 수의 객체를 생성해 준다(그림 5.4).

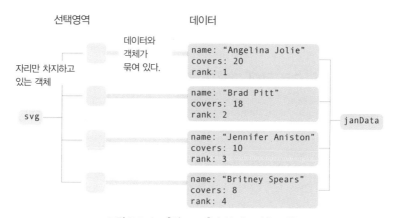

그림 5.4. data()와 enter()가 부리는 마술 그림

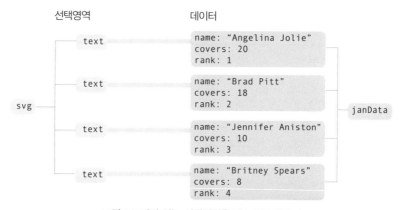

그림 5.5 비어 있는 선택영역을 텍스트로 바꾸기

다만, 이 객체들은 아직 비어 있다. 객체에 텍스트를 실제로 추가해 주기 위해서는 append()를 이용해서 그림 5.5처럼 각 객체에 텍스트를 추가할 요소를 덧붙이면 된다.

이제 웹페이지에 네 개의 텍스트 요소가 있지만, 아직 어떤 텍스트도 담고 있지 않기 때문에 페이지가 텅 비어 보인다. 어떻게 하면 유명인들의 이름을 올바른 곳에 위치시킬 수 있을까? data() 메서드를 사용하는 것이다. 이 메서드를 사용하면 그림 5.5처럼 데이터가 웹페이지의 각 요소와 엮이게 된다. D3는 데이터를 쉽게 엮을 수 있게 해준다. "그래, 요소야, 너는 어떤 유명인의 데이터를 가지고 있니? 안젤리나 졸리? 그래, 그럼 너는 텍스트에 그렇게 표기하자. 순위는? 1위? 그래, 그럼 맨 위로 가자!"

5.4 데이터 결합으로 막대 그래프 생성하기

4장에서 우리는, D3 선택자를 이용해 세계 인구 분포 막대 그래프를 자바스크립트로 그려서 pop2010-D3.html이라는 이름으로 저장했다. 이 장의 남은 부분을 읽기 전에 4장을 다시 한번 복습하기를 추천한다. 이제부터 데이터 결합을 이용해 같은 막대 그래프를 다시 그려 볼 텐데, 다행히도 pop2010-D3.html 코드의 많은 부분을 재활용할 수 있다. pop2010-data-joins.html이라는 이름으로 새 파일을 생성해서 코드 5.1처럼 pop2010-D3.html 파일의 일부분을 복사해 오자.

코드 5.1 pop2010-data-joins.html

```
<!DOCTYPE html>
<html>
<head>
<meta charset="utf-8">
<style>
    body {
        font-family: Helvetica;
    }
    svg {
        width:500px;
        height:500px;
    }
```

```
        .top-label {
            font-size: 13px;
            font-style: italic;
            text-transform: uppercase;
            float: left;
        }
        .age-label {
            text-align: right;
            font-weight: bold;
            width: 90px;
            padding-right: 10px;
        }
        .clearfix {
            clear: both;
        }
        .bar {
            fill: DarkSlateBlue;
        }
        .bar-label {
            text-anchor: end;
        }
        .axis-label {
            text-anchor: middle;
            font-size: 13px;
        }
    </style>
    </head>
    <body>
    <script src="http://d3js.org/d3.v3.min.js"></script>
    <script>
        var popData = [1.6, 1.5, 2.1, 2.6, 3.4, 4.5, 5.1, 6.0, 6.6,
        7.1, 7.3, 8.1, 8.9, 8.8, 8.6, 8.8, 9.3],
            axisData = [0, 2.5, 5.0, 7.5],
            barLabels = ["80 and up", "75-79", "70-74", "65-69", "60-
            64", "55-59", "50-54", "45-49", "40-44", "35-39", "30-
            34", "25-29", "20-24", "15-19", "10-14", "5-9", "0-4"];
        var width = 400,
            leftMargin = 100,
            topMargin = 30,
            barHeight = 20,
            barGap = 5,
            tickGap = 5,
            tickHeight = 10,
            scaleFactor = width / popData[16],
            barSpacing = barHeight + barGap,
            translateText = "translate(" + leftMargin + "," +
            topMargin + ")",
            scaleText = "scale(" + scaleFactor + ",1)";
```

```
        var body = d3.select("body");
    body.append("h2")
        .text("Age distribution of the world, 2010");
    body.append("div")
        .attr("class", "top-label age-label")
        .style("width", leftMargin + "px")
      .append("p")
        .text("age group");
    body.append("div")
        .attr("class", "top-label")
      .append("p")
        .text("portion of the population");
    body.append("div")
        .attr("class", "clearfix");
    var svg = body.append("svg");
    var barGroup = svg.append("g")
        .attr("transform", translateText + " " + scaleText)
        .attr("class", "bar");
</script>
</body>
```

이 코드는 for문으로 막대 그래프의 막대를 생성하기 직전까지의 코드이다. for문으로 막대를 생성하는 코드는 이렇게 생겼다.

```
for (var i = 0; i < popData.length; i++) {
    barGroup.append("rect")
        .attr("x", 0)
        .attr("y", i * barSpacing)
        .attr("height", barHeight)
        .attr("width", popData[i]);
};
```

popData는 연령 분포에 관한 배열이었다는 점을 상기하자. 가장 먼저 80세 이상 인구의 비율이 있었고, 그다음으로 75세부터 79세까지, 그다음에는 70세 부터 74세까지 등이 나타났다. 위 코드에서는 for문이 popData 배열의 각 값을 거치며 17번 반복한다. 반복할 때마다 barGroup 그룹 요소에는 SVG 사각형이 추가된다. barGroup 자체에는 변형 속성을 추가해서 막대와 레이블이 제대로 위치하도록 했다. 즉, 그룹 전체를 오른쪽으로 100픽셀 이동시켜 막대 레이블 이 위치할 수 있도록 하고, 가로축을 조정해 너비가 가장 넓은 사각형이 정확히 400픽셀이 되게 했다. 좋다. 그런데 이 막대들을 데이터 결합으로 그리고 싶다면

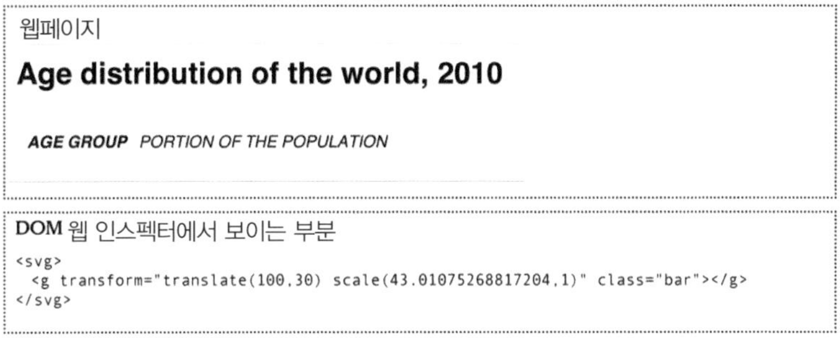

그림 5.6 데이터 결합 전

어떻게 할 수 있을까? 먼저 pop2010-data-joins.html을 브라우저에 띄운 후, 타블로이드지 커버로 했던 작업을 다시 한번 되짚어 보자(띄우고 나면 그림 5.6과 같은 모양을 볼 수 있을 것이다). 자, 이제 사각형을 웹페이지에 들어가게 만들어 보자. 더 정확하게 말하면 사각형을 그림 5.6의 DOM에 보이는 barGroup에 포함되게 만들어 보자. 해야 할 작업은 barGroup에 '존재하지 않는' 사각형들을 선택하는 것이다. 다음 코드를 스크립트 영역 마지막에 추가하자.

```
barGroup.selectAll("rect")
```

다음으로, data().enter() 원투펀치를 써보자.

```
barGroup.selectAll("rect")
    .data(popData)
  .enter()
```

이렇게 하면 페이지의 모습은 바뀌지 않지만, 각 데이터 포인트가 들어갈 수 있는 객체가 생성된다. 이제 사각형을 추가해 보자.

```
barGroup.selectAll("rect")
    .data(popData)
  .enter().append("rect")
```

이제 17개의 사각형이 생성되었고, 각각은 데이터 포인트와 엮여 있다(그림 5.7). 다음으로 각 사각형에 속성을 할당해 준다. 각 사각형의 다양한 속성 중 막대가 시작되는 수평점인 x(막대들을 전부 왼쪽으로 정렬시키기 위해 x는 모

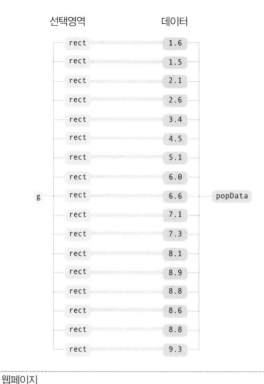

두 0이 되어야 함을 상기하자)와 막대의 높이를 의미하는 barHeight는 모두 동일하다. 쉽게 속성을 할당해 줄 수 있다. 이제 이 속성들을 추가해 보자.

```
barGroup.selectAll("rect")
    .data(popData)
  .enter().append("rect")
    .attr("x", 0)
    .attr("height", barHeight)
```

그런데 나머지 두 개의 속성, 너비(width)와 y는 막대마다 다른 값을 가진다.

```
barGroup.selectAll("rect")
    .data(popData)
  .enter().append("rect")
    .attr("x", 0)
    .attr("height", barHeight)
    .attr("width", // 여기에 어떤 값이 와야 할까?)
    .attr("y", // 여기에는?);
```

데이터 엮기가 능력을 발휘할 타이밍이다. 먼저 너비부터 시작해 보자. 우리가 for문을 사용할 때는 i라는 변수를 이용해 popData[i]라는 값을 불러왔다. 여기서도 비슷하게, 각 막대의 너비를 popData에서 불러오고 싶다. 하지만 popData의 값들이 이미 각 사각형에 엮여 있기 때문에 for문이 굳이 필요 없다. 그저 D3에게 "각 사각형의 너비를 엮여 있는 데이터에 맞게 조정해"라고 하면 된다. 이일은 익명함수(anonymous function)를 통해 할 수 있다.

5.5 익명함수를 이용해 엮인 데이터에 접근하기

이름이 내포하듯, 익명함수는 이름이 없는, 즉 전문 용어로 식별자(identifier)가 없는 함수이다.

```
var myFunction = function(){
    return 5;
}
```

이름이 있는 함수가 위와 같다면, 같은 기능인 익명함수는 이렇게 생겼다.

```
function() {
    return 5;
}
```

또는, 아주 짤막한 함수이기 때문에 다음과 같이 한 줄로 적어도 된다.

```
function(){ return 5; }
```

익명함수는 일반함수와 같이 인자를 받는다. 따라서 이렇게 생긴 익명함수도 있을 수 있다.

```
function(x){ return x + 5; }
```

익명함수는 갖가지 프로그래밍 언어에서 사용되며, 익명함수를 이용하는 이유도 다양하다. D3에서는 데이터를 엮기 위해 익명함수를 사용한다. 139쪽 속성 추가 코드에서 '여기에 어떤 값이 와야 할까?'라고 했던 부분을 익명함수로 바꾸는 것이다. 즉, 아래 줄을,

```
.attr("width", // 여기에 어떤 값이 와야 할까?)
```

이렇게 바꾸는 것이다.

```
.attr("width", function( // 여기와 ){ // 여기에 또 다른 내용이 들어간다. })
```

D3에는 익명함수로 데이터를 엮는 다양한 관례가 존재한다. 이 관례들이 자리 잡은 데는 마땅한 이유가 있지만, 내용은 다소 복잡하다. 다행인 것은, 관례가 어떤 것인지 외워두기만 하면 굳이 그 복잡한 이유들을 알지 않아도 D3를 사용할 수 있다는 것이다. 첫 번째 관례는 익명함수는 d라는 이름의 특별한 인자를 받는다는 것이다.

```
.attr("width", function(d){})
```

d는 선택된 영역 내 각 요소의 데이터 포인트를 지칭한다. 가령 첫 번째 사각형의 경우 d의 값은 1.6이고 두 번째 사각형의 값은 1.5이다. 이렇게 하면 우리는 의도대로 각 사각형의 너비를 popData에 있는 값으로 설정할 수 있다. 어떻게 그렇게 할 수 있을까? 여느 함수와 마찬가지로 익명함수에게 d의 값을 반환하라고 하면 된다.

```
.attr("width", function(d){ return d; })
```

완벽하다. 이제 변수 y도 해보자. 이 경우에도 익명함수를 사용할 것이다. 바로 이렇게.

```
.attr("y", function(d){})
```

흠. 문제가 있다. 수직적 위치를 나타내는 y는 엮인 데이터의 값과 무관하다는 것이다. 우리가 for문을 사용해 사각형을 만들었을 때는 y값을 반복문 변수 i와 barSpacing이라는 상수의 곱으로 설정했던 것을 기억하는가? 우리는 y를 설정할 때 popData의 데이터를 쓴 적이 없다. 따라서 이 경우에도, 우리는 d를 사용할 필요가 없다. 다행히도, D3는 각 요소에 엮인 데이터 포인트의 값뿐 아니라 배열의 인덱스도 알 수 있게 해 준다. 인덱스에 접근하기 위해서는 익명함수에 i라는 새로운 인자를 전달해 주면 된다.

```
.attr("y", function(d,i){})
```

이렇게 하면 첫 번째 사각형의 경우 i는 0이고, 두 번째 사각형은 1이다. 이제 전에 했던 것과 같이 y값이 인덱스 i와 barSpacing 상수를 곱한 값으로 바꿀 수 있다. 아주 간단하다.

```
.attr("y", function(d,i){ return i * barSpacing })
```

코드 전체를 다시 되짚어 보자.

```
barGroup.selectAll("rect")
    .data(popData)
  .enter().append("rect")
    .attr("x", 0)
    .attr("height", barHeight)
    .attr("width", function(d) {return d})
    .attr("y", function(d,i) {return i * barSpacing});
```

이것을 다시 재배열하면 이렇게 된다.

```
barGroup.selectAll("rect")
    .data(popData)
  .enter().append("rect")
    .attr("x", 0)
    .attr("y", function(d,i) {return i * barSpacing})
    .attr("width", function(d) {return d})
    .attr("height", barHeight);
```

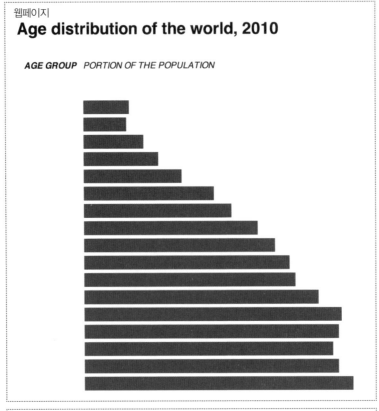

그림 5.8 데이터 기반으로 만들어진 사각형

자, 이 부분만 코드에 추가해서 돌려보자! 그림 5.8의 결과물을 얻을 수 있을 것이다. 축하한다. 이제 문서를(document) 데이터(data) 기반으로(driven) 생성 했으니 당신은 D3의 세 가지 D를 다 해본 것이다.

마지막으로 D3에서 익명함수를 사용해 데이터를 엮는 것에 대해서 한마디만 보태자면, 앞서 언급했듯이 무슨 일이 있어도 d는 인자로 전달해야 한다. 그것이 익명함수를 이용할 때 따라야 하는 첫 번째 관례다. 우리가 y의 값을 i * barSpacing으로 설정할 때 d를 전혀 사용하지 않았지만 d는 반드시 인자로 전달해야 한다. 두 번째 관례는 i는 사용하지 않을 거라면 인자에 포함시키지 않아도 된다는 것이다. 앞에서 너비 변수를 설정했을 때도 i가 불필요했기 때문에 익명함수 어디에도 포함시키지 않았다. 하지만 i를 사용할 거라면 익명함수에 인자로 전달되었는지도 반드시 확인해 보자.

5.6 시각화 마무리하기

예제로 데이터 결합을 이용해 막대 그래프를 마무리해 보자. 막힐 경우를 대비해서 코드 5.2를 준비해 두었다. 하지만 이 코드를 보기 전에 먼저 스스로 시도해 보자.

코드 5.2 데이터 결합으로 그래프 나머지 부분 만들기

```
var barLabelGroup = svg.append("g")
    .attr("transform", translateText)
    .attr("class","bar-label");
barLabelGroup.selectAll("text")
    .data(barLabels)
  .enter().append("text")
    .attr("x",-10)
    .attr("y", function(d,i) {return i * barSpacing +
barHeight*(2/3)})
    .text(function(d) {return d});
var axisTickGroup = svg.append("g")
    .attr("transform", translateText)
    .attr("stroke", "black");
axisTickGroup.selectAll("line")
    .data(axisData)
  .enter().append("line")
    .attr("x1", function(d) {return d*scaleFactor})
    .attr("x2", function(d) {return d*scaleFactor})
    .attr("y1", 0)
    .attr("y2", -tickHeight);
```

```
var axisLabelGroup = svg.append("g")
    .attr("transform", translateText)
    .attr("class", "axis-label");
axisLabelGroup.selectAll("text")
    .data(axisData)
  .enter().append("text")
    .attr("x", function(d) {return d * scaleFactor})
    .attr("y", -tickHeight - tickGap)
    .text(function(d) {return d + "%"});
```

5.7 객체에 데이터 저장하기

앞선 타블로이드의 예시에서, 데이터 배열의 각 객체가 하나 이상도 이하도 아닌 꼭 하나의 데이터 포인트만 다루도록 설계하는 것이 좋다고 언급했다. 타블로이드 데이터의 경우 2009년 1월 데이터는 다음과 같다.

```
var janData = [
    {name:"Angelina Jolie", covers:20, rank:1},
    {name:"Brad Pitt", covers:18, rank:2},
    {name:"Jennifer Aniston", covers:10, rank:3},
    {name:"Brittney Spears", covers:8, rank:4}
];
```

이제 인구 막대 그래프의 데이터 형태를 살펴보자.

```
var popData = [1.6, 1.5, 2.1, 2.6, 3.4, 4.5, 5.1, 6.0, 6.6, 7.1,
7.3, 8.1, 8.9, 8.8, 8.6, 8.8, 9.3];
```

역시 각 원소는 하나의 데이터 포인트에 대응된다. 그런데 두 배열에서 차이점이 보이는가? janData의 경우, 각 원소에는 이름, 커버 개수, 순위 등 세 가지 정보가 포함되어 있고, popData에는 각 원소에 숫자 하나만 담겨 있다. 각 값의 레이블, 즉 연령대는 barLabels라고 하는 별도의 배열에 담겨 있다.

```
var barLabels = ["80 and up", "75-79", "70-74", "65-69", "60-
64", "55-59", "50- 54", "45-49", "40-44", "35-39", "30-34", "25-
29", "20-24", "15-19", "10-14", "5-9", "0-4"];
```

그런데 이렇게 하는 것은 조금 위험하다. 이 방법은 데이터가 80세 이상 그룹으로 시작해서 연령이 점점 낮은 그룹을 나타낸다는 것을 우리 스스로 기억하

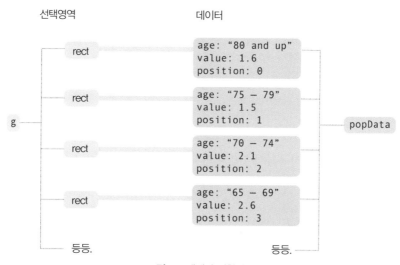

선택영역　　　　　　　　　데이터

그림 5.9 객체와 병합하기

는 것을 전제로 한다. 하지만 이 코드를 몇 달 뒤에 다시 봤을 때 그 사실을 기억하지 못한다고 해보자. 또는, 우리가 막대 그래프에서 0-4세 막대를 위에 표시하겠다고 생각을 바꾸었다고 해보자. 이 경우, 우리는 (실수를 할 수 있다는 큰 가능성을 안고) 배열을 거꾸로 뒤집거나 배열의 마지막 원소가 제일 위로 가고 첫 원소가 아래로 가도록 y 속성을 재설정해야 한다. 두 가지 방법 중 어떤 방법도 좋아보이지는 않다. 대신, 우리가 janData에서 사용한 방식을 따라해 보면 어떨까? 객체로 구성된 배열을 생성해서 값뿐 아니라 다른 부가적인 정보를 담을 수 있도록 'position'이라는 요소를 추가해서 막대의 위치도 설정할 수 있게 하는 것이다(그림 5.9).

```
var popData = [
    {age:"80 and up", value:1.6, position:0},
    {age:"75 - 79", value:1.5, position:1},
    {age:"70 - 74", value:2.1, position:2},
    {age:"65 - 69", value:2.6, position:3},
    {age:"60 - 64", value:3.4, position:4},
    {age:"55 - 59", value:4.5, position:5},
    {age:"50 - 54", value:5.1, position:6},
    {age:"45 - 49", value:6.0, position:7},
    {age:"40 - 44", value:6.6, position:8},
```

```
        {age:"35 - 39", value:7.1, position:9},
        {age:"30 - 34", value:7.3, position:10},
        {age:"25 - 29", value:8.1, position:11},
        {age:"20 - 24", value:8.9, position:12},
        {age:"15 - 19", value:8.8, position:13},
        {age:"10 - 14", value:8.6, position:14},
        {age:"5 - 9", value:8.8, position:15},
        {age:"0 - 4", value:9.3, position:16}
    ]
```

이 새로운 배열을 사용하기 위해서 먼저 익숙한 아래 코드를 추가하자.

```
barGroup.selectAll("rect")
    .data(popData)
  .enter().append("rect")
```

x와 높이 속성도 물론 그대로 사용한다.

```
barGroup.selectAll("rect")
    .data(popData)
  .enter().append("rect")
    .attr("x", 0)
    .attr("height", barHeight)
```

하지만 너비와 y 속성을 지정할 때는 약간 다르게 동작한다. 왜냐하면 d가 달라졌기 때문이다. 각 사각형에 단순히 숫자가 하나씩 할당되는 것이 아니라, 객체 하나가 통째로 전달된다. 첫 번째 사각형의 경우 {age:"80 and up", value:1.6, position:0}을 전달받고, 두 번째 사각형은 {age:"75 - 79", value:1.5, position:1}을 전달받는다. 따라서 너비를 d로 설정하면 D3는 어떻게 동작해야 할지를 모르게 된다. 좋은 소식은, 우리가 d를 자바스크립트의 다른 어떤 객체처럼 다룰 수 있다는 것이다. 우리가 d의 속성 중 하나를 접근하고 싶다면, d 뒤에 마침표 하나를 찍고 속성 명만 덧붙여 주면 된다. 가령, d.age라든지 d.value와 같은 방식으로 말이다. 이제 각 사각형에 너비 속성을 설정해 보자.

```
.attr("width", function(d){ return d.value })
```

y 값은 이렇게 설정할 수 있다.

```
.attr("y", function(d){ return d.position * barSpacing })
```

다같이 보면 다음과 같다.

```
barGroup.selectAll("rect")
    .data(popData)
  .enter().append("rect")
    .attr("x", 0)
    .attr("y", function(d){ return d.position * barSpacing })
    .attr("height", barHeight)
    .attr("width", function(d){ return d.value });
```

이제 popData에서 position 요소만 바꾸면 막대의 순서도 마음대로 바꿀 수 있고, 각 연령대의 데이터도 항상 제자리에 있을 것이라고 확신할 수 있다. 자, 이번에도 다시 한번 popData를 이용해 막대 그래프의 나머지 부분을 그려 볼 것을 추천한다. 역시나 막힐 경우를 대비해 코드 5.3을 준비해 두었다.

코드 5.3 배열로 구성된 데이터를 이용해서 차트 만들기

```
<!DOCTYPE html>
<html>
<head>
<meta charset="utf-8">
<style>
    body {
        font-family: Helvetica;
    }
    svg {
        width:500px;
        height:500px;
    }
    .top-label {
        font-size: 13px;
        font-style: italic;
        text-transform: uppercase;
        float: left;
    }
    .age-label {
        text-align: right;
        font-weight: bold;
        width: 90px;
        padding-right: 10px;
    }
    .clearfix {
        clear: both;
    }
```

```
        .bar {
            fill: DarkSlateBlue;
        }
        .bar-label {
            text-anchor: end;
        }
        .axis-label {
            text-anchor: middle;
            font-size: 13px;
        }
    </style>
    </head>
    <body>
    <script src="http://d3js.org/d3.v3.min.js"></script>
    <script>
        var popData = [
            {age:"80 and up", value:1.6, position:0},
            {age:"75 - 79", value:1.5, position:1},
            {age:"70 - 74", value:2.1, position:2},
            {age:"65 - 69", value:2.6, position:3},
            {age:"60 - 64", value:3.4, position:4},
            {age:"55 - 59", value:4.5, position:5},
            {age:"50 - 54", value:5.1, position:6},
            {age:"45 - 49", value:6.0, position:7},
            {age:"40 - 44", value:6.6, position:8},
            {age:"35 - 39", value:7.1, position:9},
            {age:"30 - 34", value:7.3, position:10},
            {age:"25 - 29", value:8.1, position:11},
            {age:"20 - 24", value:8.9, position:12},
            {age:"15 - 19", value:8.8, position:13},
            {age:"10 - 14", value:8.6, position:14},
            {age:"5 - 9", value:8.8, position:15},
            {age:"0 - 4", value:9.3, position:16}
        ];

        var axisData = [0, 2.5, 5.0, 7.5];
        var width = 400,
            leftMargin = 100,
            topMargin = 30,
            barHeight = 20,
            barGap = 5,
            tickGap = 5,
            tickHeight = 10,
            scaleFactor = width / popData[16].value,
            barSpacing = barHeight + barGap,
            translateText = "translate(" + leftMargin + "," +
            topMargin + ")",
            scaleText = "scale(" + scaleFactor + ",1)";
        var body = d3.select("body");
```

```
body.append("h2")
    .text("Age distribution of the world, 2010");
body.append("div")
    .attr("class", "top-label age-label")
  .append("p")
    .text("age group");
body.append("div")
    .attr("class", "top-label")
  .append("p")
    .text("portion of the population");
body.append("div")
    .attr("class", "clearfix")
var svg = body.append("svg");
var barGroup = svg.append("g")
    .attr("transform", translateText + " " + scaleText)
    .attr("class", "bar");
barGroup.selectAll("rect")
    .data(popData)
  .enter().append("rect")
    .attr("x", 0)
    .attr("y", function(d) {return d.position * barSpacing})
    .attr("width", function(d) {return d.value})
    .attr("height", barHeight);
var barLabelGroup = svg.append("g")
    .attr("transform", translateText)
    .attr("class","bar-label");
barLabelGroup.selectAll("text")
    .data(popData)
  .enter().append("text")
    .attr("x",-10)
    .attr("y", function(d) {return d.position * barSpacing +
    barHeight*(2/3)})
    .text(function(d) {return d.age});
var axisTickGroup = svg.append("g")
    .attr("transform", translateText)
    .attr("stroke", "black");
axisTickGroup.selectAll("line")
    .data(axisData)
  .enter().append("line")
    .attr("x1", function(d) {return d*scaleFactor})
    .attr("x2", function(d) {return d*scaleFactor})
    .attr("y1", 0)
    .attr("y2", -tickHeight);
var axisLabelGroup = svg.append("g")
    .attr("transform", translateText)
    .attr("class", "axis-label");
axisLabelGroup.selectAll("text")
    .data(axisData)
```

```
        .enter().append("text")
          .attr("x", function(d) {return d*scaleFactor})
          .attr("y", -tickHeight - tickGap)
          .text(function(d) {return d + "%"});
    </script>
    </body>
    </html>
```

5.8 요약

이 장에서는 D3 데이터 결합의 개념에 대해 소개했다. 데이터 결합은 요소가 웹 페이지에 들어가거나, 업데이트 되거나, 나갈 수 있게 해 준다. 게다가 이 모든 것을 데이터 기반으로 할 수 있게 해 준다. 이 장에서는 D3로 데이터를 결합해서 어떻게 요소를 웹페이지에 들어가게 할 수 있는지를 배우고 인구 분포 막대 그 래프 예시에 적용해서 그래프 전체를 그리는 방법을 다뤘다.

6장

그래프 크기 조정 및 축 추가하기

이번 장에서는 D3에서 척도를 사용하는 방법과 손쉽게 축을 추가하는 방법에 대해 배워보자. 척도[1]를 이용하면 데이터의 값을 손쉽게 화면의 픽셀 값으로 변환시킬 수 있다. 그리고 축 생성기(axis generators)를 사용하면 그래프에서 손쉽게 축을 추가하고 수정할 수 있다. 이번 장을 끝냈을 쯤이면 D3의 모든 기능을 사용해서 단일 연도에 대한 막대 그래프를 생성할 수 있게 될 것이다.

6.1 선형 척도

이번 장에서는 D3에 대한 기본적인 지식을 배운 뒤 바로 막대 그래프에 응용해 보겠다. 가장 최근에 작업한 pop2010-data.joins.html을 pop2010-scales.html로 다시 저장하고, SVG를 다룬 3장에서 변환 속성에 대해 배운 내용을 떠올려 보자. 변환 속성을 사용하면 SVG 요소의 위치를 바꿀 수 있고, 가로축 혹은 세로 축으로 크기를 조절할 수도 있고 심지어 요소를 회전시킬 수도 있다. 지금 생성된 인구 막대 그래프를 살펴보면 그래프 안에서 간격을 조절하고 지정된 너비로 막대의 너비를 자동으로 변경하기 위해 각각 translate와 scale을 사용했다.

---

1 (옮긴이) 많은 기술서적에서 'scale'을 '척도'로 번역하지만, 사실 이 단어는 '척도'라는 의미의 명사형뿐 아니라, '크기를 조절한다'는 의미의 동사형으로도 쓰인다. 이 책에서는 '척도'와 '스케일' 중 문맥에 따라 더 자연스러운 단어를 선택해 사용했다.

또한, 지정된 너비를 가장 큰 데이터 값으로 나눈 값을 scaleFactor라는 변수에 저장했다는 것을 기억하자. scaleFactor를 사용해서 그래프에서 가장 긴 막대의 너비를 지정된 값으로 설정할 수 있었고 단위에 대한 레이블을 알맞은 위치에 표기할 수 있었다. 지금 만들어진 그래프도 잘 작동하지만 굉장히 반복적이고 지루한 방법으로 만들어졌다. D3는 데이터와 픽셀을 대응(mapping)시켜 주면서 굉장히 편리하게 척도를 조절할 수 있게 해준다. 데이터와 픽셀은 선형적(0은 0으로, 10은 100으로 대응된다면 5는 50으로 대응되는 관계)이거나 로그적(logarithmic) 관계를 맺을 수 있으며, 서열이나 비연속적 값, 비수치적 자료 또한 픽셀과 대응될 수 있다(서열 척도에 대해서는 이번 장 후반부에서 보다 자세히 다룰 것이다). 지금까지 기본적인 자바스크립트 연산자를 사용해서 척도를 대체했기 때문에 척도의 필요성을 느끼지 못했을 수도 있다. 하지만 척도는 삶을 엄청 편하게 해준다. 예를 하나만 들자면 그래프의 축을 말도 안 되게 간편하게 만들어 준다. 배경지식은 이쯤이면 충분한 것 같으니 실제로 척도를 사용해 보자. 콘솔에서 pop2010-data-joins.html을 열어 보자. 페이지를 수정하지 않고 콘솔에서 D3를 사용해서 이것저것 살펴볼 것이다. 참고로 pop-2010-data-joins.html은 D3 라이브러리를 로드하기 때문에 콘솔에서 D3를 바로 사용할 수 있다. 가장 먼저 다음 코드를 콘솔에 입력해 선형 척도(linear scale)를 만들어 보자.

```
var scale = d3.scale.linear();
scale.domain([0,10]);
scale.range([0,100]);
```

여기서 변수 scale은 척도 함수를 나타낸다. 보다 정확하게 말하자면 선형적 관계의 척도를 나타내고 있다. 이 변수가 어떻게 작동하는지 알아보기 위해 scale(0)을 입력해 보자. 그러면 0이 출력될 것이다. scale(10)을 입력해 보자. 그러면 100이 출력될 것이다. 만약 scale(5)를 입력하면 무엇이 나올까?

이 척도 함수는 입력한 값에 10을 곱해 주고 있다. 별로 특별하지 않다. 조금 다르게 정의해 보자.

```
var scale = d3.scale.linear();
scale.domain([0,10]);
scale.range([10,100]);
```

이제 scale(0)을 입력하면 무엇이 출력될까? 10이 나올 것이다. 그렇다면 scale(10)은 어떨까? 아직도 100으로 답이 나올 것이다. 그렇다면 scale(5)면 어떻게 나올까? 이번에는 55로 나올 것이다. 입력 변수에 매번 10이 곱해지는 것 같지는 않다. 무슨 일이 있었던걸까? .domain()의 배열을 .range()의 배열로 선형적 대응하는 것이다(그림 6.1). 이 경우에는 입력값에 9를 곱한 뒤 10을 더해 주는 것이다. 나쁘지 않다. 이 코드를 그래프에 어떻게 적용할 수 있을까? 인구자료를 입력하면 막대의 너비를 출력해 주는 선형 척도를 만들 수 있다. 가로축, 즉 x축으로 막대의 너비를 조절할 것이니 이 선형 척도의 이름을 다음과 같이 x라고 지정해 주자.

```
var x = d3.scale.linear()
    .domain([])
    .range([]);
```

그림 6.1 선형 척도가 작동하는 방법

노트

domain()과 .range() 또한 .attr()와 .text()와 같이 연속적으로 연결할 수 있다.

배열 안에 무엇을 넣어야 할지 설명하기 전에 정의역(domain)과 치역(range)에 대해 잠시 이야기해 보자. 정의역은 입력되는 데이터를 나타내며 치역은 출력되는 데이터(페이지에서 보여 주고 싶은 데이터)를 의미한다. 두 개념이 헷갈릴 수도 있기 때문에 오랫동안 기억할 수 있는 방법을 알려 주겠다. 내 심리학 개론

교수님은 기억을 도와주는 방식이 이상하면 이상할수록 더욱 오래 기억에 남는다고 이야기하시곤 했다. 자, 그럼 이렇게 기억해 보자. 치역은 영어로 범위를 의미하는 range이다. 범위를 생각하면 집이 언제나 근처에 있었으면 좋겠다는 생각을 할 수 있다. 집은 영어로 home이고 왠지 홈페이지가 생각나지 않는가? 홈페이지라는 단어 안에는 페이지가 들어가 있기 때문에 치역은 페이지와 관련된 것이라고 볼 수 있다. 결국 치역은 페이지에서 위치를 지정해 주고 싶은 요소를 의미한다. 이 방식이 두 개념의 의미를 기억하는 데 도움이 되기를 바란다.

이제 다시 척도에 대해 더 이야기해 보자. 정의역은 주어진 데이터를 갖고 있어야 하고 치역은 그래프가 그려지는 공간에 대한 정보를 갖고 있어야 한다. 먼저 치역에 대해 배워 보자. 치역에 대한 배열의 하한과 상한을 정의해 줘야 한다. 정의하는 것은 굉장히 간단하다. 하한은 0이며(너비가 가장 작은 막대의 너비가 0이기 때문이다) 상한은 그래프가 출력될 화면의 너비(가장 큰 막대가 화면의 너비 전체를 차지하기 위해서)를 나타내야 한다. 그래프가 출력될 화면의 너비를 이미 width로 정의한 것을 기억하자.

```
var x = d3.scale.linear()
    .domain([])
    .range([0, width]);
```

이제 정의역의 하한과 상한은 어떻게 설정할까? 만약 데이터 값이 0이면 너비가 0인 막대를 출력해주기 위해서 하한은 0이 되어야 한다. 그렇다면 상한은 어떻게 설정해야 할까? scaleFactor 변수를 설정할 때 사용했던 방법을 똑같이 적용하면 된다. 데이터에서 가장 큰 값으로 설정하면 되는 것이다. 데이터에서 가장 큰 값을 직접 찾기보다 d3.max()라는 메서드를 사용해서 D3가 알아서 찾게 만들 수 있다.

```
d3.max(popData, function(element) {return element.value})
```

d3.max()에는 두 개의 인자가 들어온다. 첫 번째는 배열 그리고 두 번째는 최댓값을 반환하는 익명함수이다. 이 예시의 배열에는 인구 데이터를 갖고 있는 popData가 들어간다. 하지만 최댓값의 경우, 아무런 관련 없는 속성의 최댓값

을 계산하는 것이 아니라 Value의 최댓값을 찾고 싶다. 이런 이유 때문에 익명함
수를 써야 한다. 앞의 코드에서 익명함수의 인자로 element가 들어오는 것을 확
인할 수 있다. 여기서 element는 d3.max()에 들어오는 배열의 모든 element를
의미한다. 익명함수가 element.value를 반환하게 만들면 d3.max()는 popData
배열에 있는 모든 요소의 value 중 최댓값을 찾게 된다.

domain()에 대해 d3.max()를 사용해 보자.

```
var x = d3.scale.linear()
    .domain([0, d3.max(popData, function(element) {return
    element.value})])
    .range([0, width]);
```

위 코드를 콘솔에 입력하고 x에 여러 가지 값을 입력해 보면서 결과를 살펴보
자. x(0)은 당연히 0을 반환해 줄 것이고 x(9.3)은 400을 반환해 줄 것이다. 가장
큰 데이터 포인트를 입력하면 전체 너비를 결과로 출력해 줄 것이다. 완벽하다.

이제 이 스케일 함수를 우리가 작성한 코드에 적용해 보자. 에디터를 열어서
popData와 width를 정의한 부분 이후에 코드를 추가해 보자. 다음과 같이 입력
하면 될 것이다.

```
var width = 400,
    leftMargin = 100,
    topMargin = 30,
    barHeight = 20,
    barGap = 5,
    tickGap = 5,
    tickHeight = 10,
    scaleFactor = width / d3.max(popData, function(element)
        {return element.value; }),
    barSpacing = barHeight + barGap,
    translateText = "translate(" + leftMargin + "," + topMargin ")",
    scaleText = "scale(" + scaleFactor + ",1)";
var x = d3.scale.linear()
    .domain([0, d3.max(popData, function(element) {return element.
        value})])
    .range([0, width]);
```

이제 x를 사용해서 막대의 너비를 설정하기 위해 기존 코드를 확인하자.

```
var barGroup = svg.append("g")
    .attr("transform", translateText + " " + scaleText)
    .attr("class", "bar");
barGroup.selectAll("rect")
    .data(popData)
  .enter().append("rect")
    .attr("x", 0)
    .attr("y", function(d) { return d.position * barSpacing})
    .attr("width", function(d) {return d.value})
    .attr("height", barHeight);
```

막대의 너비가 해당 데이터 포인트의 값과 일치하도록 설정되어 있다. 또한 값이 가장 큰 막대의 너비가 전체 화면을 차지할 수 있게 스케일을 조절해주고 있다. 이제부터는 스케일 변환을 사용하지 않고 x로 너비를 설정해 줄 것이다.

```
var barGroup = svg.append("g")
    .attr("transform", translateText)
    .attr("class", "bar");
barGroup.selectAll("rect")
    .data(popData)
  .enter().append("rect")
    .attr("x", 0)
    .attr("y", function(d) { return d.position * barSpacing})
    .attr("width", function(d) {return x(d.value)})
    .attr("height", barHeight);
```

여기서 조금 더 해보자. 스케일 함수를 사용해서 축의 위치 또한 설정할 수 있다. 축 위치에 대한 기존 코드는 다음과 같다.

```
var axisTickGroup = svg.append("g")
    .attr("transform", translateText)
    .attr("stroke", "black");
axisTickGroup.selectAll("line")
    .data(axisData)
  .enter().append("line")
    .attr("x1", function(d) {return d*scaleFactor})
    .attr("x2", function(d) {return d*scaleFactor})
    .attr("y1", 0)
    .attr("y2", -tickHeight);
var axisLabelGroup = svg.append("g")
    .attr("transform", translateText)
```

```
    .attr("class", "axis-label");
axisLabelGroup.selectAll("text")
    .data(axisData)
  .enter().append("text")
    .attr("x", function(d) {return d*scaleFactor})
    .attr("y", -tickHeight - tickGap)
    .text(function(d) {return d + "%"});
```

기존 코드의 scaleFactor 변수를 x로 바꿔 주자.

```
var axisTickGroup = svg.append("g")
    .attr("transform", translateText)
    .attr("stroke", "black");
axisTickGroup.selectAll("line")
    .data(axisData)
  .enter().append("line")
    .attr("x1", function(d) {return x(d)})
    .attr("x2", function(d) {return x(d)})
    .attr("y1", 0)
    .attr("y2", -tickHeight);
var axisLabelGroup = svg.append("g")
    .attr("transform", translateText)
    .attr("class", "axis-label");
axisLabelGroup.selectAll("text")
    .data(axisData)
  .enter().append("text")
    .attr("x", function(d) {return x(d)})
    .attr("y", -tickHeight - tickGap)
    .text(function(d,i) {return d + "%"});
```

이제 scaleText와 scaleFactor가 필요 없어졌다. 이 쓸모 없는 변수들을 지워
주자.

```
var width = 400,
    leftMargin = 100,
    topMargin = 30,
    barHeight = 20,
    barGap = 5,
    barSpacing = barHeight + barGap,
    tickHeight = 10,
    tickGap = 5,
    translateText = "translate(" + leftMargin + "," + topMargin ")";
var x = d3.scale.linear()
    .domain([0,d3.max(popData, function(d) {return d.value})])
    .range([0, width]);
```

이제 거의 다 끝났다. 다음으로 코드를 더욱 간단하게 만들기 위해 D3를 사용해서 막대에 대한 축을 자동으로 설정해 볼 것이다. 먼저 여백을 현명하게 설정하는 방법에 대해 잠시 짚고 넘어가자.

6.2 똑똑하게 여백 설정하기

우리의 시각화는 막대가 위치한 그래프 영역, 레이블을 위한 좌측 마진(margin), 그리고 축을 위한 상단 마진으로 구성되어 있다. 그리고 지금까지 그래프에 대한 모든 것을 그룹화시켰다. 막대뿐만 아니라 축, 단위, 축 레이블, 막대 레이블 모두 SVG 그룹 안에 묶여 있으며, translateText라는 변수를 통해 각 그룹마다 똑같이 변환 속성을 설정해 주었다.

```
translateText = "translate(" + leftMargin + "," + topMargin + ")"
```

이 변수는 각 그룹의 위치를 수정해 주고 있다. (0,0) 지점을 원점에서 오른쪽으로 100픽셀(leftMargin의 크기) 이동시켰고 밑으로 30픽셀(topMargin의 크기) 이동시켰다. 즉 모든 그룹은 화면 좌측 상단을 원점으로 사용하고 있다.

이렇게 설정하는 것도 나쁘지 않은 방법이지만 더욱 깔끔하게 설정하는 방법이 있다. 마이크 보스톡이 직접 자주 사용하는 방법이니 분명히 좋은 방법일 것이다. 먼저 보스톡은 다음과 같이 자바스크립트 객체로 마진을 정의했다.

```
var margin = {top: 30, right: 0, bottom: 0, left: 100};
```

상단 마진과 좌측 마진에 대해 각각 변수를 만드는 대신 4가지 속성을 가진 하나의 객체를 만들어 주었다. 이제 좌측 마진은 margin.left이며 상단 마진은 margin.top이 되었다. 그다음으로 보스톡은 마진을 사용해서 너비와 높이를 정의했다. 우리의 예시에서는 다음과 같이 작성할 수 있다.

```
var width = 500 - margin.left - margin.right,
    height = 450 - margin.top - margin.bottom;
```

아마 500과 450이라는 값이 어디서 왔는지 궁금할 것이다. 이 값들은 각각

⟨svg⟩ 요소의 총 너비와 높이가 될 것이다. 지금까지는 그래프 영역의 너비를 400이라고 정의했지만, 이제 ⟨svg⟩의 전체 너비를 500으로 설정할 것이다. 그리고 막대의 높이를 20으로 설정해 주는 대신 총 높이인 450으로 설정해서 막대들이 저절로 영역을 차지하게끔 설정할 것이다. 정말 신기하지 않은가?

이렇게 설정하는 이유는 ⟨svg⟩ 요소 또한 ⟨div⟩ 요소와 비슷하게 페이지에서 지정된 영역을 꽉 채우려 하기 때문이다. 그렇기 때문에 요소에 비율을 설정해서 유지하는 것이 편할 것이다.

그리고 보스톡은 ⟨svg⟩ 요소를 생성할 때, 곧바로 그룹(g)을 추가해서 그룹의 원점을 margin.left만큼 우측으로 이동시키고, margin.top만큼 밑으로 이동시킨다. 즉, ⟨svg⟩ 안에서 그래프 영역을 나타내는 그룹을 생성한 것이다. 그 이후의 모든 것은 그룹에 추가되기 때문에 transform 속성을 각각 요소에서 따로 수정해 줄 필요가 없어진다.

```
var svg = body.append("svg")
    .attr("width", width + margin.left + margin.right)
    .attr("height", height + margin.top + margin.bottom)
  .append("q")
    .attr("transform", "translate(" + margin.left + "," + margin.
    top +")");
```

두 가지 유의해야 할 점이 있다. 첫 번째로 ⟨svg⟩ 요소의 너비 속성은 width + margin.left + margin.right와 같다. 즉, 500이라는 값을 갖게 된다. 높이는 230이라는 값을 갖게 된다. 계획했던 대로 각각 width와 height를 그래프 영역 전체의 너비와 높이로 설정했다.

두 번째로 svg 변수를 ⟨svg⟩ 요소가 아닌 그룹을 나타내도록 정의했다. 편리하게 사용하기 위해 이렇게 설정한 것이다. 비록 ⟨svg⟩ 요소는 시각화 영역보다 더 큰 공간을 차지하지만 SVG 요소를 실제로 출력하는 시각화 영역이므로 핵심적인 svg 공간이라고 생각할 수 있겠다. 조금 헷갈릴 수도 있으니 그림 6.2를 참고하자.

이제 다음 코드를 추가해 보자.

```
var margin = {top: 30, right: 0, bottom: 0, left: 100},
    width = 500 - margin.left - margin.right,
    height = 230 - margin.top - margin.bottom;
```

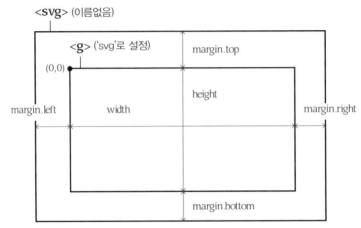

그림 6.2 마이크 보스톡의 마진 설정법

변수 svg는 다음과 같이 정의할 수 있다.

```
var svg = chartDiv.append("svg")
    .attr("width", width + margin.left + margin.right)
    .attr("height", height + margin.top + margin.bottom)
  .append("g")
    .attr("transform", "translate(" + margin.left + "," +
    margintop + ")");
```

이제 변환 속성인 transfrm, translate를 제거해 보자.

```
var barGroup = svg.append("g")
    .attr("class", "bar");
```

여기서도 제거하고,

```
var barLabelGroup = svg.append("g")
    .attr("class", "bar-label");
```

여기도,

```
var axisTickGroup = svg.append("g")
    .attr("stroke", "black");
```

그리고 여기도 제거한다.

```
var axisLabelGroup = svg.append("g")
    .attr("class", "axis-label");
```

이제 쓸모없는 변수인 topMargin, leftMargin, translateText를 모두 제거할 수
있게 되었다.

```
var margin = {top: 30, right: 0, bottom: 0, left: 100};
    width = 500 - margin.left - margin.right,
    height = 230 - margin.top - margin.bottom;
var barHeight = 45, barGap = 5,
    tickHeight = 10, tickGap = 5,
    barSpacing = barHeight + barGap;
```

아주 좋다.

6.3 축 추가하기

이제 축을 추가하는 방식을 배워 볼까? 축을 추가하는 것은 척도를 다루는 것
만큼, 혹은 그 이상으로 재밌으면서도 무척 간단하다. 자, 이제 축을 D3로 다시
추가하자. 먼저 축을 생성하기 위해 기존에 작성했던 스크립트에서 아래 코드
를 완전히 제거하자. 아래 코드를 지우면 결과는 그림 6.3과 같이 된다.

```
var axisTickGroup = svg.append("g")
    .attr("stroke", "black");
axisTickGroup.selectAll("line")
    .data(axisData)
  .enter().append("line")
    .attr("x1", function(d) {return x(d)})
    .attr("x2", function(d) {return x(d)})
    .attr("y1", 0)
    .attr("y2", -tickHeight);
var axisLabelGroup = svg.append("g")
    .attr("class", "axis-label");
axisLabelGroup.selectAll("text")
    .data(axisData)
```

```
.enter().append("text")
  .attr("x", function(d) {return x(d)})
  .attr("y", -tickHeight - tickGap)
  .text(function(d) {return d + "%"});
```

Age distribution of the world, 2010

AGE GROUP *PORTION OF THE POPULATION*

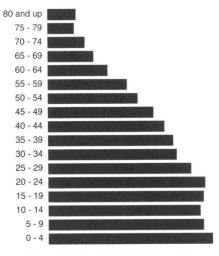

그림 6.3 축이 없는 연령 분포 막대 그래프

이제 D3를 이용해서 축을 추가해 볼까? 먼저 축 생성자를 만들어야 한다. 약간 어려울 것이라는 느낌이 들 수도 있지만, 이게 축 생성자의 전부다.

```
var xAxis = d3.svg.axis()
    .scale(x)
```

척도를 다룰 때와 마찬가지로 먼저 d3.svg.axis()로 함수를 초기화한 후 설정을 바꾼다. 지금과 같은 상황에서 D3 API 참고자료(reference)를 보는 것은 어떨까?[2] 축을 생성하고 설정하는 법에 대해 상세하게 설명되어 있다.

---

2 (옮긴이) 영어: https://github.com/mbostock/d3/wiki/SVG-Axes

　한국어: https://github.com/zziuni/d3/wiki/SVG-Axes#axis

Axes

- d3.svg.axis - create a new axis generator.
- axis - creates or updates an axis for the given selection or transition.
- axis.scale - get or set the axis scale.
- axis.orient - get or set the axis orientation.
- axis.ticks - control how ticks are generated for the axis.
- axis.tickValues - specify tick values explicitly.
- axis.tickSize - specify the size of major, minor, and end ticks.
- axis.innerTickSize - specify the size of inner ticks.
- axis.outerTickSize - specify the size of outer ticks.
- axis.tickPadding - specify padding between ticks and tick labels.
- axis.tickFormat - override the tick formatting for labels.

그림 6.4 API 레퍼런스를 적극적으로 활용하자!

앞의 코드에서 scale에 변수 x를 추가했다. 이것은 무슨 의미일까? 이 장의 초반에서 정의한 대로 축의 스케일이 x, 즉 선형 척도였으면 좋겠다고 명시하는 것이다.

웹페이지에 축을 더하는 과정도 생성자를 만든 것처럼 간단하다. SVG에 새로운 그룹을 추가하고, call()이라는 메서드만 추가하면 된다.

```
svg.append("g")
    .call(xAxis)
```

자, 코드를 돌려보자! 그림 6.5의 결과를 얻을 수 있을 것이다.

모양새가 아쉽기는 하지만, 그래도 축이 생겼고, 숫자도 정상적으로 출력되는 듯하다. 모양새를 바꾸기 위해서는 두 가지, 축 생성자의 설정을 바꾸고, 축의 CSS 스타일을 바꿔 주면 된다. 먼저 후자부터 해보자. 축의 스타일을 바꾸기 위해서 축 그룹에 "axis"라는 클래스를 추가할 것이다.

```
svg.append("g")
    .call(xAxis)
    .attr("class", "axis")
```

Age distribution of the world, 2010

AGE GROUP *PORTION OF THE POPULATION*

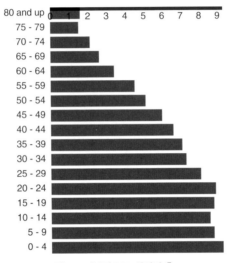

그림 6.5 기본값으로 설정된 축

우리는 여기서 굵고 검은 축 대신 눈금(tick mark)을 추가해 볼 것이다. 더 진행하기 전에 굵고 검은 축의 정체를 먼저 확인해 보자. 개인적 경험에 의하면 축은 사실 하나의 SVG 요소가 아니라 여러 개의 SVG 요소로 구성되어 있는 경우가 많다. 시각화의 너비만큼 긴 path뿐 아니라 눈금을 나타내는 여러 개의 SVG line으로 구성되어 있다(개발자 도구를 이용해서 확인해 보자).

그런데 path는 stroke 없이 fill이 적용되어 있고 SVG line들은 stroke조차 없어서 실제로는 SVG path의 fill만 눈에 보이게 될 것이다.

코드 상단의 스타일 태그에 다음의 CSS를 추가한다면 그림 6.6에서처럼 path와 line을 모두 볼 수 있게 된다.

```
.axis line,
.axis path {
    fill: none;
    stroke: #000;
}
```

Age distribution of the world, 2010

AGE GROUP *PORTION OF THE POPULATION*

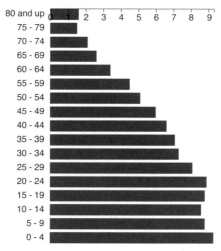

그림 **6.6** path와 line이 드디어 나타나다

　보너스 퀴즈. "axis" 클래스를 가진 모든 대상에 위의 스타일을 적용하면 어떻게 될까?

　앞에서도 이야기했지만, 우리는 눈금만 보이게 하기 위해 path를 없애고 line만 남기고 싶다. 이를 위해 CSS를 조금 더 수정하면 그림 6.7과 같은 결과를 얻을 수 있다.

```
.axis line {
    fill: none;
    stroke: #000;
}
.axis path {
    display: none;
}
```

다음으로 축 레이블의 크기를 13px로 맞추면 그림 6.8의 결과를 얻는다.

```
.axis text {
    font-size: 13px;
}
```

Age distribution of the world, 2010

AGE GROUP *PORTION OF THE POPULATION*

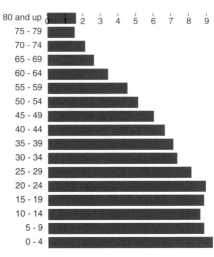

그림 6.7 눈금만 남았다.

Age distribution of the world, 2010

AGE GROUP *PORTION OF THE POPULATION*

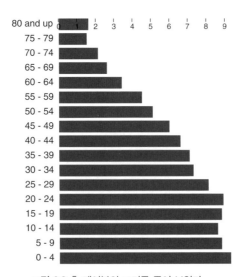

그림 6.8 축 레이블의 크기를 줄여 보았다

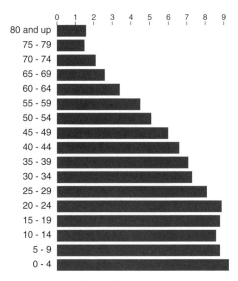

Age distribution of the world, 2010

그림 6.9 축의 방향 설정을 바꾸니 보기 좋아졌다

좋다. 점점 나아지고 있다. 이제 CSS 스타일링으로 할 수 있는 것은 다 했다. 다음으로 축 생성자의 다양한 설정을 바꿔 보자. 먼저, 축의 방향(orientation)은 기본값이 "bottom"인데, 이 설정을 "top"으로 바꾸면 축의 아래쪽으로 위치하던 눈금과 숫자가 축의 위쪽으로 이동한다(그림 6.9).

```
var xAxis = d3.svg.axis()
    .scale(x)
    .orient("top")
```

축 모양을 복구하기 위해 이제 두 가지 작업만 더 하면 된다. 첫째로 눈금의 개수를 바꾸고, 둘째로 눈금 레이블을 퍼센트로 바꾸는 것이다. 이건 ticks() 메서드로 해결할 수 있다. 먼저 눈금의 개수부터 바꿔 보자. 결과는 그림 6.10에서 볼 수 있다.

Age distribution of the world, 2010

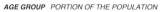

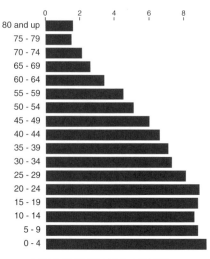

그림 6.10 틱 마크 개수 조절하기

```
var xAxis = d3.svg.axis()
    .scale(x)
    .orient("top")
    .ticks(5)
```

ticks()에 5를 인자로 전달했더니 눈금 개수가 5개가 되었다. 이 숫자를 바꾸면 눈금 개수를 조절할 수 있다. 하지만 때로는 D3가 전달된 인자를 덮어씌우기 때문에 개수가 항상 마음대로 조절되지는 않는다. 가령 3장에서 만든 축을 복구하기 위해서 5 대신 4를 인자로 전달했다고 해보자. 이 경우에는 눈금 레이블이 0, 2.5, 5, 7.5가 되는데, 숫자가 딱 떨어지지 않기 때문에 D3가 우리의 설정을 덮어씌운다(굳이 3장에서 만든 축을 고집할 필요는 없으니 D3가 시키는 대로 따르자). 다음으로 레이블을 비율로 표기하기 위해 ticks()에 인자를 하나 더 전달해 보자(그림 6.11).

```
var xAxis = d3.svg.axis()
    .scale(x)
    .orient("top")
    .ticks(5, "%")
```

Age distribution of the world, 2010

AGE GROUP *PORTION OF THE POPULATION*

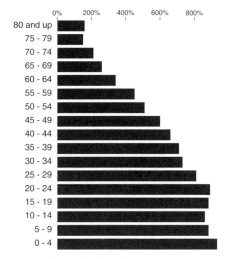

그림 6.11 비율로 표기했더니 축의 값이 이상해 보인다

"%" 기호는 추가되었지만, 레이블 자체의 값이 이상해졌다! 왜 그런지 알겠는가? ticks()의 두번째 인자로 "%"를 전달하면 D3는 1.0이 100%라고 간주한다. 바꿔 말하면, 원래 값에 100을 곱한 후 "%" 기호를 덧붙이는 방식이다. 이 문제를 해결하기 위해 데이터 값들을 각각 100으로 나눠서 다음과 같이 바꿔 주자(그림 6.12).

```
var popData = [
    {age:"80 and up", value:0.016, position:0},
    {age:"75 - 79", value:0.015, position:1},
    {age:"70 - 74", value:0.021, position:2},
    {age:"65 - 69", value:0.026, position:3},
    {age:"60 - 64", value:0.034, position:4},
    {age:"55 - 59", value:0.045, position:5},
    {age:"50 - 54", value:0.051, position:6},
    {age:"45 - 49", value:0.060, position:7},
    {age:"40 - 44", value:0.066, position:8},
    {age:"35 - 39", value:0.071, position:9},
    {age:"30 - 34", value:0.073, position:10},
    {age:"25 - 29", value:0.081, position:11},
```

```
    {age:"20 - 24", value:0.089, position:12},
    {age:"15 - 19", value:0.088, position:13},
    {age:"10 - 14", value:0.086, position:14},
    {age:"5 - 9", value:0.088, position:15},
    {age:"0 - 4", value:0.093, position:16}
];
```

Age distribution of the world, 2010

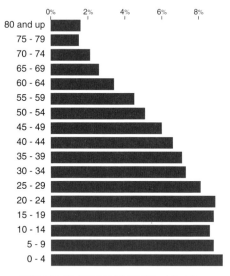

그림 6.12 어디서 많이 본 반가운 그래프다!

오, 드디어 우리가 원하는 그래프가 되었다! 눈금 레이블은 수정되었고, 다른 부분도 우리가 원하는 대로 보인다. 그럼 더 진행하기 전에 코드가 깔끔해질 수 있도록 손보자.[3]

코드에 더 이상 "axis-label"라는 클래스가 없으니 CSS에서 다음 코드를 지워 주자.

---

3 (옮긴이) 원서에서는 코드를 정리하는 과정에 "prune the code"라는 표현을 썼는데, 보통은 이렇게 코드에서 기능을 바꾸지 않고 정리하는 과정을 "코드 리팩터링(code refactoring)"이라고 한다. 코드가 걷잡을 수 없이 지저분해지는 것을 방지하기 위해 코드 리팩터링을 습관화하는 것이 좋다.

```
.axis-label {
    text-anchor: middle;
    font-size: 13px;
}
```

자바스크립트 쪽에서 axisData도 더 이상 필요 없으니, 역시 제거하자.

```
var axisData = [0, 2.5, 5, 7.5];
```

코드가 훨씬 깔끔해졌다!

6.4 순서 척도와 축

앞에서 D3를 이용해 가로축(x축)을 다시 만들어 봤지만, 사실 우리 시각화에서는 세로축도 중요한 정보를 담고 있다. 가로축은 정량적인(quantitative) 비율 정보를 담고 있는데 반해, 세로축은 각 연령대와 매칭이 되는 정성적인(qualitative) 정보를 담고 있다(위에서부터 아래로 '80세 이상' 연령대로 시작해서 '0-4세' 연령대로 끝난다). D3는 이렇게 정성적인 명목 척도나 순서 척도도 잘 다룬다. 아래의 코드를 지워서 세로축을 한번 없애보자(그림 6.13 참고).

```
var barLabelGroup = svg.append("g")
    .attr("class", "bar-label");
barLabelGroup.selectAll("text")
    .data(popData)
  .enter().append("text")
    .attr("x", -10)
    .attr("y", function(d) {return d.position*barSpacing +
        barHeight*(2/3)})
    .text(function(d) {return d.age});
```

가로축과 마찬가지로 세로축에 scale을 추가하자. 세로축은 순서 척도로 되어 있기 때문에 d3.scale.linear() 대신 d3.scale.ordinal()을 사용할 것이다.

```
var y = d3.scale.ordinal()
    .domain([ // 여기와 ])
    .range([ // 여기에 무엇이 추가될까? ])
```

이 경우 입력과 출력은 각각 무엇일까? 세로축이 연령대를 나타내므로 입력도

Age distribution of the world, 2010

AGE GROUP PORTION OF THE POPULATION

그림 6.13 그래프에서 세로축이 없다면 무슨 의미일까?

연령대 정보를 담은 다음의 배열이 정의역으로 전달되는 것이 좋다.

```
["80 and up", "75 - 79", "70 - 74", "65 - 69", "60 - 64", "55 -
59", "50 - 54", "45 - 49", "40 - 44", "35 - 39", "30 - 34", "25
- 29", "20 - 24", "15 - 19", "10 - 14", "5 - 9", "0 - 4"]
```

사실 이 배열은 popData 배열의 일부이다. 어떻게 하면 popData 배열에서 이 배열을 빼올 수 있을까? 자바스크립트에는 map()이라는 메서드가 있어서 이 문제를 쉽게 해결할 수 있다. 이 메서드를 사용하면 비교적 쉽게 특정 배열의 형태를 바꾸거나 부분집합을 추출할 수 있다. 콘솔에 다음을 입력해 보자.

```
popData.map(function(element) {return element.age})
```

어떤 면에서 map()은 d3.max()와 유사한 방식으로 동작한다. d3.max()를 사용하면 배열의 모든 요소를 살펴보면서 (익명함수에 무엇을 전달했느냐에 따라) 관련 있는 데이터를 추출한 후 추출된 데이터 간 최댓값을 계산한다. map()

의 경우에도 배열의 모든 요소를 찾아본 후 (다시 한 번 익명함수에 따라) 관련 있는 데이터를 추출하는데, 이번에는 최댓값을 계산하는 대신 추출한 데이터로 새로운 배열을 생성한다. 우리의 스케일이 어떻게 생겼는지 살펴보자.

```
var y = d3.scale.ordinal()
    .domain(popData.map(function(element) {return element.age}))
    .range([ // 아직도 이 부분은 비어있다 ]);
```

.domain에서 대괄호("[]")가 없어진 것이 눈에 띄는가? map()이 배열을 반환하기 때문에 더 이상 필요가 없어져서 제거했다. 이제 .range()를 살펴볼 차례다. 그런데 이쯤에서 생각해 보자. 여기서 scale은 어떤 의미를 가지는가? 물론 축을 만들기 위해서다. 하지만 가로축의 경우를 생각해 보면 scale로 축을 만들었을 뿐 아니라 막대의 너비를 설정하는 데도 사용했다. 세로축의 scale도 같은 방식으로 쓸 수 있을까? 물론이다! 막대의 수직적 위치를 정하는 데 사용할 수 있다. 다시 말해, scale 함수에 연령대를 전달하면 SVG 사각형의 y 값을 결정짓는 숫자가 반환되도록 할 수 있다. 이렇게 각각의 연령대를 함수에 전달하면 치역에 17개의 결과값이 생긴다.

최상단에 있는 막대의 수직적 위치(vertical position)는 0, 두 번째 막대는 25임을 상기하자(우리가 막대 간 간격을 그렇게 설정했다). 위 논리에 따라 스케일 함수를 다음과 같이 설정하면 된다.

```
var y = d3.scale.ordinal()
    .domain(popData.map(function(element) {return element.age}))
    .range([0, 25, 50, 75, 100, 125, 150, 175, 200, 225, 250,
        275, 300, 325, 350, 375, 400]);
```

이때 barSpacing 변수를 이용하면 더 좋다.

```
var y = d3.scale.ordinal()
    .domain(popData.map(function(element) {return element.age}))
    .range([0, barSpacing, 2*barSpacing, 3*barSpacing,
        4*barSpacing, 5*barSpacing, 6*barSpacing, 7*barSpacing,
        8*barSpacing, 9*barSpacing, 10*barSpacing, 11*barSpacing,
        12*barSpacing, 13*barSpacing, 14*barSpacing, 15*barSpacing,
        16*barSpacing]);
```

```
"80 and up" ⟶ 0

 "75 - 79" ⟶ 25    (barSpacing)

 "70 - 74" ⟶ 50    (2*barSpacing)

 "65 - 69" ⟶ 100   (3*barSpacing)

       ...
```

그림 6.14 d3.scale.nominal()과 d3.scale.ordinal()는 이산적인 숫자를 반환한다

결과는 그림 6.14에서 볼 수 있다.

d3.scale을 이용해 각 막대의 y 속성을 지정해 보자.

```
svg.selectAll("rect")
    .data(popData)
  .enter().append("rect")
    .attr("class","bar")
    .attr("x", 0)
    .attr("y", function(d) { return y(d.age)})
    .attr("width", function(d) {return x(d.value)})
    .attr("height", barHeight);
```

좋다. 하지만 이 방식에는 약간의 문제가 있다. 막대가 17개 대신 25개로 증가하면 어떻게 될까? 스케일의 치역을 지정하기 위해 25개의 값을 하나하나 직접 코딩하는 것도 무척 번거로운 일일 것이다. 대신 반복문을 이용해 배열을 만들면 될 텐데, 역시나 D3에는 이 과정도 더욱 편하게 만들어 주는 장치가 있다. 스케일을 설정할 때 치역을 명시하는 대신 D3에게 '치역 구간(range band)'을 전달할 수도 있다. 치역 구간은 범위를 명시하는 두 개의 값을 입력 받아 치역을 계산한다. 예를 들면 이런 방식으로 설정할 수 있다.

```
var y = d3.scale.ordinal()
    .domain(popData.map(function(element) {return element.age}))
    .rangeBands([0, height]);
```

그러면 함수는 [0, height], 즉 [0, 420]를 전달받아 그림 6.15와 같이 17개의 범위로 분할한다(연령대가 17개이므로).

각 연령대를 scale 함수로 전달하면 해당 구간의 시작점을 반환 받는다. 예를 들어 y("80 and up")는 0.0, y("75 - 79")는 24.7이 된다.

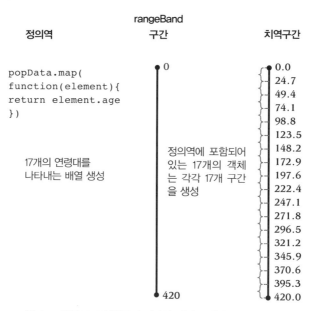

그림 6.15 치역 구간 분할하기 정의역, 치역 구간의 범위, 치역 구간들

　시각적인 결과는 앞서 얻은 것과 동일하지만, 한 가지 달라진 점은 이제 막대의 개수가 17개든 25개든, 8개든, 막대의 개수와 무관하게 scale이 작동한다는 것이다(물론 개수에 따라 막대의 두께를 바꾸고 싶어질 수는 있지만). 코드를 한번 돌려 보라. 겉으로는 달라진 것이 거의 없지만 내부적으로는 버그의 가능성을 크게 줄였다. 한편 뚜껑을 열어 y 속성 값들을 확인해 보면 정수 대신 소수점이 있는 실수로 나온다. 왜 그런가? 우리가 420을 17로 나눴기 때문에 숫자가 딱 떨어지지 않기 때문이다. 하지만 걱정하지 말자. 이 숫자들을 아주 쉽게 반올림할 수 있으니까.

　치역 구간의 또 다른 장점 중 하나는 scale에게 각 구간의 크기를 반환해 달라고 요청할 수 있다는 것이다.

```
y.rangeBand();
```

　위 경우에는 24.7을 반환할 것이다. 우리가 막대 간 간격을 완전히 없애고 싶다면, 막대들의 height(높이) 속성에 이 값을 입력하면 된다(그림 6.16).

Age distribution of the world, 2010

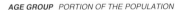

AGE GROUP PORTION OF THE POPULATION

그림 6.16 치역 구간의 크기로 막대 높이를 재설정했다

```
svg.selectAll("rect")
    .data(popData)
  .enter().append("rect")
    .attr("class","bar")
    .attr("x", 0)
    .attr("y", function(d) { return y(d.age)})
    .attr("width", function(d) { return x(d.value); })
    .attr("height", y.rangeBand());
```

물론 이렇게 막대들이 서로 붙기를 원하지는 않는다. 그렇다면 scale.range
Bands()에 두번째 인자로 패딩(padding)을 전달하여 구간과 구간 사이에 간격
을 마련해 보자(그림 6.17).

```
var y = d3.scale.ordinal()
    .domain(popData.map(function(element) {return element.age}))
    .rangeBands([0, height], 0.2);
```

훨씬 나아보인다. 패딩이 어떻게 동작하는지 궁금하다면 그림 6.18을 보자.

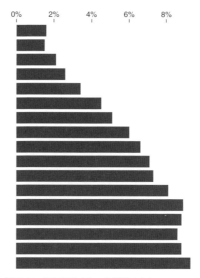

그림 6.17 패딩 값을 넣으니 훨씬 낫다

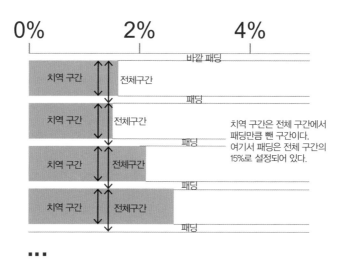

그림 6.18 패딩의 작동 원리

패딩 값을 다양하게 바꿔 가며 막대의 위치와 사이 간격이 어떻게 바뀌는지 관찰해 보자. 최상단 막대의 위, 그리고 최하단 막대의 아래에는 항상 패딩이 있다는 것을 볼 수 있다. 위아래에 있는 이 패딩을 바깥 패딩(outer padding)이라고 하는데, 바깥 패딩은 구간과 구간 사이의 패딩과 같은 값으로 조절된다. 하지만 우리는 바깥 패딩을 없애려고 한다. 이를 위해서는 scale.rangeBands()에 세 번째 인자, 0을 전달하면 된다.

```
var y = d3.scale.ordinal()
    .domain(popData.map(function(element) {return element.age}))
    .rangeBands([0, height], 0.2, 0);
```

마지막으로 세로축을 추가하는 작업이 남았다. 다행히도 이것은 스케일을 설정하는 것보다 훨씬 쉽다. 가로축을 추가했을 때와 동일한 과정을 반복해 보자. 먼저 아래 코드와 같이 가로축의 생성자 밑에 세로축의 생성자를 선언해 보자.

```
var yAxis = d3.svg.axis()
    .scale(y)
    .orient("left");
```

이번에는 레이블이 축의 왼쪽에 오도록 만들기 위해 축의 방향을 "left"로 설정했다. 그리고 축을 실제로 그리기 위해서 SVG 그룹을 추가하고 .call() 하자. 가로축을 그린 코드 바로 밑에 다음의 코드를 추가하면 그림 6.19와 같은 결과를 얻을 수 있다.

```
svg.append("g")
    .call(yAxis)
    .attr("class","axis")
```

이제 마무리 단계에 들어가 보자. 가로축과 세로축의 스타일을 다르게 하고 싶다면 공유하고 있는 클래스 외에도 각각 고유의 클래스를 추가해 줘야 한다.

```
svg.append("g")
    .call(xAxis)
    .attr("class","x axis")
svg.append("g")
    .call(yAxis)
    .attr("class","y axis")
```

Age distribution of the world, 2010

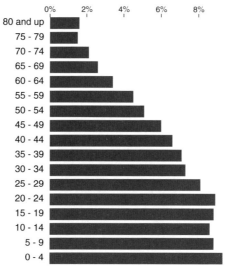

AGE GROUP *PORTION OF THE POPULATION*

그림 6.19 축이 모두 추가되었다!

이제 아래와 같이 스타일만 수정해 주면 세로축의 눈금을 없애고, 가로축과 세로축에서 path가 나타나지 않게 할 수 있다.

```
.x.axis line {
    fill: none;
    stroke: #000;
}
.x.axis text {
    font-size: 13px;
}
.axis path {
    display:none;
}
.y.axis line {
    display:none;
}
```

최종 결과는 다음 페이지의 그림 6.20에서 확인할 수 있다.

자, 끝내기 전에 코드를 다시 한번 정리하자(내가 제일 좋아하는 부분이다).

Age distribution of the world, 2010

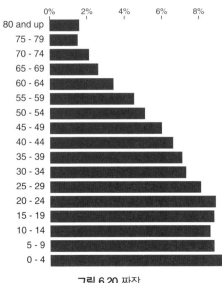

AGE GROUP *PORTION OF THE POPULATION*

그림 6.20 짜잔

더 이상 "bar-label" 클래스가 필요 없으니 CSS에서 아래 부분을 지워 주자.

```
.bar-label {
    text-anchor: end;
}
```

그리고 막대의 위치와 막대 간 간격을 설정한 부분도 지워도 된다. 다음 코드도 지워 주자.

```
var barHeight = 45,
    barGap = 5,
    tickGap = 5,
    tickHeight = 10,
    barSpacing = barHeight + barGap;
```

데이터의 position 속성도 더 이상 필요 없으니 popData를 다음과 같이 바꾸자.

```
var popData = [
    {age:"80 and up", value:0.016},
    {age:"75 - 79", value:0.015},
    {age:"70 - 74", value:0.021},
    {age:"65 - 69", value:0.026},
    {age:"60 - 64", value:0.034},
    {age:"55 - 59", value:0.045},
    {age:"50 - 54", value:0.051},
    {age:"45 - 49", value:0.060},.
    {age:"40 - 44", value:0.066},
    {age:"35 - 39", value:0.071},
    {age:"30 - 34", value:0.073},
    {age:"25 - 29", value:0.081},
    {age:"20 - 24", value:0.089},
    {age:"15 - 19", value:0.088},
    {age:"10 - 14", value:0.086},
    {age:"5 - 9", value:0.088},
    {age:"0 - 4", value:0.093}
];
```

완벽하다. 완성된 코드는 코드 6.1에서 확인할 수 있다.

코드 6.1 노동의 결실

```
<!DOCTYPE html>
<html>
<head>
<meta charset="utf-8">
<style>
    body {
        font-family: Helvetica;
    }
    svg {
        width:500px;
        height:500px;
    }
    .top-label {
        font-size: 13px;
        font-style: italic;
        text-transform: uppercase;
        float: left;
    }
    .age-label {
        text-align: right;
        font-weight: bold;
        width: 90px;
        padding-right: 10px;
```

```
        }
        .clearfix {
            clear: both;
        }
        .bar {
            fill: DarkSlateBlue;
        }
        .bar-label {
            text-anchor: end;
        }
        .axis-label {
            text-anchor: middle;
            font-size: 13px;
        }
        .x.axis line {
            fill: none;
            stroke: #000;
        }
        .x.axis text {
            font-size: 13px;
        }
        .axis path {
            display:none;
        }
        .y.axis line {
            display:none;
        }
    </style>
    </head>
    <body>
        <!-- -->
    <script src="http://d3js.org/d3.v3.min.js"></script>
    <script>
        var popData = [
            {age:"80 and up", value:0.016},
            {age:"75 - 79", value:0.015},
            {age:"70 - 74", value:0.021},
            {age:"65 - 69", value:0.026},
            {age:"60 - 64", value:0.034},
            {age:"55 - 59", value:0.045},
            {age:"50 - 54", value:0.051},
            {age:"45 - 49", value:0.060},
            {age:"40 - 44", value:0.066},
            {age:"35 - 39", value:0.071},
            {age:"30 - 34", value:0.073},
            {age:"25 - 29", value:0.081},
            {age:"20 - 24", value:0.089},
            {age:"15 - 19", value:0.088},
```

```
        {age:"10 - 14", value:0.086},
        {age:"5 - 9", value:0.088},
        {age:"0 - 4", value:0.093}
];
var margin = {top: 30, right: 0, bottom: 0, left: 100},
    width = 500 - margin.left - margin.left,
    height = 450 - margin.top - margin.bottom;

var x = d3.scale.linear()
    .domain([0, d3.max(popData, function(element) { return
        element.value;
    })])
    .range([0, width]);
var y = d3.scale.ordinal()
    .domain(popData.map(function(element) {return element.age}))
    .rangeBands([0, height], 0.2, 0);
var xAxis = d3.svg.axis()
    .scale(x)
    .orient("top")
    .ticks(5, "%");
var yAxis = d3.svg.axis()
    .scale(y)
    .orient("left");
var body = d3.select("body");
body.append("h2")
    .text("Age distribution of the world, 2010");
body.append("div")
    .attr("class", "top-label age-label")
    .append("p")
    .text("age group");
body.append("div")
    .attr("class", "top-label")
    .append("p")
    .text("portion of the population");
body.append("div")
    .attr("class", "clearfix")
var svg = body.append("svg")
    .attr("width", width + margin.left + margin.right)
    .attr("height", height + margin.top + margin.bottom)
    .append("g")
    .attr("transform", "translate(" + margin.left + "," + margin.top
    + ")");
var barGroup = svg.append("g")
    .attr("class", "bar");
barGroup.selectAll("rect")
    .data(popData)
    .enter().append("rect")
    .attr("x", 0)
```

```
            .attr("y", function(d) {return y(d.age)})
            .attr("width", function(d) {return x(d.value)})
            .attr("height", y.rangeBand());
      svg.append("g")
          .call(xAxis)
          .attr("class", "x axis")
      svg.append("g")
          .call(yAxis)
          .attr("class","y axis")
  </script>
  </body>
  </html>
```

멋지지 않은가? D3의 기능들을 최대한 활용해서 막대 그래프를 만들어 봤다. 코드 6.1을 3장의 완성된 코드(코드 3.1)와 비교해 보자.

예전의 무수한 반복문들에 비해 지금의 코드가 훨씬 아름답지 않은가? 무엇보다 향상된 부분은 입력이 깔끔해진 것이다. 처음에는 수많은 입력값과 아무런 수식 없이 SVG로 하나하나 그래프를 그리는 것에서 시작했지만 지금의 스크립트는 약간의 수식이 추가되면서 훨씬 적은 입력값(데이터 자체, SVG 사이즈, 마진(margin), 축의 방향, 가로축의 눈금 개수, 막대와 막대 사이 간격)을 받게 되었다.

결과적으로 입력값들을 가지고 그래프의 모양을 아주 쉽게 바꿀 수 있게 되었다. D3, 정말 환상적이지 않은가?

6.5 요약

이번 장에서는 두 가지 중요한 주제, 척도가 무엇인지 그리고 축을 어떻게 생성하는지에 관해 이야기했다. 더 구체적으로 우리는 선형 척도를 생성하고 설정을 바꾸는 법, SVG를 생성할 공간을 마련하고 마진을 설정하는 법, 축을 추가하고 모양새를 바꾸는 법, 그리고 순서 척도를 이용해 숫자가 아닌 데이터를 다루는 법을 다뤘다.

7장

외부 데이터 로딩하고 필터링하기

이 장에서는 외부 데이터를 불러와서 로딩하는 방법을 다룬다. 온라인에서 찾을 수 있는 대부분의 데이터는 몇 가지 표준 포맷 중 하나로 되어 있고, 데이터를 코드에 하드 코드(hard code)로 포함시키는 것보다 데이터 파일을 로딩하는 것이 훨씬 편할 것이다. 이 장을 다 읽고 나면, 코드에서 단 하나의 변수 값을 바꾸는 것만으로도 연령 분포 막대 그래프의 연도를 바꿀 수 있게 될 것이다.

7.1 전체 연령 분포 데이터를 이용한 시각화 만들기

이 장을 시작하기 전에 목표를 하나 설정해 보자.

이 책에서 우리는 D3로 1950년부터 2050년까지 전세계 연령 분포를 보여 주는 인터랙티브한 막대 그래프를 만드는 것이 목표다. 그리고 지금까지는 2010년의 분포만 보여 주는 정적인 막대 그래프를 그렸다.

그렇다면 다음 단계로, 완전히 인터랙티브하지는 않지만 단 하나의 변수 값만 바꾸면 막대 그래프로 특정 연도의 연령 분포를 보여 줄 수 있는 그래프를 만들어 보자. 즉, 우리 스크립트에는 연도라고 불리는 변수가 있고, 이 변수의 값을 바꾸면 그래프는 다른 연도를 보여 주는 것이다(마치 공장에서 레버를 움직이는 것과 같다).

```
var year = 2010;
```

이것이 작동되게 하기 위해서는 우리의 스크립트가 2010년뿐 아니라 전체 데이터에 접근할 수 있어야 한다. 우리가 단일 연도를 대상으로 할 때는, 각각의 연령 그룹을 하나의 객체 배열(array of objects)로 일일이 손으로 타이핑할 수 있었다.

```
var popData = [
    {age:"80 and up", value:0.016},
    {age:"75 - 79", value:0.015},
    {age:"70 - 74", value:0.021},
    {age:"65 - 69", value:0.026},
    {age:"60 - 64", value:0.034},
    {age:"55 - 59", value:0.045},
    {age:"50 - 54", value:0.051},
    {age:"45 - 49", value:0.060},
    {age:"40 - 44", value:0.066},
    {age:"35 - 39", value:0.071},
    {age:"30 - 34", value:0.073},
    {age:"25 - 29", value:0.081},
    {age:"20 - 24", value:0.089},
    {age:"15 - 19", value:0.088},
    {age:"10 - 14", value:0.086},
    {age:"5 - 9", value:0.088},
    {age:"0 - 4", value:0.093}];
```

하지만 21년치 데이터를 다 손으로 입력하는 것은 매우 번거로울 것이다. 다행히, D3에는 외부 파일로부터 데이터를 로딩해서 위와 같은 객체 배열로 자동 변환해 주는 방법이 있다.

7.2 D3로 사용할 수 있는 데이터 포맷

우리가 앞서 3장에서 다뤘듯, 데이터는 다양한 형식으로 웹에 존재한다. .xls나 .xlsx와 같은 마이크로소프트 엑셀 기반의 스프레드시트 형식부터 시작해서 CSV, TSV 등과 같은 일반 텍스트 테이블 형식, 그리고 JSON과 같은 자바스크립트 형식도 있다. D3는 이 중에서 .xls나 .xlsx 등 풍부한 포맷을 가지는 형식을 제외하고는 대부분의 데이터 형식을 다룰 수 있다. 다음 표는 D3가 다룰 수 있는 외부 데이터 형식의 목록이다.

형식	설명
.txt	일반 텍스트 파일
.csv	콤마로 구분된 값(comma-separated values)
.tsv	탭으로 구분된 값(tab-separated values)
.json	JSON 뭉치(blob)
.html	HTML 문서
.xml	XML 문서

책의 예제에 사용할 아주 간단한 CSV 파일을 하나 생성해 보자. CSV는 도처에 존재하며, 누구나 쉽게 만들 수 있다. 우리는 D3를 이용해 CSV 파일의 데이터를 업로드하고, 콘솔을 통해 확인해 볼 것이다.

먼저 2010년 데이터만 이용해 어떻게 작동하는지 확인해 보자. 이 책의 예제 파일에 있는 'popData2010.csv'를 사용할 수 있다. 또는, 텍스트 에디터나 구글 스프레드시트(그림 7.1)를 이용해 파일을 직접 생성할 수도 있다. 만일 구글 스프레드시트를 쓰기로 했다면, '파일 〉 다른 이름으로 다운로드 〉 쉼표로 구분된 값'으로 가서 파일을 다운 받을 수 있다.

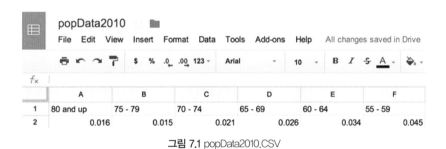

그림 7.1 popData2010.CSV

첫 번째 행, 즉 변수 명은 연령대이고, 두 번째 행은 데이터 값임을 알아 두자.

7.3 데이터 올릴 서버 생성하기

D3로 외부 데이터를 사용하려면 약간의 준비가 필요하다. 많은 웹 브라우저는 D3가 하는 일처럼 데이터 요청(request)을 할 때 로컬(local) 데이터에 접근하는 것을 막는다. 따라서 자신만의 작은 미니 서버를 생성해야 한다. 하지만 서버 생성을 걱정하지 말자. 엄청 간단하니까.

　일단 파이썬이 컴퓨터에 설치되어 있어야 한다. 맥 OS X, 우분투, 페도라 그리고 몇몇 다른 리눅스 운영체제에는 이미 설치되어 있다. 하지만 윈도우 머신을 사용하고 있다면 다음 URL에서 다운 받을 수 있다(https://www.python.org/download/).

명령줄에서 서버 초기화하기

가장 먼저 해야 할 일은 컴퓨터에 이 프로젝트를 위한 디렉터리를 생성하는 것이다. 간단히 말해서 'population'이라는 이름으로 폴더를 만들어라. 그다음, 터미널 에뮬레이터(terminal emulator)를 열어(맥이나 리눅스에서는 터미널(Terminal)이라 부르고 윈도우에서는 DOS 창 또는 명령줄 프롬프트(command line prompt)라 부른다) 방금 생성한 폴더로 이동하자. 명령줄에 이렇게 입력하면 된다.

```
cd ~Desktop/population #또는 자신이 만든 폴더로 이동하자.[1]
```

　이제 생성한 디렉터리를 가리키는 서버를 설정할 수 있다. 명령줄에 다음을 입력하자.

```
python -m SimpleHTTPServer 8888 &
```

　웹 브라우저를 열어서 주소창에 'localhost:8888'라고 입력하면 브라우저는 로컬 서버로 이동하고, population 폴더 안에 있는 내용물을 보여 줄 것이다(그림

1　(옮긴이) cd는 change directory를 의미하며 다른 폴더(또는 디렉터리)로 이동하라는 명령어이다.

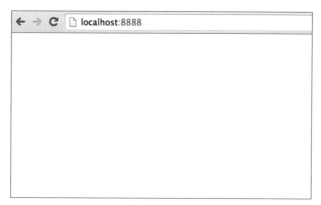

그림 7.2 빈 디렉터리

7.2). 물론 지금은 아무것도 없겠지만.

Index 파일 생성하기

로컬 서버를 통해 HTML 파일을 여는 것과 브라우저를 통해 직접 HTML 파일을 여는 것은 조금 다르다. 나는 이 책의 독자가 웹 개발 경력이 있으며, 특정 디렉터리에서 웹페이지가 보이게 하고 싶다면 웹페이지의 이름을 index.html로 지어야 한다는 사실을 알고 있다고 가정했다. 미니 서버를 통해 파일을 읽을 때도 마찬가지다. 4장에서 사용했던 코드 조각을 이용해 아주 간단한 index.html 파일을 생성해 보자.

```
<!DOCTYPE html>
<meta charset="utf-8">
<style></style>
<body>
<script src="http://d3js.org/d3.v3.min.js"></script>
<script>
</script>
</body>
```

이 파일을 population 폴더에 저장한 후 브라우저를 새로고침 해보자. 아직도 빈 화면이 보일 테지만, 제대로 작동하고 있다는 것을 확인할 수 있는 방법이 있다. 바로 D3를 콘솔에서 사용해 보는 것이다.

콘솔에 다음을 입력해 보자.

```
d3.select("body")
```

그림 7.3과 같은 결과를 얻게 된다면, 본격적으로 시작할 준비가 된 것이다.

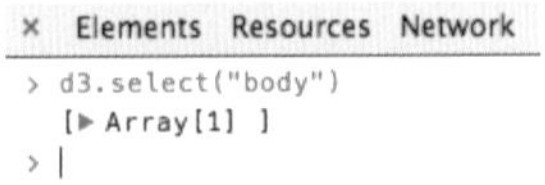

```
×   Elements  Resources  Network
>  d3.select("body")
   [ ▶ Array[1]  ]
>  |
```

그림 7.3 빈 body 선택하기

7.4 데이터를 로딩하기 위한 D3 함수

우리의 CSV 파일을 업로드해 보자. 먼저, 브라우저가 파일을 찾을 수 있도록 방금 전에 생성한 디렉터리에 넣어야 한다. 'popData2010.csv' 파일을 'population' 디렉터리에 넣자.

D3는 데이터를 로딩하는 데 사용할 수 있는 함수가 몇 가지 있고, 그들은 각기 다른 데이터 형식을 다룬다.

함수	데이터 형식
d3.text()	Plain text
d3.csv()	CSV
d3.tsv()	TSV
d3.json()	JSON
d3.html()	HTML
d3.xml()	XML

콜백 함수

우리는 당연히 이 중에서 'd3.csv()'를 사용할 것이다. 우리가 'd3.csv()'에 전달할
첫 번째 인자는 파일명이다.

```
d3.csv("popData2010.csv");
```

그리고 두 번째 인자는 콜백 함수(callback function)라고 불리는 것이다. 다
음과 같이 생겼다.

```
d3.csv("popData2010.csv", function(error, data){});
```

여기서 너무 자세히 들어가진 않고, 위 코드가 외부 데이터를 로딩할 때 발생
할 수 있는 여러 문제를 해결해 준다고만 설명하겠다. 기술적으로는 D3의 함수
를 이용해 데이터를 로딩할 때 외부의 리소스를 요청(request)하는 것이다. 이 경
우, 그 리소스는 우리의 CSV 파일이다.

콜백 함수는 두 개의 인자를 받는다. 첫째는 데이터 로딩이 성공한 경우
에 대한 것, 또 다른 것은 실패한 경우에 대한 것이다. 예제에서는 콜백 함수가
'popData2010.csv'를 성공적으로 요청한다면 파일 내용은 'data'라는 성공 변수
에 저장이 된다. 요청이 실패한 경우, 실패에 대한 구체적인 내용이 'error' 변수에
전달될 것이다.

D3가 CSV 테이블을 이해하는 방법

CSV 파일에 데이터를 요청해 보고, 콘솔에서 결과물을 확인해 보자. 'index.
html'의 script 태그 안에 아래의 내용을 추가해 보자.

```
d3.csv("popData2010.csv", function(error, data){
    console.log(data)
});
```

콘솔에 배열(array)이 하나 보일 것이다. 콘솔을 확장해 보면 그림 7.4처럼 보
일 것이다.

```
▼ [Object] ℹ
  ▼ 0: Object
      0 - 4: "0.092849052"
      5 - 9: "0.08782007"
      10 - 14: "0.085697001"
      15 - 19: "0.087628671"
      20 - 24: "0.089268026"
      25 - 29: "0.080896946"
      30 - 34: "0.072752538"
      35 - 39: "0.070678427"
      40 - 44: "0.066409696"
      45 - 49: "0.059586949"
      50 - 54: "0.050980812"
      55 - 59: "0.044843055"
      60 - 64: "0.033883539"
      65 - 69: "0.025557823"
      70 - 74: "0.020799846"
      75 - 79: "0.014681544"
      80 and up: "0.015666006"
    ▶ __proto__: Object
    length: 1
  ▶ __proto__: Array[0]
  >
```

그림 7.4 D3가 popData2010.csv를 이해하는 법

콘솔은 완벽하게 직관적이지는 않으니, 결과물을 자바스크립트로 변환해 보자. 콘솔은 아래와 같이 'data'가 하나의 객체로 구성된 배열이며,

```
data = [{}];
```

그 객체는 서로 다른 값을 가지는 17개의 속성(property)이 있다.

```
data = [{0 - 4: "0.092849052",
    5 - 9: "0.08782007",
    10 - 14: "0.085697001",
    15 - 19: "0.087628671",
    20 - 24: "0.089268026",
    25 - 29: "0.080896946",
    30 - 34: "0.072752538",
    35 - 39: "0.070678427",
    40 - 44: "0.066409696",
    45 - 49: "0.059586949",
    50 - 54: "0.050980812",
    55 - 59: "0.044843055",
    60 - 64: "0.033883539",
    65 - 69: "0.025557823",
    70 - 74: "0.020799846",
    75 - 79: "0.014681544",
    80 and up: "0.015666006"
}];
```

흥미롭다. 전체 데이터가 보이지만, 생각해 보면 유용한 구조는 아니다. 이유가 무엇일까?

우리가 'data'를 여러 개의 사각형과 결합해서 막대 그래프를 만든다고 생각해 보자. 'data'는 하나의 항목(entry)을 가지고 있는 배열이다. D3는 'data().enter()'를 이용해 데이터 결합을 할 때, 배열의 항목 하나는 하나의 객체만 생성한다는 것을 떠올려 보자. 따라서 이 경우, 'data(data).enter().append("rect")'라고 하면, 하나의 사각형만 생성될 것이다.

좋지 않은 상황이다. 우리는 17개의 사격형을 원하고, 따라서 배열에 각 연령대에 대한 17개의 개별적인 항목이 필요하다. 우리가 진짜 원하는 것은, 'popData2010'에서 사용하던 변수 'popData'처럼 보이는 것이다.

```
var data = [
    {age:"80 and up", value:0.016},
    {age:"75 - 79", value:0.015},
    {age:"70 - 74", value:0.021},
    {age:"65 - 69", value:0.026},
    {age:"60 - 64", value:0.034},
    {age:"55 - 59", value:0.045},
    {age:"50 - 54", value:0.051},
    {age:"45 - 49", value:0.060},
    {age:"40 - 44", value:0.066},
    {age:"35 - 39", value:0.071},
    {age:"30 - 34", value:0.073},
    {age:"25 - 29", value:0.081},
    {age:"20 - 24", value:0.089},
    {age:"15 - 19", value:0.088},
    {age:"10 - 14", value:0.086},
    {age:"5 - 9", value:0.088},
    {age:"0 - 4", value:0.093}
];
```

D3가 어떻게 'popData2010.csv'를 해석하고 있는지 알아봐서, 어떻게 고치면 될지 생각해 보자(그림 7.5). 여기서 무슨 일이 발생했는지 보이는가? 가장 첫 번째 행(헤더 행(header row))에 있는 값들은 속성 명(property name), 두 번째 행에 있는 값들은 속성 값(property value)으로 연결되었다(그림 7.6). 우리가 원하는 형태의 변수를 얻기 위해서는 'popData2010.csv'를 어떻게 고쳐야 할까? 나는

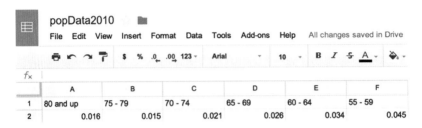

그림 7.5 popData2010 다시 보기

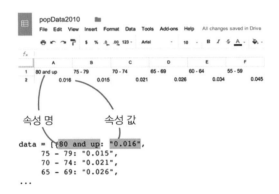

그림 7.6 CSV 데이터가 자바스크립트의 객체 배열이 되는 방식

	A	B
1	age	value
2	80 and up	0.016
3	75 - 79	0.015
4	70 - 74	0.021
5	65 - 69	0.026
6	60 - 64	0.034
7	55 - 59	0.045
8	50 - 54	0.051
9	45 - 49	0.06
10	40 - 44	0.066
11	35 - 39	0.071
12	30 - 34	0.073
13	25 - 29	0.081
14	20 - 24	0.089
15	15 - 19	0.088
16	10 - 14	0.086
17	5 - 9	0.088
18	0 - 4	0.09

그림 7.7 좋은 형태

그림 7.7에 정답을 표시해 둘 것이지만, 먼저 당신만의 답을 떠올려 보기를 바란다. 'popData2010.csv'를 그림 7.7처럼 보이게 저장한 후 브라우저를 새로고침한다면 그림 7.8의 결과를 얻을 수 있다.

완벽하다.

```
▼ Array[17] ⓘ
  ▼ 0: Object
      " value": " 0.016"
      age: "80 and up"
    ▶ __proto__: Object
  ▶ 1: Object
  ▶ 2: Object
  ▶ 3: Object
  ▶ 4: Object
  ▶ 5: Object
  ▶ 6: Object
  ▶ 7: Object
  ▶ 8: Object
  ▶ 9: Object
  ▶ 10: Object
  ▶ 11: Object
  ▶ 12: Object
  ▶ 13: Object
  ▶ 14: Object
  ▶ 15: Object
  ▶ 16: Object
    length: 17
  ▶ __proto__: Array[0]
> |
```

그림 7.8 우리에게 익숙한 그 배열이다

7.5 비동기 요청 다루기

index.html 파일에 아래의 코드를 입력해 보자.

```
var popData;

d3.csv("popData2010.csv", function(error, data){
    popData = data;
});

console.log(popData);
```

결과는 당신이 예상했던 것과 다를 수 있다(그림 7.9).

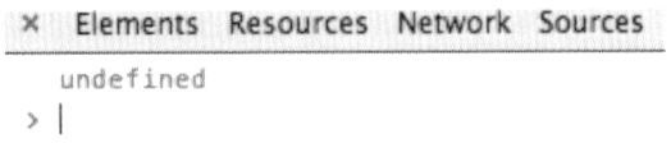

그림 7.9 흠

console.log(data)가 콜백 함수에 포함되면 popData는 우리에게 익숙한 배열일 것이라고 생각할 수 있다. 하지만 그렇지 않다.

d3.csv()를 쓰면, 스크립트는 콜백 함수의 실행이 종료될 때까지 기다리지 않고, 나머지 코드를 실행한다. 기술적인 용어로 말하면 D3는 외부 요청을 비동기적으로(asynchronously) 수행한다.

왜 그럴까? 로딩되는 데만 수 초가 걸리는 큰 데이터가 있다고 해보자. 당신은 아마 그것이 로딩되기를 기다리느라 나머지 코드가 대기하고 있기를 원하지 않을 것이다. 이상적으로는, 데이터가 로딩되는 동안 그 데이터와 무관한 나머지 부분이 수행되는 것이 좋을 것이다.

간단히 말해 외부 데이터를 이용해 하려는 모든 일은 콜백 함수 안에서 발생해야 한다는 것이다. 즉, 위의 코드가 작동하게 바꾸려면 이렇게 만들어야 한다.

```
var popData;
d3.csv("popData2010.csv", function(error, data){
    popData = data;
    console.log(popData);
});
```

외부 데이터로 막대 그래프 생성하기

자, 이제 6장에서 본 'pop2010-scales.html' 파일로 돌아가 보자. 우리는 이 코드를 2010년의 인구 분포를 나타내는 막대 그래프를 생성하는 데 사용했다. 이제 우리는 같은 코드를 index.html 파일로 복사하고 붙여넣을 텐데, 한 가지 다른 점은 'popData2010.csv'를 데이터 소스로 사용한다는 것이다. 일단 pop2010-scales.html의 코드 전체를 index.html 파일에 붙여넣은 후 가장 아랫부분에 다음 스크립트를 추가하자.

```
<script>
    svg.append("g")
        .call(xAxis)
        .attr("class", "x axis")
    svg.append("g")
        .call(yAxis)
        .attr("class","y axis")
    d3.csv("popData2010.csv", function(error, data){
    });
</script>
```

우리는 CSV 파일을 이용할 것이기 때문에 더 이상 'popData'를 스크립트에서
선언할 필요가 없다. 그러니 다음 부분을 삭제하자.

```
var popData = [
    {age:"80 and up", value:0.016},
    {age:"75 - 79", value:0.015},
    {age:"70 - 74", value:0.021},
    {age:"65 - 69", value:0.026},
    {age:"60 - 64", value:0.034},
    {age:"55 - 59", value:0.045},
    {age:"50 - 54", value:0.051},
    {age:"45 - 49", value:0.060},
    {age:"40 - 44", value:0.066},
    {age:"35 - 39", value:0.071},
    {age:"30 - 34", value:0.073},
    {age:"25 - 29", value:0.081},
    {age:"20 - 24", value:0.089},
    {age:"15 - 19", value:0.088},
    {age:"10 - 14", value:0.086},
    {age:"5 - 9", value:0.088},
    {age:"0 - 4", value:0.093}
];
```

자, 이제 스크립트 전체를 콜백 함수 안에 넣어 보자. 데이터가 항상 접근 가
능할 것이라는 사실을 알 수 있다.

```
<script>
    d3.csv("popData2010.csv", function(error, data){
        var popData = data;
        var body = d3.select("body");
        var margin = {top: 30, right: 0, bottom: 0, left: 100},
            width = 500 - margin.left - margin.right,
            height = 230 - margin.top - margin.bottom;
        // 나머지 코드는 여기에...
```

```
            svg.selectAll("rect")
                .data(popData)
              .enter().append("rect")
                .attr("class","bar")
                .attr("x", 0)
                .attr("y", function(d) { return y(d.age)})
                .attr("width", function(d) { return x(d.value); })
                .attr("height", y.rangeBand());
        });
    </script>
```

이 코드는 막대 그래프를 생성시켜 줄 것이다.

하지만 이상적인 코드는 아니다. 콜백 함수 안에 모든 것을 넣어버리면 비동기적 속성의 장점을 하나도 누리지 못하는 꼴이 된다. 그러니, 데이터를 요구하지 않는 부분은 밖으로 끌어내 보자.

코드 7.1 비동기적 스크립트로 변경하기

```
<script>
    var margin = {top: 30, right: 0, bottom: 0, left: 100},
        width = 500 - margin.left - margin.left,
        height = 450 - margin.top - margin.bottom;
    var body = d3.select("body");
    body.append("h2")
        .text("Age distribution of the world, 2010");
    body.append("div")
        .attr("class", "top-label age-label")
      .append("p")
        .text("age group");
    body.append("div")
        .attr("class", "top-label")
      .append("p")
        .text("portion of the population");
    body.append("div")
        .attr("class", "clearfix")
    d3.csv("popData2010.csv", function(error, data){
        var popData = data;
        var x = d3.scale.linear()
            .domain([0, d3.max(popData, function(element) {
            return element.value; })])
            .range([0, width]);
        var y = d3.scale.ordinal()
            .domain(popData.map(function(element) {return
            element.age}))
```

```
            .rangeBands([0, height], 0.2, 0);
        var xAxis = d3.svg.axis()
            .scale(x)
            .orient("top")
            .ticks(5, "%");
        var yAxis = d3.svg.axis()
            .scale(y)
            .orient("left");
        var svg = body.append("svg")
            .attr("width", width + margin.left + margin.right)
            .attr("height", height + margin.top + margin.bottom)
          .append("g")
            .attr("transform", "translate(" + margin.left + ","+
            margin.top + ")");
        var barGroup = svg.append("g")
            .attr("class", "bar");
        barGroup.selectAll("rect")
            .data(popData)
          .enter().append("rect")
            .attr("x", 0)
            .attr("y", function(d) {return y(d.age)})
            .attr("width", function(d) {return x(d.value)})
            .attr("height", y.rangeBand());
        svg.append("g")
            .call(xAxis)
            .attr("class", "x axis")
        svg.append("g")
            .call(yAxis)
            .attr("class","y axis")
    });
</script>
```

아주 좋다. 여기서 조금 더 살펴보자. x, y축의 스케일(scale) 모두 정의역 (domain)은 데이터에 의존하지만 치역(range)은 그렇지 않다. 알고 보면 그래프의 스케일은 아래와 같은 몇 가지 단계로 정의할 수 있다.

```
var x = d3.scale.linear()
    .domain([0,d3.max(popData, function(element) {return element.
value})]);
x.range([0, width]);
```

정의역을 설정하기 전에 치역을 설정하는 것도 가능하다.

```
var x = d3.scale.linear()
    .range([0, width]);
x.domain([0,d3.max(popData, function(element) {return element.
value})]);
```

즉, 정의역은 콜백 함수 안에서 설정하고 치역은 밖에서 따로 설정할 수 있다. 그런데 잠깐, 한 걸음 더 나가 보자! 축 생성자(axis generator)들을 콜백 함수 밖에서 생성할 수도 있다. 축 생성자는 데이터에 직접적으로 의존하는 것이 아니라, 스케일에 의존한다.

콜백 함수 안에 진입하기 전까지 스케일의 정의역을 모르는 것이 문제가 될까? 전혀 그렇지 않다. 우리가 실제로 축을 생성하기 위해 'call()' 메서드를 사용하기 전까지 이 정의역들은 선언되어 있을 것이다. 콜백 함수 안에 꼭 있어야 하는 것들만 남기면 코드는 이렇게 생겼을 것이다.

코드 7.2 비동기적 스크립팅 제대로 하기

```
<script>
    var margin = {top: 30, right: 0, bottom: 0, left: 100},
        width = 500 - margin.left - margin.left,
        height = 450 - margin.top - margin.bottom;
    var body = d3.select("body");
    var x = d3.scale.linear()
        .range([0, width]);
    var y = d3.scale.ordinal()
        .rangeBands([0, height], 0.2, 0);
    var xAxis = d3.svg.axis()
        .scale(x)
        .orient("top")
        .ticks(5, "%");
    var yAxis = d3.svg.axis()
        .scale(y)
        .orient("left");
    body.append("h2")
        .text("Age distribution of the world, 2010");
    body.append("div")
        .attr("class", "top-label age-label")
      .append("p")
        .text("age group");
    body.append("div")
        .attr("class", "top-label")
      .append("p")
```

```
                .text("portion of the population");
        body.append("div")
            .attr("class", "clearfix")
        d3.csv("popData2010.csv", function(error, data){
            var popData = data;
            x.domain([0, d3.max(popData, function(element) { return
            element.value; })]);
            y.domain(popData.map(function(element) {return element.
            age}));
            var svg = body.append("svg")
                .attr("width", width + margin.left + margin.right)
                .attr("height", height + margin.top + margin.bottom)
              .append("g")
                .attr("transform", "translate(" + margin.left + ","
                + margin.top + ")");
            var barGroup = svg.append("g")
                .attr("class", "bar");
            barGroup.selectAll("rect")
               .data(popData)
             .enter().append("rect")
               .attr("x", 0)
               .attr("y", function(d) {return y(d.age)})
               .attr("width", function(d) {return x(d.value)})
               .attr("height", y.rangeBand());
            svg.append("g")
               .call(xAxis)
               .attr("class", "x axis")
            svg.append("g")
               .call(yAxis)
               .attr("class","y axis")
        });
    </script>
```

7.6 (더) 큰 데이터셋 로딩하고 필터링하기

이제 진짜 재미있는 일을 해보자. 인구 데이터 전체를 로딩하되, 특정 연도만 선택하는 것이다.

지금부터는 수정된 인덱스 파일을 사용하는 것이 더욱 편할 것이다. index.html에 있는 내용 전체를 index2.html라는 이름으로 다시 저장하자. 전체 데이터를 가지고 노는 동안 잠시만 옆에 치워 두는 것이다.

가장 먼저 필요한 것은 데이터 전체에 대한 CSV 파일이다. 부록 B를 통해 CSV 파일을 처음부터 전처리해가며 만들어 볼 수 있지만 'allData.csv'라는 파일

	A	B	C
1	year	age	value
2	1950	80 and up	0.006
3	1955	80 and up	0.006
4	1960	80 and up	0.006
5	1965	80 and up	0.006
6	1970	80 and up	0.007
7	1975	80 and up	0.008
8	1980	80 and up	0.009
9	1985	80 and up	0.010
10	1990	80 and up	0.011
11	1995	80 and up	0.012
12	2000	80 and up	0.012
13	2005	80 and up	0.014
14	2010	80 and up	0.016
15	2015	80 and up	0.017
16	2020	80 and up	0.019

그림 7.10 allData.csv

을 예제 파일로 미리 준비해 두었다. population 폴더 안에 넣자.

그림 7.10은 그 파일이 어떻게 생겼는지를 보여 준다. 이제 각 행이 몇 년도 데이터인지 알려 주는 year라는 세 번째 열이 생겼다는 것에 주목하자.

이제 아래의 코드를 index.html 파일에 넣고 브라우저를 새로고침 해보자.

```
<!DOCTYPE html>
<meta charset="utf-8">
<style></style>
<body>
<script src="http://d3js.org/d3.v3.min.js"></script>
<script>
    d3.csv("allData.csv", function(error, data){
        console.log(data)
    });
</script>
</body>
```

콘솔을 확인해 보자(그림 7.11). 아주 많은, 정확히는 21년 치의 17개 연령대에 대한 총 357개의 객체를 담은 배열이 생겼을 것이다.

```
▼[Object, Object, Object, Object, Object, Object, Object, Object, Object, Object, Object,
  Object, Object, Object, Object, Object, Object, Object, Object, Object, Object, Object,
  Object, Object, Object, Object, Object, Object, Object, Object, Object, Object, Object,
  Object, Object, Object, Object, Object, Object, Object, Object, Object, Object, Object,
  Object, Object, Object, Object, Object, Object, Object, Object, Object, Object, Object,
  Object, Object, Object, Object, Object, Object, Object, Object, Object, Object, Object,
  Object, Object, Object, Object, Object, Object, Object, Object, Object, Object, Object,
  Object, Object, Object, Object, Object, Object, Object, Object, Object, Object, Object,
  Object…]
  ▶ [0 … 99]
  ▶ [100 … 199]
  ▶ [200 … 299]
  ▶ [300 … 356]
    length: 357
  ▶ __proto__: Array[0]
```
(index):11

그림 7.11 객체의 홍수

이제 그 큰 배열에서 어떻게 하면 특정 연도에 대한 객체만 추릴 수 있을지 배워 보자. 분명한 부분부터 시작하자. 먼저 관심 가는 연도 하나를 설정해 보는 것이다.

```
var year = 2010;
d3.csv("allData.csv", function(error, data){
    // 관심있는 연도에 대한 데이터를 필터링하기 위한 설정은 여기에...
});
```

알고 보니 자바스크립트에는 이런 상황에 걸맞는 'filter()'라는 메서드가 있다. 이 메서드는 어떤 배열 항목을 반환해야 할지 알기 위해 익명함수(anonymous function)를 전달받는다는 점에서 'd3.max()', 'map()' 등과 유사한 방식으로 작동한다. 특정 연도에 대한 데이터를 얻기 위해 'filter()'를 다음과 같이 사용할 수 있다.

```
var year = 2010;
d3.csv("allData.csv", function(error, data){
    var popData = data.filter(function(element) {return element.
    year == year});
    console.log(popData);
});
```

이게 전부다. 우리는 filter()에게 연도 속성이 year의 값과 일치하는 객체만 반환하라고 했고, 실제로 그런 결과를 얻었다(그림 7.12).

```
▼ [Object, Object, Object, Object, Object, Object, Object, Object, Object, Object, Object,
  Object, Object, Object, Object, Object, Object] 🖫
  ▼ 0: Object
      age: "80 and up"
      value: "0.0156660059"
      year: "2010"
    ▶ __proto__: Object
  ▼ 1: Object
      age: "75 - 79"
      value: "0.0146815437"
      year: "2010"
    ▶ __proto__: Object
  ▶ 2: Object
```

그림 7.12 2010년에 대한 데이터

7.7 전체를 하나로 합치기

이제 드디어 HTML로 모든 연도에 대한 연령 분포 막대 그래프를 생성할 준비
가 되었다. 이제 index.html과 index2.html 파일을 합치기만 하면 된다. index2.
html 파일을 수정한 후 index.html에 추가하자. 먼저 연도 변수를 추가해야 한
다. margin을 정의하는 곳 바로 위에 넣자.

```
var year = 2010;
var margin = {top: 30, right: 0, bottom: 0, left: 100};
    width = 500 - margin.left - margin.right,
    height = 450 - margin.top - margin.bottom;
```

다음은 d3.csv()에 전달해 주는 파일명을 popData2010.csv에서 allData.csv로
바꿔 주자.

```
d3.csv("allData.csv", function(error, data){
    var popData = data;
    x.domain([0,d3.max(popData, function(d) {return d.value})]);
    y.domain(popData.map(function(element) {return element.age}));
    // 나머지 코드는 여기에...
});
```

마지막으로, popData를 data와 같게 설정하는 대신에, 방금 전에 사용했던 필
터링 트릭을 사용해 보자.

```
d3.csv("allData.csv", function(error, data){
    var popData = data.filter(function(element) {return element.
    year == year});
    x.domain([0,d3.max(popData, function(d) {return d.value})]);
    y.domain(popData.map(function(element) {return element.
    age}));
    // 나머지 코드는 여기에...
});
```

index2.html에서 index.html로 코드를 복사해서 붙인 후, 로컬 서버를 다시 로딩하면 이전에 봤던 그 익숙한 막대 그래프를 보게 될 것이다. 자, 이제 다른 연도들을 한번 살펴보자. 연도 변수의 값을 바꾸기만 하면 어떠한 연도에 대해서도 연령 분포도를 로딩할 수 있다. 문제를 약간 더 복잡하게 하기 위해, 연도 변수를 이용해 페이지 상단에 제목을 생성하게 할 수도 있다.

```
body.append("h2")
    .text("Age distribution of the world, " + year);
```

더 진행해 보자. 그림 7.13은 1950년도에 대한 데이터를 보여 준다. 그리고 그

Age distribution of the world, 1950

AGE GROUP *PORTION OF THE POPULATION*

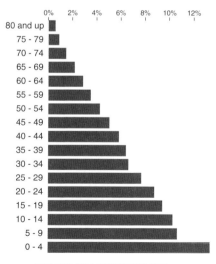

그림 7.13 옛날 옛적의 연령 분포

Age distribution of the world, 2050

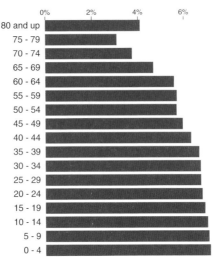

그림 7.14 미래의 연령 분포

림 7.14는 2050년에 대한 예측 값을 보여 준다. 이 두 개의 차트는 아주 달라 보인다. 지구가 진짜로 나이 들어가는 것이다. 그렇지만 둘의 x축 범위가 다르기 때문에 일대일로 비교하기는 쉽지 않다. 1950년도 차트의 스케일은 12%를 넘는데 반해, 2050년도 차트는 6%를 약간 넘을 뿐이다. 우리가 x축의 정의역을 어떻게 설정했는지 생각해 보면 이 결과는 당연하다.

```
var popData = data.filter(function(element) {return element.year
== year});
x.domain([0,d3.max(popData, function(d) {return d.value})]);
```

지금은 정의역의 상한을 설정하기 위해, 해당 연도로 필터링된 popData 배열의 최댓값을 사용한다. 그 최댓값은 어떤 연도를 선택하느냐에 따라 달라진다.

그런데 비교를 쉽게 하기 위해 모든 차트의 스케일을 같게 하고 싶다면 어떻게 해야 할까? 전체 데이터의 최댓값을 x축의 크기로 설정하기만 하면 모든 연도에 대한 막대들이 전부 적절하게 들어맞을 것이다. 이렇게 하는 것은 어렵지 않다. 축을 정의할 때 popData 대신 전체 데이터의 최댓값 사용하기만 하면 된다. 코드는 다음과 같이 바꾸면 된다.

```
var popData = data.filter(function(element) {return element.year
== year});
x.domain([0,d3.max(data, function(element) {return element.
value})]);
```

7.8 요약

이 장에서는 D3로 외부 데이터를 어떻게 요청하고 사용할 수 있는지를 다뤘다. 로컬 서버를 어떻게 설정해서 CSV와 같은 테이블 형태로 저장되어 있는 데이터에 접근하는지로 시작했다. 그 다음에는 D3가 그 데이터를 어떻게 해석하는지, 비동기적으로 요청을 처리한다는 것이 어떤 의미를 가지는지 논의했다. 마지막으로, 기본적인 데이터 필터링을 다뤘다.

8장

인터랙티브한 동적
시각화 만들기

이 장에서는 데이터 결합의 마지막 두 단계, '업데이트하기'와 '나가기'를 다룬다. 먼저 프랭크의 타블로이드 커버 데이터를 이용해 '업데이트하기'와 '나가기'가 각 각 어떤 역할을 하는지 개념적으로 설명한 후, 이들을 어떻게 하면 연령 분포 막 대 그래프 시각화에 적용할 수 있는지에 대해 설명하도록 하겠다.

8.1 데이터 결합하기: 업데이트하고 나가기

5장에서 우리는 데이터 결합의 '들어가기' 단계를 다뤘고, 이번 장에서는 '업데이 트하기'와 '나가기' 단계를 다룰 것이다.

5장에서 만난 특이한 친구 프랭크의 타블로이드 데이터로 다시 돌아가 보자. 잘 기억이 나지 않는다면 5장으로 돌아가 프랭크의 데이터를 살펴보고, 그 데이 터로 무엇을 했는지 되짚어 보자.

지금까지 이 예시에서 우리는 2009년 1월 데이터를 텍스트 요소로 변환하는 작업만 했다. 텍스트를 어떻게 넣을 것이며 위치는 어떻게 조정할 것인지 등은 5 장에서 다루지 않았지만, 연령 분포 막대 그래프로 연습한 내용을 토대로 어떻 게 해야 할지 감을 잡았을 것이다. 지금부터 연령 분포 그래프는 잠시 잊고 '업 데이트하기'와 '나가기'에 대해 간단히 알아보자.

그림 8.1 텍스트가 웹페이지에 들어가게 하기

그림 8.1은 우리가 5장에서 어디까지 했는지를 보여 준다.

웹페이지에 몇 개의 텍스트 요소가 있고, 각각은 janData의 데이터 포인트와 대응된다. 이제 시각화가 2009년 2월의 데이터를 반영할 수 있도록 페이지를 '업데이트'해 보자. '들어가기'와 마찬가지로, 웹페이지에서 텍스트 요소를 선택한 후 data()를 사용해 데이터 결합을 하면 된다. 차이가 있다면, 이번에는 이미 텍스트 요소가 페이지에 존재한다는 것이다. 따라서 모든 요소를 새로 생성하기보다, 그림 8.2처럼 이미 존재하는 요소에 데이터를 엮어서 '업데이트'할 것이다.

이렇게 하면 가장 위의 텍스트 요소는 새로운 데이터와 엮이게 되었기 때문에 "Angelina Jolie" 대신 "Jennifer Aniston"이라고 쓰이게 된다(이것을 어떻게 하는지는 이 장의 후반부에서 다룰 것이다).

그림 8.2 업데이트하기

update()라는 메서드가 존재하지 않는다는 것에 유념하자. enter() 메서드를 사용했을 때는 아직 엮여 있지 않은 각 데이터 포인트에 대해 새로운 요소를 생성했다. 하지만 '업데이트'를 하는 경우에는 이미 페이지 요소가 존재하기 때문에 그럴 필요가 없다. 이미 존재하는 페이지 요소들을 선택해서, 새로운 데이터를 기반으로 어떻게 해야 할지 알려 주기만 하면 된다.

그림 8.2에 있는 커다란 물음표가 무엇인지 궁금할 것이다. 물음표를 쓴 이유는 1월 데이터에는 4개의 데이터 포인트가 있었는데, 2월에는 5개로 늘어났기 때문이다. 웹페이지에 엮일 요소가 없는 다섯 번째 데이터 포인트는 어떻게 해야 할까?

웹페이지에 새로운 요소가 생성될 수 있도록 만들면 된다고 생각했다면, 빙고! 그 말이 맞다. 전처럼 enter()를 사용할 수 있다(그림 8.3). 그런데 D3의 enter() 메서드는 다섯 개 요소를 모두 다시 생성하는 대신, 요소가 없는 데이터 포인트의 요소만 다시 생성한다. D3, 정말 훌륭하지 않은가?

그림 8.3 업데이트와 들어가기

이제 요소가 다 있으니 텍스트 요소를 추가할 수 있고, 다시 데이터와 웹페이지는 서로 제대로 엮이게 된다(그림 8.4).

이제 3월로 가보자. 우리가 하고 싶은 것은 다시 한번 웹페이지의 텍스트 요소를 선택한 후 3월 데이터를 병합하는 것이다(그림 8.5).

코드   선택영역   데이터

```
svg.selectAll("text")
    .data(febData)
  .enter().append("text")
```

그림 8.4 다시 서로 엮인 데이터와 페이지

코드   선택영역   데이터

```
svg.selectAll("text")
    .data(marData)
```

그림 8.5 다시 업데이트하기

코드   선택영역   데이터

```
svg.selectAll("text")
    .data(marData)
  .exit().remove()
```

그림 8.6 나가기

그런데 이번에는 데이터의 수가 요소의 개수보다 적다. 데이터가 엮인 요소는 단순히 업데이트되면 되는데, 데이터가 엮이지 않은 요소는 어떻게 하면 될까? 나가기를 하면 된다. 즉, 다섯 번째 요소를 없앨 것이고(이 연기자는 이제 퇴장할 시간입니다!) 이 작업에는 exit() 메서드를 사용할 것이다. 일반적으로는 데이터 결합을 하고 나서 exit()을 사용해 데이터가 엮이지 않은 요소를 선택할 수 있다. 그 다음에는 remove()라는 또 다른 메서드를 이용해 요소를 완전히 제거할 수 있다(그림 8.6).

그게 전부다. 이제 우리는 데이터 결합의 3단계('들어가기', '업데이트하기', '나가기')를 모두 다뤘다. 데이터 결합의 기본 철학은 아주 간단하다. 시각적 요소는 마치 배우가 연극에서 무대에 등장하고 연기하고 퇴장하듯이, 항상 페이지에 들어가거나 변하거나 나간다는 것이다. D3는 데이터를 요소와 엮은 후 서로의 개수를 비교하면서 이 세 가지 단계를 처리한다.

1. 데이터 포인트가 요소보다 많은 경우: 들어가기 단계(와 아마도 업데이트 단계)가 작동한다.
2. 데이터 포인트와 요소의 수가 같은 경우: 업네이트 단세가 작동한다.
3. 데이터 포인트가 요소보다 적은 경우: 나가기 단계(와 아마도 업데이트 단계)가 작동한다.

하지만 데이터 결합이 항상 연극과 비슷한 것은 아니다. 연극에서는 배우들이 반드시 입장하고 연기하고 나가지만, D3를 사용할 때는 세 가지 모두를 사용하지 않아도 된다. 예를 들어, D3를 이용해 정지된 시각화를 만들 때는 enter()만 사용해도 되고, 인터랙티브한 시각화를 만든다면 업데이트할 때마다 데이터 포인트의 개수가 동일하게 유지돼서 exit()가 필요 없을 수도 있다(실제로 우리의 연령 분포 막대 그래프 예시가 이에 해당한다).

물론 데이터를 결합할 때마다 데이터는 요소에 엮인다. D3는 엮인 데이터에 아주 쉽게 접근할 수 있게 해주고, 이것은 다음 절에서 설명할 '업데이트'를 손쉽게 해 준다.

8.2 인터랙티브한 버튼 만들기

이제 데이터 결합의 업데이트 단계를 이용해 우리의 막대 그래프를 인터랙티브한 동적 시각화로 만들 것이다. 매년 같은 수의 데이터 포인트가 있으므로 굳이 exit()를 사용할 필요가 없다.

이 장의 끝에 이르면, 우리의 연령 분포 막대 그래프가 연도를 선택하면 특정 연도의 데이터가 보이게끔 수정될 것이다. 이렇게 하기 위해 코드상에 연도를 명시해서 조작할 수 있도록 해도 되지만, 이 방법은 코드를 직접적으로 수정할 수 있는 사람만이 할 수 있고 일반 사용자에게는 용이하지 않다. 그러니 브라우저를 통해 누구나 직접 연도를 선택해서 바뀐 데이터를 확인할 수 있는 기능을 만들어 보자.

가장 먼저 해야 할 일은, 사용자가 연도를 클릭해서 선택할 수 있는 버튼을 만드는 것이다. 그림 8.7은 버튼을 넣었을 때 우리가 기대하는 결과다.

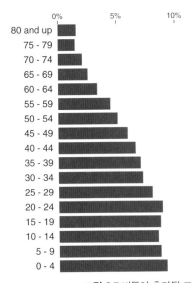

그림 8.7 버튼이 추가된 그래프

데이터 결합으로 버튼 만들기

버튼을 〈div〉 태그를 이용해 HTML로 하나하나 하드코딩할 수도 있지만, 데이터 결합을 이용해 페이지에 들어갈 수 있게 할 수 있다면 굳이 그럴 필요가 없다. 물론, 데이터 결합을 하기 위해서 데이터가 좀 필요하지만. 먼저 아래와 같이 버튼을 만들고 싶은 모든 연도가 담긴 배열 하나를 생성하자.

```
var buttonYears = [1950, 1955, 1960, 1965, 1970, 1975, 1980,
1985, 1990, 1995, 2000, 2005, 2010, 2015, 2020, 2025, 2030, 2035,
2040, 2045, 2050];
```

이 배열을 스크립트의 상단에 넣으면 된다. 이 버튼들을 하나의 커다란 컨테이너 〈div〉에 넣는 것이 HTML을 잘 활용하는 습관이므로, 먼저 컨테이너를 만들어 보자. 제목에서 연도를 지운 후, 제목 바로 다음에 〈div〉를 넣고 "buttons-container"라는 이름의 클래스(class)를 지정하자.

```
body.append("h2")
    .text("Age distribution of the world");
body.append("div")
    .attr("class", "buttons-container")
```

이제 버튼들을 추가해 보자. 지금은 〈div〉 컨테이너 안에 아무것도 없지만 그 안에 데이터 결합을 이용해 각 버튼에 대한 새로운 〈div〉들을 추가할 것이다. 이를 위해 가장 먼저 해야 할 일은 컨테이너 〈div〉 안에 있는 〈div〉들을 선택하는 것이다. 당연히, 그 〈div〉들은 아직 존재하지 않는다. 그것이 enter()가 동작하는 방식이었다는 점을 떠올리자.

```
body.append("div")
    .attr("class", "buttons-container")
    .selectAll("div")
```

이제 data()를 이용해 데이터를 결합해 보자.

```
body.append("div")
    .attr("class", "buttons-container")
    .selectAll("div").data(buttonYears)
```

다음으로 enter().append("div")를 하면 〈div〉들이 전부 생성된다.

```
body.append("div")
    .attr("class","years-div")
    .selectAll("div")
    .data(buttonYears)
  .enter().append("div")
```

이 코드를 한번 돌려 보자. 웹페이지는 표면적으로 아무런 차이가 없겠지만, 개발자 도구를 열어서 컨테이너 〈div〉를 열어 보면 21개의 새로운 〈div〉가 생성된 것을 확인할 수 있다(그림 8.8).

```
▼ <div class="buttons-container">
    <div></div>
    <div></div>
    <div></div>
    <div></div>
    <div></div>
    <div></div>
    <div></div>
    <div></div>
    <div></div>
    <div></div>
    <div></div>
    <div></div>
    <div></div>
    <div></div>
    <div></div>
    <div></div>
    <div></div>
    <div></div>
    <div></div>
  </div>
```

그림 8.8 새롭게 생성된 모든 〈div〉

이제 텍스트를 추가해 보자. 버튼 〈div〉에 대한 각각의 연도가 텍스트로 표기되면 되고, 〈div〉가 이미 각각의 연도 데이터와 엮여 있기 때문에 이 작업은 아주 간단하다.

```
body.append("div")
    .attr("class", "buttons-container")
    .selectAll("div")
    .data(buttonYears)
  .enter().append("div")
    .text(function(d) { return d; });
```

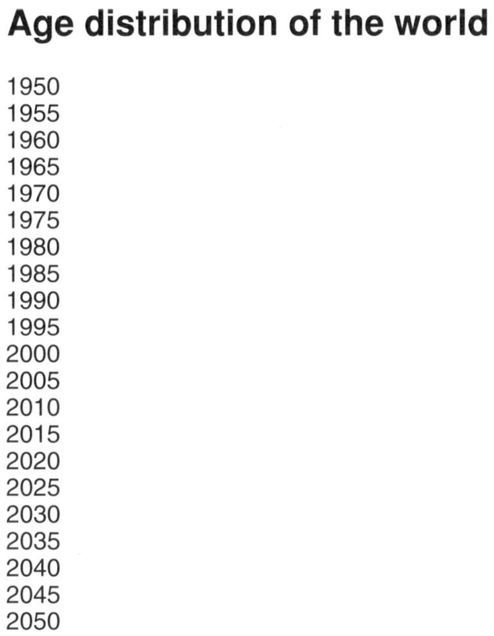

Age distribution of the world

1950
1955
1960
1965
1970
1975
1980
1985
1990
1995
2000
2005
2010
2015
2020
2025
2030
2035
2040
2045
2050

그림 8.9 열로 나타낸 연도

웹페이지를 확인해 보사(그림 8.9). 긱긱의 〈div〉가 한 줄씩 치지히지 않게 왼쪽으로 float를 하면 좋을 것 같다. 이를 위해 먼저 버튼에 button이라는 새로운 클래스를 추가하자.

```
body.append("div")
    .attr("class", "buttons-container")
    .selectAll("div").data(buttonYears)
  .enter().append("div")
    .text(function(d) { return d; })
    .attr("class", "button");
```

다음으로는 그 클래스의 float 속성을 바꾸자. 아래는 CSS로 처리하는 부분이다. float는 CSS의 속성으로, 말 그대로 객체를 떠워서 왼쪽이나 오른쪽으로 붙여 주는 것을 의미한다.

```
.button {
    float: left;
}
```

이렇게 하면 그림 8.10 결과를 얻게 된다. 조금만 더 스타일링을 해보자. 먼저 버튼들이 컨테이너 〈div〉 밖으로 나가지 않도록 컨테이너에 너비 속성이 적용되어야 하고, 버튼들도 스스로 약간의 간격을 두고 배치될 수 있어야 하므로 CSS를 약간 수정해야 한다.

Age distribution of the world

195019551960196519701975198019851990199520002005201020152020202520302035204020452050

그림 8.10 행으로 나타낸 연도

```
.buttons-container {
    width: 520px;
    margin-bottom: 15px; // 모든 게 좀 더 자연스럽게 보일 수 있도록
                         // 이 부분도 추가했다.
}
.button {
    float: left;
    margin-left: 10px;
}
```

이제 그림 8.11을 보자.

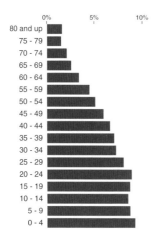

그림 8.11 float 적용 후 모습

상단의 레이블 '연령대(age group)'와 '인구 비율(portion of the population)'의 위치가 애매해졌다. 버튼과 레이블들 사이에 〈div〉를 추가해서 float 속성을 무효화시키는 'clearfix'라는 클래스를 추가하면 해결할 수 있다.

```
body.append("div")
    .attr("class", "buttons-container")
    .selectAll("div").data(buttonYears)
  .enter().append("div")
    .text(function(d) { return d; })
    .attr("class", "button");

body.append("div")
    .attr("class", "clearfix")

body.append("div")
    .attr("class", "top-label age-label")
  .append("p")
    .text("age group");
```

마지막으로 현재 보이는 연도가 나머지 연도들과 다르게 보이도록 강조해 보자. 가장 간단한 방법 중 하나는, 이 연도의 글자를 굵게 표기하는 것이다. 'selected'라는 이름의 클래스를 새로 생성해 보자(굳이 이 방법을 택한 이유는 다음 절에서 확인할 수 있다).

```
.selected {
    font-weight: bold;
}
```

자, 이제 각 버튼에 'button'이라는 클래스를 추가하고, 현재 보이는 연도의 버튼에 'selected'라는 클래스를 추가하면 된다. 따라서 이제 클래스를 또 하나의 익명함수를 사용해서 지정해야 한다.

```
body.append("div")
    .attr("class", "buttons-container")
    .selectAll("div")
    .data(buttonYears)
  .enter().append("div")
    .text(function(d) { return d; })
    .attr("class", function(d) { });
```

익명함수 안에 어떤 내용이 들어가야 할까? 스스로 한번 생각해 보자. 7장에서 연도를 지정하기 위해 스크립트 상단에 입력한 year 변수가 있다. 그 변수를 통해 어떤 연도가 선택되었는지 확인하고 그에 맞게 버튼을 스타일링을 할 수 있다. 뿐만 아니라 기본 연도를 지정해서 페이지를 처음 로딩할 때 몇 년도의 데이터를 보여 줄 것인지 결정할 수도 있다.

이렇게 하기 위해 익명함수 안에 d를 넣어 보고 그것이 year와 일치하는지 확인해 보면 어떨까? 일치한다면 'button', 'selected' 클래스를 모두 반환하고, 일치하지 않는다면 'button' 클래스만 반환하면 된다.

```
body.append("div")
    .attr("class", "buttons-container")
    .selectAll("div").data(buttonYears)
  .enter().append("div")
    .text(function(d) { return d; })
    .attr("class", function(d) {
        if(d == year)
            return "button selected";
        else
        return "button";
});
```

그림 8.12에서 결과를 확인해 보자.

버튼 사이에서 2010년이 돋보이는가? 음, 개인적으로 약간 아쉬워 보인다. 그렇다면 CSS를 이용해 다른 버튼들의 font-weight를 추가적으로 약간 줄여 보자.

```
.button {
    float: left;
    margin-left: 10px;
    font-weight: lighter;
}
.selected {
    font-weight: bold;
}
```

Age distribution of the world

1950 1955 1960 1965 1970 1975 1980 1985 1990 1995 2000
2005 **2010** 2015 2020 2025 2030 2035 2040 2045 2050

AGE GROUP *PORTION OF THE POPULATION*

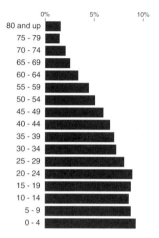

그림 8.12 연도가 강조가 된 버튼

그림 8.13에서 결과를 다시 확인해 보자.

Age distribution of the world

1950 1955 1960 1965 1970 1975 1980 1985 1990 1995 2000
2005 **2010** 2015 2020 2025 2030 2035 2040 2045 2050

AGE GROUP *PORTION OF THE POPULATION*

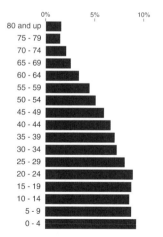

그림 8.13 선택되고 선택이 안된 레이블 간 차이점이 낮과 밤처럼 분명해졌다.

작동하는 버튼 만들기

버튼을 페이지에 나타나게 했으니, 이 버튼을 작동하게 만들어 보자. 버튼이 클릭되었을 때 무언가를 하게 하려면 어떻게 해야 할까? 바로 이벤트 핸들러 (event handler)를 통해 할 수 있다.

이벤트 핸들러는 말 그대로 사용자의 이벤트 또는 동작을 다루는 것이다. 이벤트가 발생하는지를 살펴보다가 이벤트가 발생하면 브라우저한테 특정 동작을 요구한다. 가령 사용자의 클릭이나 특정 요소에 마우스를 올리면 숨겨진 메시지가 뜨는(hovering) 것도 일종의 이벤트이다.

D3의 경우, 특정 요소에 이벤트 핸들러를 달기 위해 on()이라는 메서드를 추가하면 되는데, 우리는 지금 버튼이 클릭되었는지 살펴보고 싶으니 다음과 같이 하면 된다.

```
body.append("div")
    .attr("class", "buttons-container"
    .selectAll("div").data(buttonYears)
  .enter().append("div")
    .text(function(d) { return d; })
    .attr("class", function(d) {
        if(d == year)
            return "button selected";
        else
            return "button";
    })
    .on("click", function(d) {});
```

그렇다면 버튼을 클릭하면 어떤 일이 생기게 할까? 현재로서는 버튼을 클릭하면 selected 클래스를 사용해서 버튼이 강조되게 만드는 게 가장 좋은 방법인 것 같다. 클릭한 버튼을 선택 영역으로 지정해 주고 selected 클래스를 추가시키면 된다.

하지만 어떻게 이를 구현할까? 가장 쉬운 방법은 자바스크립트의 마술 같은 기능을 사용하는 것이다. 자바스크립트에는 간편하게 쓸 수 있지만 헷갈리기 쉬운 this라는 자기 지시적 변수가 있다. this에 대해 세부적으로 배우는 것은 이 책의 범위 밖이지만 다행히 이 경우에는 자세한 내용을 몰라도 사용할 수 있다.

지금은 페이지에서 뭔가를 클릭하면 작동하는 함수에서 클릭되는 요소를 정의하기 위해 this가 필요하다. d3.select(this)를 사용해서 이러한 요소의 선택 영역을 만들 수 있다.

this에 대한 선택 영역을 만들었으니 이제 클래스를 추가해야 한다. attr()를 통해서 클래스를 추가할 수도 있지만 classed()라는 메서드를 사용하면 클래스를 마음대로 껐다 켤 수 있다.

```
body.append("div")
    .attr("class", "buttons-container")
    .selectAll("div").data(buttonYears)
  .enter().append("div")
    .text(function(d) { return d; })
    .attr("class", function(d) {
        if(d == year)
            return "button selected";
        else
            return "button";
    })
    .on("click", function(d) {
        d3.select(this)
            .classed("selected", true);
    });
```

true는 선택된 요소에 selected라는 클래스를 적용해도 된다는 것을 의미한다.

위의 코드를 추가해서 실행시켜 보자. 버튼을 클릭하면 연도가 강조되지만 이전에 클릭한 버튼도 계속 강조되어 있는 문제점을 볼 수 있다(그림 8.14).

전혀 이야기치 못한 문제가 생겼다. 문제를 해결하기 위해 on() 메서드 안에서 이미 강조되어 있는 버튼에 대해서는 selected 클래스를 제거한 뒤 클릭되는 버튼에 클래스를 추가해야 한다.

```
body.append("div")
    .attr("class", "buttons-container")
    .selectAll("div").data(buttonYears)
  .enter().append("div")
    .text(function(d) { return d; })
    .attr("class", function(d) {
        if(d == year)
            return "button selected";
        else
```

Age distribution of the world

1950 1955 1960 1965 **1970** 1975 1980 1985 1990 1995 2000
2005 **2010 2015 2020** 2025 **2030** 2035 2040 2045 2050

AGE GROUP *PORTION OF THE POPULATION*

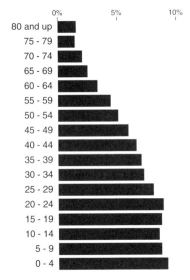

그림 8.14 연도가 한 번 클릭하면 계속 강조되어 있는 그래프

```
        return "button";
})
.on("click", function(d) {
    d3.select(".selected")
        .classed("selected", false);
    d3.select(this)
        .classed("selected", true);
});
```

마지막으로 한 가지만 더 살펴보자. 지금 누군가 이 페이지에 접속하면 연도를 클릭할 수 있다는 사실을 모를 것이다. 왜 그럴까? 지금 커서를 연도 위에 올려 놓으면 커서가 손 모양으로 바뀌지 않기 때문이다. CSS를 이용하면 이런 문제를 쉽게 해결할 수 있다.

```
.button {
    float: left;
    margin-left: 10px;
    font-weight: lighter;
    cursor: pointer;
}
```

8.3 시각화 업데이트하기

지금까지 우리는 버튼을 클릭했을 때 글자가 강조되게 만들었다. 하지만 우리는 이 버튼들이 어떤 실질적인 동작을 하기를, 가령 1950년의 버튼을 누르면 1950년의 데이터로 막대 그래프가 업데이트되기를 원한다.

어떻게 하면 그렇게 할 수 있을까? 일단 버튼을 클릭했을 때 해당 버튼의 글씨는 강조되고 나머지의 글씨는 연해지는 이벤트 핸들러를 달았으니, 여기에 데이터를 업데이트하는 부분만 추가해 보자.

가장 먼저 해야 할 일은 year 변수를 추가하는 것이다.

```
body.append("div")
    .attr("class", "buttons-container")
    .selectAll("div").data(buttonYears)
  .enter().append("div")
    .text(function(d) { return d; })
    .attr("class", function(d) {
        if(d == year)
            return "button selected";
        else
            return "button";
    })
    .on("click", function(d) {
        d3.select(".selected")
          .classed("selected", false);
        d3.select(this)
          .classed("selected", true);
        year = d;
    });
```

이때, d의 값이 buttonYears 배열에서 나온다는 점을 기억하자. 따라서 year에 d를 대입하는 것은 클릭한 연도를 대입하겠다는 뜻이 된다.

다음 절차는 클릭한 연도의 데이터만 가져오도록 전체 데이터를 필터링하는 것이다. 필터링된 데이터를 이용하면 막대 그래프의 막대 길이를 조정할 수 있다.

이벤트 핸들러 안에서 데이터를 조작하기 위해서는 이벤트 핸들러를 d3.csv() 함수 안에 넣어야 한다. 그런데 데이터가 비동기적으로 로딩될 것이기 때문에 외부 데이터에 관한 모든 기능은 그 함수 안에서 동작해야 한다는 점을 꼭 기억하자. 다만 버튼을 만드는 데는 외부 데이터를 사용할 필요가 없다. 따라서 그 부분은 d3.csv()의 바깥에서 실행해도 된다. 그것은 어떻게 할 수 있을까? 코드의 최상단에서 buttons라는 변수를 선언한 후 d3.csv() 안에서 참조하면 된다.

```
// 최상단의 코드:
var buttons = body.append("div")
              .attr("class", "buttons-container")
              .selectAll("div")
              .data(buttonYears)
            .enter().append("div")
              .text(function(d) { return d; })
              .attr("class", function(d) {
                  if(d == year)
                      return "button selected";
                  else
                      return "button";
              });

// ...
// d3.csv() 내부의 코드:
svg.append("g")
    .call(yAxis)
    .attr("class","y axis")

buttons.on("click", function(d) {
    d3.select(".selected")
        .classed("selected", false);
    d3.select(this)
        .classed("selected", true);
    year = d;
});
```

좋다. 이제 데이터를 필터링해서 선택된 연도에 해당되는 데이터를 불러오면 된다. 다행히도 우리는 이미 그 필터를 만들었다. 필터를 다시 사용해서 데이터 변수 popData를 재정의해 보자.

```
buttons.on("click", function(d) {
    d3.select(".selected")
        .classed("selected", false);
    d3.select(this)
        .classed("selected", true);
    year = d;
    popData = data.filter(function(element) {return element.year
    == year});
});
```

이제 업데이트를 본격적으로 하기 전에 새로운 popData 배열과 막대들을 엮어 주자.

이 동작은 이벤트 핸들러 안에서 실행해 줘야 하기 때문에 그 막대들을 참조해야 하는데, 다시 한 번 변수를 사용함으로써 해결할 수 있다.

```
var bars = barGroup.selectAll("rect")
    .data(popData)
  .enter().append("rect")
    .attr("x", 0)
    .attr("y", function(d) {return y(d.age)})
    .attr("width", function(d) {return x(d.value)})
    .attr("height", y.rangeBand());

// ...
buttons.on("click", function(d) {
    d3.select(".selected")
        .classed("selected", false);
    d3.select(this)
        .classed("selected", true);
    year = d;
    popData = data.filter(function(element) {return element.year
    == year});
    bars.data(popData)
});
```

드디어 업데이트를 할 수 있게 되었다. D3에 update() 메서드가 없더라도 업데이트를 하는 것은 굉장히 쉽다. bars.data(popData)와 같이 데이터 결합을 한 후에도 우리의 선택 영역은 여전히 막대이다.

그렇기 때문에 새로운 속성을 선택 영역에 적용하기만 하면 바로 업데이트가 된다. 지금 우리는 막대들이 같은 곳에 위치하고, 같은 높이에 같은 색상인 채로 너비만 업데이트하고 싶으니 이렇게만 하면 된다.

```
bars.data(popData)
    .attr("width", function(d){ // 여기에 무언가가 들어가야 한다 });
```

이 함수 안에 무엇이 들어가야 할까? 그전에는 return x(d.value)가 있었다. 하지만 지금은 우리가 막대에 새로운 데이터를 엮었기 때문에 d.value의 값이 달라졌다.

```
bars.data(popData)
    .attr("width", function(d) { return x(d.value); });
```

브라우저에서 코드를 돌려보고 이리저리 가지고 놀아 보자. 버튼을 클릭하면 그에 따라 막대들이 바뀌는 것을 알 수 있다. 그림 8.15와 그림 8.16에서 각각 1950년, 2050년의 그래프를 확인할 수 있다.

흥미로운 인터랙티브 시각화를 만든 것을 축하한다!

8.4 트랜지션 추가하기

이제 마우스를 클릭하면 어떤 연도의 데이터도 볼 수 있다. 아주 좋다. 하지만 연도를 바꿀 때 전환(transition)이 꽤나 부자연스럽다. 새로운 값으로 바뀔 때 막대들이 좀 더 자연스럽게 바뀌도록 할 수는 없을까?

D3는 transition() 메서드를 사용하는 것만으로 이 작업을 너무도 쉽게 만들어 준다.

```
bars.data(popData)
    .transition()
    .attr("width", function(d) { return x(d.value); });
```

유의할 점은, 전환이 제대로 동작하게 하기 위해서 변화가 일어나는 지점 전에 transition() 메서드를 넣어야 한다는 것이다. 페이지를 이리저리 만져 보며 막대가 커지고 작아지는 것을 관찰해 보자. 꽤 재미있지 않은가?

다양한 방법으로 전환 설정을 바꿀 수 있다. 지금 막대들이 너무 빠르게 커지거나 작아진다고 생각하고 있다면 duration() 메서드를 이용해 바꿔 보자. 이 메서드 지속 시간의 기본값은 250ms이고 밀리세컨드(millisecond, 1/1000초) 단위

Age distribution of the world

1950 1955 1960 1965 1970 1975 1980 1985 1990 1995 2000
2005 2010 2015 2020 2025 2030 2035 2040 2045 2050

AGE GROUP *PORTION OF THE POPULATION*

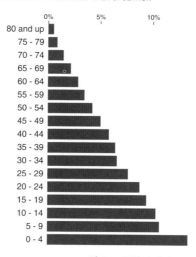

그림 8.15 좋았던 옛날

Age distribution of the world

1950 1955 1960 1965 1970 1975 1980 1985 1990 1995 2000
2005 2010 2015 2020 2025 2030 2035 2040 2045 **2050**

AGE GROUP *PORTION OF THE POPULATION*

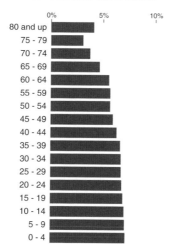

그림 8.16 미래의 고령화 사회

로 인자를 받으니, 전환하는 과정이 500ms 동안 실행되기를 바란다면 다음과
같이 바꿔 보자.

```
bars.data(popData)
    .transition()
    .duration(500)
    .attr("width", function(d) { return x(d.value); });
```

500ms짜리 전환 설정을 가지고 놀아 보자. 내게는 훨씬 좋아 보인다. 이벤트
발생 이후 바로 전환되지 않도록 (역시나 밀리세컨드 단위의 입력을 받아) 지연
(delay)시킬 수도 있다.

```
bars.data(popData)
    .transition()
    .delay(500)
    .duration(500)
    .attr("width", function(d) { return x(d.value); });
```

음, 우리 예시에서는 딱히 유용해 보이지 않는다. 하지만 서로 다른 전환 설
정 몇 개를 연속으로 실행시키려는 경우를 가정해 보자. 첫 번째 전환이 500ms
걸렸다면 두 번째 전환은 첫 번째 전환이 모두 끝날 때까지 기다리라고 지시하
고 싶을 수 있다.

지금 우리가 만든 전환에서는 막대의 크기 변화가 초반에는 빠르다가 점점
느려진다. 이렇게 시간에 따라 변화율이 달라지는 것을 이징(easing)이라고 하
며 변화율은 이징 함수(easing function)를 통해 조절할 수 있다. D3는 이징 함
수를 아주 손쉽게 다룰 수 있게 도와주기도 하지만 특정 애니메이션을 만들기
위한 몇 가지 기본값 설정, 즉 프리셋(preset)도 있다.

예를 들어, D3의 기본값대로 가속 및 감속을 적용하는 대신 막대들의 크기가
일정한 속도로 변하기를 원한다면 다음과 같이 linear 프리셋을 이용하자.

```
bars.data(popData)
    .transition()
    .duration(500)
    .ease("linear")
    .attr("width", function(d) { return x(d.value); });
```

처음에는 천천히 바뀌다가 점점 빠르게 변화시키려면 'back' 프리셋을 쓰면 된다.

```
bars.data(popData)
    .transition()
    .duration(500)
    .ease("back")
    .attr("width", function(d) { return x(d.value); });
```

'bounce' 프리셋을 이용하면 아주 특이한 전환을 볼 수 있다.

```
bars.data(popData)
    .transition()
    .duration(500)
    .ease("bounce")
    .attr("width", function(d) { return x(d.value); });
```

'back' 또는 'bounce' 프리셋을 이용할 때는 특별히 유의할 것을 당부하고 싶다. 이들은 상당히 흥미롭고 재밌지만, 신경을 거스르게 하기도 한다. 우리가 만드는 연령 분포 막대 그래프에 이 프리셋을 사용한다면, 사용자는 신기해서 다른 연도를 몇 번 클릭한 후 금방 흥미를 잃을지도 모른다. 즉, 시각화가 연령 분포에 대한 것이 아니라 이징(easing) 효과를 체험하는 장난감이 될 수 있다는 것이다.

전환은 웬만하면 기본값으로 두는 것이 좋고, 이징 함수는 시각화의 의도를 더 분명하게 전달하는 경우에만 수정하는 것이 좋다.

8.5 키 사용하기

마지막으로 데이터 결합을 제대로 사용하는 방법을 하나 언급하고 마무리 짓도록 하겠다. 어떠한 이유로 데이터의 순서가 뒤죽박죽 되었다고 해보자. 즉, 어떤 연도에서는 CSV 파일 첫 번째 연령대가 '0-4세'인데 다른 연도에서는 '80세 이상'으로 표기된 것이다. 지금 우리가 작성한 코드는 첫 번째 데이터 포인트를 항상 첫 번째 막대와 엮고, 두 번째 데이터 포인트는 두 번째 막대와 엮기 때문에 이렇게 될 경우 정말 큰 문제가 생긴다.

이런 문제를 방지하기 위해 사용할 수 있는 것이 키(key)다. 키란 엮여 있는 데이터와 객체를 대응시켜 주는 방식이다. 새로운 데이터를 엮으면 D3는 키들을 매칭시켜서 데이터와 객체가 올바르게 엮일 수 있게 도와준다.

우리 예제에서는 연령대가 키가 되는 것이 좋다. 어떻게 동작하는지 살펴보도록 하자. 먼저, 우리가 원하는 키를 가져올 수 있도록 헬퍼 함수(helper function)를 정의해야 한다.

```
function keys(d) {
    return d.age;
}
```

keys() 함수에 각 데이터 포인트를 전달하면 연령대(여기서는 'age'라고 표기했지만)를 반환할 것이다. 이 함수를 d3.csv() 호출 밖에서 불러도 된다.

```
var yAxis = d3.svg.axis()
    .scale(y)
    .orient("left");

function keys(d) {
    return d.age;
}
```

이제 우리는 data() 메서드에 keys를 두 번째 인자로 전달해야 한다.

```
var bars = barGroup.selectAll("rect")
    .data(popData, keys)
    .enter().append("rect")
        .attr("x", 0)
        .attr("y", function(d) {return y(d.age)})
        .attr("width", function(d) {return x(d.value)})
        .attr("height", y.rangeBand());
// ...
buttons.on("click",function(d) {
    // ...
    bars.data(popData, keys)
        .transition()
        .duration(500)
        .attr("width", function(d) { return x(d.value); });
});
```

이게 전부다! 이제 우리 데이터는 완전히 순서가 뒤바뀌어도 상관이 없다.

그런데 키(keys)는 데이터의 순서가 엉켰을 때만 도움이 되는 것은 아니다. 그들은 전환이 의도한 대로 동작하는 것을 돕기도 한다. 프랭크의 데이터를 다시한번 떠올려 보자. 2월과 3월 사이에 Jennifer Aniston은 타블로이드 커버 등장 1순위에서 2순위로 밀려난다(3월에는 'Octomom'한테 밀리기도 한다). 시각화할 때 키를 사용하면 'Jennifer Aniston' 텍스트 객체의 위치를 최상단에서 위에서 두 번째로 옮기도록 업데이트만 하면 된다.

키가 있고 없는 상황에 대해 우리는 객체 불변성(object constancy)과 객체 가변성(object inconstancy)이라는 용어를 사용한다. 두 용어에는 한 가지 차이점이 있다. 키를 사용하면 'Jennifer Aniston'의 텍스트 객체를 찾아 새로운 데이터로 업데이트하게 된다. 객체로서, 그 객체는 항상 'Jennifer Aniston' 객체일 것이다. 즉, 항상 같다는 것이다. 하지만 키를 사용하지 않으면 2월에서 3월로 전환되면서 'Jennifer Aniston' 객체가 'Octomom' 객체가 된다. 이 경우에는 객체가 가변적이다.

객체 불변성은 좋은 것이다. 연극 무대의 비유를 떠올려 보자. 하나의 역할은 한 명의 배우가 맡은 것이 좋지 않겠는가?

8.6 요약

이 장에서는 데이터 결합의 업데이트하기와 나가기 단계에 대해 소개한 후 연령 분포 막대 그래프에 이 개념들을 적용해 보았다. 목표는 그래프를 인터랙티브 하게 만드는 것이었다. 이를 위해 우리는 각 연도에 대해 버튼을 추가하고 클릭할 수 있게 만들었다. 전환 효과를 추가하여 시각화가 한 연도에서 다른 연도로 자연스럽게 바뀌도록 했다. 마지막으로, 키를 사용해서 막대들이 객체 불변성을 유지할 수 있게 했다.

9장

VISUAL STORYTELLING with D3

재생 버튼 추가하기

이 장에서는 막대 그래프에 재생 버튼을 추가함으로써 한 단계 업그레이드시키는 내용을 다룬다. 먼저 일반화된(generalized) 업데이트 함수를 만들어서 어떤 연도를 입력해도 막대 그래프가 업데이트될 수 있게 할 것이다. 그 다음 재생 버튼을 추가해서 전체적으로 작동하게 해보자.

9.1 업데이트 단계를 함수로 바꾸기

이 장에서 배우는 내용은 일종의 보너스라고 생각해도 된다. 그동안 D3를 이용해 시각화를 만들기 위해 필요한 모든 것을 이미 배웠기 때문이다. 이 장에서는 연령 분포 막대 그래프에 재생 버튼을 추가해서 약간 복잡하게 만들 것이다.

재생 버튼을 누르면 어떻게 되는가? 사용자가 버튼을 클릭하는 순간, 연도는 가장 이른 연도인 1950년으로 재설정되고, 1950년의 버튼은 굵고 까맣게 표시됨과 동시에 막대들은 해당 연도에 맞게 크기가 줄거나 늘어난다. 그 다음에 시각화는 뒤따르는 연도들을 하나하나 순차적으로 거치게 된다. 핵심은, 사용자가 재생 버튼만 누르면 아무것도 하지 않고도 세계 연령 분포가 시계열적으로 어떻게 변하는지 볼 수 있게 하자는 것이다.

그렇다면 이것은 또 어떻게 만들까? 웹페이지에 버튼을 추가하기 전에 물밑에서 어떤 일이 발생하는지를 알아보자.

시각화가 각 연도를 거쳐감에 따라 '업데이트'도 연속적으로 발생할 것이다. 각 업데이트는 사용자가 클릭했을 때와 같은 동작을 해야 한다. 바꿔 말하면, 사용자가 재생 버튼을 클릭했을 때나, 연도 버튼을 클릭했을 때나 같은 일련의 코드가 실행되어야 한다는 것이다.

```
buttons.on("click", function(d) {
    d3.select(".selected")
        .classed("selected", false);
    d3.select(this)
        .classed("selected", true);
    year = d;

    popData = data.filter(function(element) {return element.year
== year});
    bars.data(popData, keys)
        .transition()
        .duration(500)
        .attr("width", function(d) { return x(d.value); });
});
```

이 코드는 우리가 재생 버튼을 위해 재사용할 코드이다. 다행히도 우리는 같은 코드를 두 번 반복해서 쓸 필요가 없다. 모든 프로그래밍 언어는 함수를 통해 코드의 재사용을 용이하게 만들어 주기 때문이다. 프로그래밍을 할 때마다 재사용하고 싶은 부분을 발견한다면 가장 먼저 해야 하는 생각은, '이 부분은 함수로 만들어야겠어!'다.

그러므로 지금부터 함수를 만들어 보겠다. 함수의 이름은 update로 하고, 사용자가 특정 연도 버튼에 클릭을 할 때 한 번 업데이트하고, 재생 버튼을 누르면 자동으로 21번 업데이트 되도록 만들자. 이렇게 하면, 우리가 실제로 재생 버튼을 만들 때 모든 것이 간단해진다. 스크립트 맨 아래에 넣으면 된다.

```
function update( // 여기와 ) { // 여기에 어떤 내용이 들어갈지 고민해 보자 };
```

이 함수는 어떻게 작성해야 할까? 더 정확한 질문은 이 함수는 어떤 동작을 해야 할까? update 함수는 사용자가 연도를 클릭하든 재생 버튼을 클릭하든 동작할 수 있는 일반화된 함수여야 한다. 그러면 어떻게 일반화시킬 수 있을까? 특정 연도, 가령 2035년을 함수에 전달하면 함수가 동작하게 만들면 어떨까?

```
function update(updateYear) { // 아직도 이 안에 들어갈 내용은 정해지지 않았다
};
```

다음으로 함수 안에는 어떤 내용이 들어가야 할지 고민해 보자. 일단 버튼의
이벤트 핸들러 안에 들어가 있는 내용을 모두 넣어 보자.

```
function update(updateYear) {
    d3.select(".selected")
        .classed("selected", false);

    d3.select(this)
        .classed("selected", true);

    year = d;

    popData = data.filter(function(element) {return element.year
== year});

    bars.data(popData, keys)
        .transition()
        .duration(500)
        .attr("width", function(d) { return x(d.value); });
};
```

함수 안에 어떤 내용이 들어 있는지 차근차근 확인해 보자. 첫 번째 덩어리는
이미 완벽하다.

```
d3.select(".selected")
    .classed("selected", false);
```

시각화가 업데이트될 때마다 "selected" 클래스를 현재 선택된 버튼에서 제거
하는 코드이다. 좋다. 다음 부분은 어떤가?

```
d3.select(this)
    .classed("selected", true);
```

이 부분은 손을 봐야 할 것 같다. 왜 그런지 알겠는가? 이 코드는 애초에 연도
버튼을 위해 짜여진 코드였고, 'this'를 사용해서 버튼을 클릭했을 때 그 버튼에
'selected' 클래스가 추가되도록 설계되었다. 이 코드를 일반화시키기 위해서는
this를 사용하지 않고 updateYear 변수를 전달해서 업데이트시켜야 할 것이다.

그렇다면 updateYear로 어떻게 알맞은 버튼을 선택하게 할 수 있을까? 사실은 D3에 몇몇 요소의 선택 영역을 전달해 주면, 그중에서 원하는 요소만 고를 수 있는 필터 메서드가 있다. 이 필터 메서드는 배열의 필터 메서드와 무척 비슷하지만, 한 가지 결정적인 차이점이 있다. 선택 영역을 대상으로 작동하게 되어 있기 때문에, 엮인 데이터를 이용해 필터링할 수도 있다는 점이다.

우리는 이미 buttons라는 변수를 통해 버튼들을 선택할 수 있으므로, 그 선택 영역에서 updateYear과 엮여 있는 버튼만 남기도록 필터링해 보자.

```
buttons
    .filter(function(d) { return d == updateYear; })
    .classed("selected", true)
```

좋다. 다음 코드로 넘어가자.

```
year = d;
popData = data.filter(function(element) {return element.year ==
    year});
```

두 가지만 조금 수정하면 될 것 같다. 먼저, update 함수에는 변수 d가 존재하지 않는다. 그러니 간단하게 d 대신 updateYear를 year에 대입하자. 아니, 군이 그럴 필요도 없다. year 변수를 더 이상 사용하지 말고, year를 전부 updateYear로 바꿔도 된다.

```
popData = data.filter(function(element) {return element.year ==
    updateYear});
```

이제 코드의 마지막 부분을 살펴보자.

```
bars.data(popData, keys)
    .transition()
    .duration(500)
    .attr("width", function(d) { return x(d.value); });
```

이 부분은 이미 완벽해서 아무것도 바꾸지 않아도 된다. 이제 수정된 update 함수를 다시 살펴볼까?

```
function update(updateYear) {
    d3.select(".selected")
        .classed("selected", false);

    buttons
        .filter(function(d) { return d == updateYear; })
        .classed("selected", true)

    popData = data.filter(function(element) {return element.year
    == updateYear});
    bars.data(popData, keys)
        .transition()
        .duration(500)
        .attr("width", function(d) { return x(d.value); });
};
```

이 함수를 이제 어디에 넣어야 할까? data 배열에 의존하므로 d3.csv() 콜백 함수에 들어가야 한다. 그 함수의 맨 끝에 넣자. 그리고 이참에 버튼의 이벤트 핸들러 코드에도 새로 만든 함수를 적용해 보자.

```
buttons.on("click", function(d) {
    update(d);
});
function update(updateYear) {
    d3.select(".selected")
        .classed("selected", false);

    buttons
        .filter(function(d) { return d == updateYear; })
        .classed("selected", true)

    popData = data.filter(function(element) {return element.year
    == updateYear});

    bars.data(popData, keys)
        .transition()
        .duration(500)
        .attr("width", function(d) { return x(d.value); });
};
```

update 함수를 호출하는 이벤트 핸들러가 update 함수 전에 나타나도 될까?
괜찮다. 자바스크립트를 사용할 때는, 컴파일러(주로 브라우저)가 스크립트 전
체를 훑으며 정의된 함수를 찾기 때문이다.

9.2 웹페이지에 재생 버튼 추가하기

연도를 입력하면 그래프를 업데이트해 주는 함수를 만들었으니 이제 재생 버튼
을 만들어 보자. 재생 버튼은 아주 간단하게 설계할 수 있다. 연도를 모두 거치
는 사이클을 만들고, 그 연도의 열을 update 함수로 보내는 것이다. 하지만 그
렇게 하기 전에 재생 버튼부터 만들어 보자. 그래야 재생 버튼의 기능을 만들었
을 때 실제로 작동하는지 테스트해 볼 수 있으니까.

재생 버튼의 코드는 제목 바로 뒤에 심을 것이다.

```
body.append("h2")
    .text("Age distribution of the world");

var playAll = body.append("div")
    .attr("class", "play-button")
    .text("▶ PLAY ALL YEARS");

var buttons = body.append("div")
    .attr("class", "buttons-container")
    .selectAll("div").data(buttonYears)
  .enter().append("div")
    .text(function(d) { return d; })
    .attr("class", function(d) {
        if(d == year)
            return "button selected";
        else
            return "button";
    });
```

넘어가기 전에 몇 가지를 더 살펴보자. 첫째, 여기서는 오른쪽을 가리키는 검
은색 유니코드 삼각형("U+25B6")을 재생 버튼으로 사용했다. 가장 좋은 솔루션
은 아니니, 개선하고 싶으면 얼마든지 개선하라.

glyphicons.com 또는 fontawesome.io 등에서 유니코드 삼각형 대신 사용하
기 쉽고 예쁜 아이콘을 다운 받을 수 있다.

둘째, 재생 버튼에 playAll이라는 변수를 미리 할당했다. 그렇게 한 이유는 나중에 재생 버튼에 이벤트 핸들러를 추가할 것을 미리 알고 있기 때문이다(그래야 시각화가 모든 연도를 돌며 동작하게 할 수 있다). 데이터가 재생 동작을 좌우할 것이기 때문에 이벤트 핸들러가 d3.csv() 안에서 정의되어야 한다. 그러므로 재생 버튼에 변수를 할당함으로써 차후 콜백 함수 안에서 부를 수 있게 된다.

그림 9.1은 재생 버튼을 달면 웹페이지가 어떤 모습이 되는지 보여 준다. 확실히, 재생 버튼이 세련되게 보이지는 않는다.

Age distribution of the world

▶ PLAY ALL YEARS
1950 1955 1960 1965 1970 1975 1980 1985 1990 1995 2000
2005 **2010** 2015 2020 2025 2030 2035 2040 2045 2050

AGE GROUP *PORTION OF THE POPULATION*

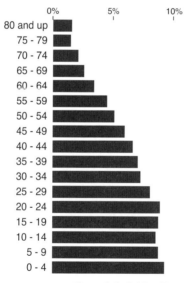

그림 9.1 재생 버튼을 장착한 웹페이지

CSS로 모양새를 다듬어 보자.

```
.play-button {
    margin-left:10px;
    margin-bottom: 15px;
    font-style: italic;
    cursor: pointer; color: grey;
}
.play-button:hover {
    color: black;
}
```

결과는 그림 9.2에서 확인할 수 있다.

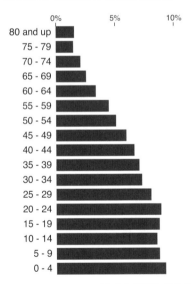

그림 9.2 스타일 수정하기

9.3 재생 가능한 재생 버튼 만들기

이제 클릭할 수 있는 재생 버튼도 만들었으니, 버튼을 클릭을 했을 때 어떤 동작을 하면 되는지 알려 주자. 이벤트 핸들러를 생성하는 것으로 시작한다. 역시 이번에도 d3.csv()의 콜백 함수 안에 들어가야 한다. 연도 버튼들의 이벤트 핸들러 바로 다음에 넣어 보자.

```
buttons.on("click", function(d) {
    update(d);
});

playAll.on("click", function() {
    // 이곳에 무엇을 넣을까? });
```

재생 버튼을 클릭하면 시각화가 모든 연도를 순환하며 재생되도록 하고 싶다. 그렇게 하려면 어떻게 해야 할까? for문을 사용해 보는 것은 어떨까?

```
playAll.on("click", function() {
    for (var i = 0; i < buttonYears.length; i++) {
        update(buttonYears[i]);
    };
});
```

결과를 확인해 보자. 재생 버튼을 클릭하면 어떤 일이 벌어지는가? 시각화가 눈 깜짝할 사이에 2050년으로 점프를 하는가? 왜 그런 일이 발생할까? 그것은 반복문이 멈추지 않고 너무 빨리 돌아서 그래프가 업데이트될 새가 없기 때문이다. 그렇다면 이번에는 for문과 유사하게 동작하지만 매번 반복할 때마다 사이사이에서 쉬어 가는 setInterval()이라는 함수를 사용해 보자. 이 함수는 기본적으로 두 개의 인자를 받는다. 첫 번째는 함수이고 두 번째는 밀리세컨드 단위의 시간이다.

setInterval()의 역할은 함수를 받아 반복적으로 실행하되 두 번째 인자 값의 시간만큼 반복문 사이사이에 쉬게 해주는 것이다. 가령, setInterval()에 "Hello"라고 쓰인 팝업창을 생성하는 함수를 첫 번째 인자로, 1000ms를 두 번째 인자로 전달하면, 이 함수는 1초 단위로 새로운 팝업을 생성할 것이다. 영원히! 한편 clearInterval()이라는 함수를 사용해서 setInterval()을 중지시킬 수 있기도 하다.

우리 문제에는 어떻게 사용하면 될까?

```
playAll.on("click", function() {
    setInterval(function() { // 여기에 모든 내용이 들어간다 }, 700);
});
```

시간 간격은 임의로 700ms로 정했다. 막대가 업데이트되는 시간을 500ms로 설정해 두었으니 연도와 연도 사이에 200ms의 여유를 주게 되는 것이다. 좋다. 우리는 우리의 동적인 시각화가 너무 빨리 지나가기를 원하지 않으니까.

시간 간격을 정하는 것은 간단하다. 시간 간격을 위한 익명함수 안에는 어떤 내용이 들어가야 할까? for문과 마찬가지로 우리는 setInterval() 함수가 모든 연도, 또는 buttonYears의 값들을 모두 순환하기를 바란다. 이건 어떻게 할 수 있을까? for문처럼 setInterval()이 한 번의 시행을 마칠 때마다 값이 증가하는 카운터(i)를 만들어 보면 어떨까?

```
playAll.on("click", function() {
    var i = 0;

    setInterval(function() {
        update(buttonYears[i]);
        i++;
    }, 700);
});
```

우리가 카운터를 setInterval() 함수 밖에서 초기화했다는 것을 눈여겨보자. 왜 그렇게 했을까? 그렇게 하지 않으면 카운터는 반복문을 거칠 때마다 0으로 초기화가 될 것이고, 그러면 시각화는 항상 첫 번째 연도, 1950년의 데이터만 보여줄 것이기 때문이다. 앞의 코드를 이용해 재생 버튼을 재생해 보자. 정말로 동작하는가? 동작한다!

하지만 아직은 조금 더 개선해야 한다. 우리가 setInterval() 함수를 종료시킨 적이 없기 때문에 무한하게 반복할 것이다. 내 말이 믿기지 않는다면 setInterval() 함수 안에 console.log()를 입력해서 2050년에 도달해도 함수가 반복되고 있는 것을 확인해 보자.

이 함수를 방치하면 누군가의 브라우저가 불필요한 동작을 끊임없이 하게 만든다. 하지만 그뿐 아니라 실질적으로 시각적인 문제도 발생하게 된다. 2050년에 처음 도달했을 때 버튼의 글씨는 강조되지만, 그 후 update 함수가 다시 실행되면서 강조가 제거된다. 그리고 나면 몇 년도의 데이터가 보이는지 알 수 없게 된다. 이 상황에서, 즉 2050년을 지나 모든 연도가 재생되었을 때, 특정 연도의 버튼을 눌렀을 때도 문제를 발견할 수 있다. 예를 들어 1960년 버튼을 클릭하면 막대 그래프는 1960년대의 것이 보이겠지만 글씨는 순간적으로 강조되었다가 다시 원래 상태로 돌아올 것이다. update 함수가 계속 반복되면서 카운터의 값이 올라가고 있기 때문이다.

아무래도 반복문이 2050년에 도달하면 멈추도록 해야 할 것 같다. 이것은 clearInterval()을 이용해 처리할 수 있다.

```
setInterval(function() {
    update(buttonYears[i]);

    i++;

    if(i > buttonYears.length - 1) {
        clearInterval();
    }
}, 700);
```

눈치챘겠지만 위 코드는 우리가 의도한 대로 동작하지 않을 것이다. 이유는 clearInterval() 함수에게 어떤 'interval'을 'clear' 해야 하는지 알려 준 적이 없기 때문이다. 따라서 setInterval()을 변수에 할당하고, 그 변수를 clearInterval()에게 전달해 주자.

```
var playInterval = setInterval(function() {
    update(buttonYears[i]);
    i++;
    if(i > buttonYears.length - 1) {
        clearInterval(playInterval);
    }
}, 700);
```

9.4 사용자가 재생을 중단할 수 있게 하기

한 가지 세심하게 신경 쓰면 좋은 내용이 남아 있다. 지금 재생 버튼을 눌러 보자. 그 후 재생이 되는 동안 바로 아무 연도나 골라 버튼을 클릭해 보자. 그러면 시각화가 클릭된 연도로 업데이트되지만, 곧바로 원래 재생되고 있던 시각화로 돌아가는 것을 확인할 수 있다.

이건 분명히 이상적인 상황은 아니다. 아무래도 사용자가 재생을 멈출 수 있는 장치를 두는 게 더 좋은 선택일 것이다. 만일 누군가가 재생 버튼을 실수로 눌렀다면? 중간의 한 지점에서 멈추고 싶다면? 모든 사용자가 재생 중인 상황을 멈추게 하고 싶어하지는 않겠지만, 몇몇 사용자는 그렇게 하기를 원할 것이다.

웬만하면 재생을 중단하는 기능은 있는 것이 좋고, 심지어 그것을 구현하는 것은 어렵지도 않다(혼자 한번 시도해 볼 것을 추천한다!). 버튼의 이벤트 핸들러에 clearInterval() 함수를 추가하기만 하면 된다.

```javascript
buttons.on("click", function(d) {
    update(d);
    clearInterval(playInterval);
});
```

하지만 playInterval 변수는 재생 버튼의 이벤트 핸들러 안에서 정의되어 있다. 따라서 연도 버튼의 이벤트 핸들러는 이 변수에 접근을 할 수가 없다. 물론 이 문제는 쉽게 해결할 수 있다. playInterval 변수를 재생 버튼의 이벤트 핸들러 밖에서 정의하기만 하면 되니까.

```javascript
buttons.on("click", function(d) {
    update(d);
    clearInterval(playInterval);
});

var playInterval;
playAll.on("click", function() {
    var i = 0;

    playInterval = setInterval(function() {
        update(buttonYears[i]);
        i++;
        if(i > buttonYears.length - 1) {
            clearInterval(playInterval);
        }
```

```
        }, 700);
    });
```

이게 전부다! 코드 9.1은 지금까지 우리가 작성한 index.html의 전체 코드이다.

코드 9.1 완성된 비동기적 스크립트

```html
<!DOCTYPE html>
<html>
<head>
<meta charset="utf-8">
<style>
    body {
        font-family: Helvetica;
    }
    svg {
        width: 500px;
        height: 500px;
    }
    .play-button {
        margin-left: 10px;
        margin-bottom: 15px;
        font-style: italic;
        cursor: pointer;
        color: grey;
    }
    .play-button:hover {
        color: black;
    }
    .buttons-container {
        width: 520px;
        margin-bottom: 25px;
    }
    .button {
        float: left;
        margin-left: 10px;
        font-weight: lighter;
        cursor: pointer;
    }
    .selected {
        font-weight: bold;
    }
    .top-label {
        font-size: 13px;
        font-style: italic;
        text-transform: uppercase;
```

```
            float: left;
        }
        .age-label {
            text-align: right;
            font-weight: bold;
            width: 90px;
            padding-right: 10px;
        }
        .clearfix {
            clear: both;
        }
        .bar {
            fill: DarkSlateBlue;
        }
        .bar-label {
            text-anchor: end;
        }
        .axis-label {
            text-anchor: middle;
            font-size: 13px;
        }
        .x.axis line {
            fill: none;
            stroke: #000;
        }
        .x.axis text {
            font-size: 13px;
        }
        .axis path {
            display:none;
        }
        .y.axis line {
            display:none;
        }
    </style>
    </head>
    <body>
        <!-- -->
        <script src="http://d3js.org/d3.v3.min.js"></script>
        <script>
            var year = 2010;

            var buttonYears = [1950, 1955, 1960, 1965, 1970, 1975, 1980,
            1985, 1990, 1995, 2000, 2005, 2010, 2015, 2020, 2025, 2030,
            2035, 2040, 2045, 2050];

            var margin = {top: 30, right: 0, bottom: 0, left: 100},
                width = 500 - margin.left - margin.left,
```

```
    height = 450 - margin.top - margin.bottom;

var body = d3.select("body");

var x = d3.scale.linear()
    .range([0, width]);

var y = d3.scale.ordinal()
    .rangeBands([0, height], 0.2, 0);

var xAxis = d3.svg.axis()
    .scale(x)
    .orient("top")
    .ticks(5, "%");

var yAxis = d3.svg.axis()
    .scale(y)
    .orient("left");

function keys(d) {
    return d.age;
}

body.append("h2")
    .text("Age distribution of the world");

var playAll = body.append("div")
    .attr("class", "play-button")
    .text("▶ PLAY ALL YEARS");

var buttons = body.append("div")
    .attr("class", "buttons-container")
    .selectAll("div").data(buttonYears)
  .enter().append("div")
    .text(function(d) { return d; })
    .attr("class", function(d) {
        if(d == year)
            return "button selected";
        else
            return "button";
    });

body.append("div")
    .attr("class", "clearfix")

body.append("div")
    .attr("class", "top-label age-label")
  .append("p")
```

```
        .text("age group");
body.append("div")
    .attr("class", "top-label")
  .append("p")
    .text("portion of the population");

body.append("div")
    .attr("class", "clearfix")

d3.csv("allData.csv", function(error, data){
    var popData = data.filter(function(element) {return
    element.year == year});

    x.domain([0, d3.max(data, function(element) { return
    element.value; })]);

    y.domain(popData.map(function(element) {return element.age}));

var svg = body.append("svg")
    .attr("width", width + margin.left + margin.right)
    .attr("height", height + margin.top + margin.bottom)
  .append("g")
    .attr("transform", "translate(" + margin.left + "," +
    margin.top + ")");

var barGroup = svg.append("g")
    .attr("class", "bar");

var bars = barGroup.selectAll("rect")
    .data(popData, keys)
  .enter().append("rect")
    .attr("x", 0)
    .attr("y", function(d) {return y(d.age)})
    .attr("width", function(d) {return x(d.value)})
    .attr("height", y.rangeBand());

svg.append("g")
    .call(xAxis)
    .attr("class", "x axis")

svg.append("g")
    .call(yAxis)
    .attr("class","y axis")

buttons.on("click", function(d) {
    update(d);
    clearInterval(playInterval);
});
```

```
    var playInterval;
    playAll.on("click", function() {
        var i = 0;
        playInterval = setInterval(function() {
            update(buttonYears[i]);
            i++;
            if(i > buttonYears.length - 1) {
                clearInterval(playInterval);
            }
        }, 700);
    });

    function update(updateYear) {
        d3.select(".selected")
            .classed("selected", false);
        buttons
            .filter(function(d) { return d == updateYear; })
            .classed("selected", true)
        popData = data.filter(function(element) {return element.
        year == updateYear});
        bars.data(popData, keys)
            .transition()
            .duration(500)
            .attr("width", function(d) { return x(d.value); });
    };
    });
</script>
</body>
</html>
```

9.5 요약

이 장에서 우리는 연도를 입력 받아 해당 연도에 따라 막대 그래프를 업데이트
하는 일반화된 update() 함수를 구현했다. 이 함수는 재생 버튼과 연도 버튼에
모두 재사용이 가능하다. 그 다음에 우리는 유니코드 문자를 이용해 재생 버튼
을 만들었다. setInterval() 함수를 이용해 재생 버튼이 간격을 두고 재생되게 했
으며, 각 연도 버튼의 이벤트 핸들러에 clearInterval()을 추가해서 사용자들이
다른 연도를 클릭했을 때 재생이 중지되도록 했다.

10장

나만의 시각화 만들기

이 책은 누구나 D3의 세계에 뛰어들 수 있도록 발판 역할을 하기 위해 쓰여졌다. 하지만 상당 부분은, 실제로 뭔가를 만들면서 배우게 될 것이다. 이 장의 목적은 앞으로 D3를 본격적으로 사용하기 위한 지침을 제시하는 것이다.

10.1 이 책은 D3를 배우기 위한 기본서다

당신은 이 책이 겉핥기만 했다고 생각할 수도 있다. D3는 온갖 다양한 방법으로 신기한 시각화를 만들 수 있는 도구인데, 크기가 줄어들고 늘어나는 기본적인 막대 그래프를 만드는 것에 그쳐서 아쉬울 수 있다. 물론 D3는 선형과 서열 외에도 다양한 척도 종류를 제공하고, 클릭 외의 사용자 인터랙션을 다루고, 코드 다이어그램(chord diagram), 트리맵(treemap), 덴드로그램(dendrogram) 등 복잡한 시각화도 손쉽게 그리기 위한 레이아웃도 무수히 많이 제공한다. 심지어 D3를 이용해 지도를 다룰 수도 있다.

그렇다고 해서 겉핥기가 이 책에 가장 적당한 표현인지는 모르겠다. 이 책은, D3의 동작을 잘 이해할 수 있는 탄탄한 기본기를 마련하는 데 도움을 줬을 것이다. 앞으로 D3로 지도 위에 인구 분포를 색으로 표현하든, 페이스북 친구 네트워크를 시각화하든, 무엇을 만들더라도 데이터 결합은 반드시 사용하게 될 것이다. 데이터 결합이 무엇이고 그것을 어떻게 사용할 줄 아는 것이 D3 프로그래밍의 핵심이다.

이제부터 선택 영역과 데이터 결합에 대한 이해를 한 단계 끌어올리기 위해서
마이크 보스톡이 쓴 훌륭한 중급자용 튜토리얼, '선택 영역의 동작 방식(How
Selections Work)'을 읽어 보도록 하자.[1] 이 튜토리얼은 이 책의 5장과 8장에서
다룬 내용을 좀 더 심도 있게, 기술적으로 다루고 있다. 만일 당신이 한 웹페이
지에 여러 개의 그래프를 그리고 싶다면 큰 도움이 될 것이다.

10.2 막혔을 때 뚫고 나오는 법

여느 프로그래밍 언어 또는 라이브러리와 마찬가지로, D3를 배우는 가장 좋은
방법은 실제로 무언가를 만들어 보는 것이다. 하지만 무언가를 만들다 보면 어
디선가 막히게 된다. 그렇다면 막혔을 때는 어떻게 뚫고 나올 수 있을까?

가장 먼저, 내가 이 책에서 여러 번 언급한 D3의 API 레퍼런스를 보자.[2] 기술
용어가 많이 쓰이기는 했지만 (이 책에서 소개한 것보다 훨씬, 훨씬 많은 수의)
D3의 함수와 메서드들에 대해 훌륭하게 기술되어 있다.

그렇지만 API 레퍼런스를 보는 것이 항상 가장 빠른 길은 아니다. 때로는 인
터넷에 있는 코드 몇 줄을 그대로 복사해서 붙여넣을 수도 있다. 하지만 이때는
자신이 뭘 하고 있는지 반드시 이해하고 넘어가야 한다.

요약하자면, API 레퍼런스를 보면 D3를 확실히 마스터할 수 있으므로 장기
적으로는 투자 대비 효과가 좋다. 하지만 레퍼런스가 문제들을 푸는 데 별 도
움이 되지 않을 때는 (또는 어떻게 시작해야 할지 도무지 모르겠을 때는) 온라
인에 헤아릴 수도 없이 많은 예시가 있으니 참고하자. 아마 당신이 상상할 수
있는 대부분의 시각화나 인터랙션 형태에 대한 예시가 다 있을 것이다. 특히, D3
examples gallery는 예제의 보고다.[3]

뿐만 아니라 마이크 보스톡이 D3 외에 세상에게 준 또 하나의 선물이 있다.

---

1 튜토리얼은 다음 주소에서 찾을 수 있다. http://bost.ocks.org/mike/selection/King_Ch10.indd
2 영어: https://github.com/mbostock/d3/wiki/API-Reference
  한국어: https://github.com/zziuni/d3/wiki/API-Reference
3 https://github.com/mbostock/d3/wiki/Gallery

Income per capita in poor countries

A series of sparklines representing the gross national income per capita of 33 low-income countries (there are 36 such countries in total). The data come from the World Bank, via Gapminder can be found here

Open in a new window.

index.html

```
<!DOCTYPE html>
<meta charset="utf-8">
<style>
body {
  font-family: Helvetica;
}
.country-labels {
  font-size:11px;
}
.containers {
  float: left;
  margin-right: 10px;
  width: 120px;
  height: 100px;
}
.axis path,
.axis line {
  fill: none;
  stroke: #999;
  shape-rendering: crispEdges;
}
```

그림 10.1 bl.ocks 예시

bl.ocks라고 하는 서비스로, GitHub의 코드 공유 서비스 Gist를 기반으로 만들어졌다. 인터넷상에는 수많은 bl.ocks가 있으며, 보스톡 본인도 스스로 수백 개의 bl.ocks을 공개해 놓았다(시간을 들여 꼭 한번 훑어보자)[4].

그림 10.1은 내가 만든 bl.ocks 중 하나다. 페이지 상단에서 코드의 실행 결과를 볼 수 있다. 그 다음에는 코드와 데이터에 대한 간단한 설명이 나오고 바로 코드가 뒤따라 온다. 마지막에는 코드에 쓰인 외부 데이터 파일을 보여 준다(그림 10.1은 예시에 사용한 데이터 파일을 모두 보여 주기에는 충분치 않다).

4 http://bl.ocks.org/mbostock

보쿱(Bocoup)[5]의 아이린 로스(Irene Ros)는 bl.ocks를 탐색할 수 있는 도구 Blocksplorer(http://bl.ocksplorer.org/)를 만들었다. 검색 창에 함수나 메서드 이름을 입력하면 Blocksplorer는 그 함수나 메서드를 사용한 bl.ocks을 모두 보여 줄 것이다. 특정 함수나 메서드를 이용하고 싶은데 어떻게 사용해야 할지 모를 때 유용하게 써먹을 수 있는 도구다.

물론, 모든 경우가 항상 트러블슈팅을 위해 bl.ocks에 존재하지는 않을 것이다. 그렇다면 다음 단계는 뭘까? 메시지 그룹이다. D3 구글 그룹스도 있고, 스택오버플로에는 수천 개의 D3 관련 글이 있다.[6] 당신이 약간 이상한 상황을 겪고 있다면, 지구상의 다른 누군가도 같은 문제를 겪고 이 두 개의 온라인 포럼을 통해 질문을 던졌을 가능성이 높다. 어디서도 유사한 질문을 찾을 수 없다면, 먼저 질문을 올려 보기도 하자. D3 레퍼런스를 통해 아주 쉽게 확인할 수 있는 것이 아닌 이상 이런 포럼들은 글의 개수가 늘어날수록 발전한다는 것을 염두에 두자. 가령, 'D3를 HTML 파일에 어떻게 추가하나요?' 같은 질문은 이미 D3 위키에 너무 명백하게 나와 있기 때문에 바람직한 질문이 아니다.

10.3 항상 코딩하라

프로그래밍의 ABC가 뭔지 아는가? "Always Be Coding(항상 코딩하라)"이다.

코딩은 자전거를 타는 것보다는 악기를 연주하는 것과 비슷하다. 기타를 한두 달에 한 번 정도만 잡으면, 전에 이미 익혔던 것을 되새김질하는 데 대부분의 연습시간을 보내게 될 것이다. 코딩도 이와 비슷하다.

업무에 D3를 자주 사용하지 않는다면 따로 연습할 수 있는 시간을 마련해 두면 어떨까?

D3 코딩을 시작하는 좋은 방법 중 하나는 스스로의 bl.ocks를 만들어 매번 작은 단위로, 완성할 수 있는 단위로 새로운 것에 도전하는 것이다. 또한

---

5 (옮긴이) 보쿱(Bocoup)은 미국 보스턴 소재의 기술 컨설팅 그룹이다.

6 (옮긴이) D3 Google Groups: https://groups.google.com/d/forum/d3-js
　스택오버플로: http://stackoverflow.com/questions/tagged/d3.js

bl.ocks를 만드는 것은 D3 생태계에 기여하는 방법이기도 하다. 마지막으로, D3 실력을 뽐내고 싶다면 (가령 잠재적인 고용주에게) bl.ocks는 끝내주는 포트폴리오가 되기도 한다. 그리고 무엇보다 재미있지 않은가!

10.4 요약

마지막 장은 앞으로 D3를 본격적으로 사용하기 위한 지침을 제시했다. 어떤 문제를 만나면 세 군데를 뒤져 보자. D3 API 레퍼런스, D3 bl.ocks와 같은 인터넷 예제, 그리고 메시지 보드. D3를 배우는 것은 또 하나의 도전이고, 많은 연습과 인내를 요한다. 반드시 기억하자. Always Be Coding!

부록 A

초보자를 위한 자바스크립트

이 자바스크립트 입문은 자바스크립트에 대한 경험이 아예 없거나 거의 없는 사람들을 위해 쓰였다. D3를 활용하기 위해 필요한 모든 것을 살펴보겠다.

A.1 자바스크립트에 대한 간략한 설명

자바스크립트는 웹에서 시작되었다. 자바스크립트는 웹페이지가 사용자의 요청에 반응할 수 있도록 웹 브라우저에서 작동하는 프로그래밍 언어이며 웹페이지를 인터랙티브하게 만드는 데 핵심적인 역할을 한다.

어떤 웹페이지에 접속했을 때 사실 브라우저가 하는 일이라고는 HTML 파일을 여는 것일 뿐이다(웹사이트가 PHP 등 다른 형태로 되어 있지 않는 이상). 따라서 웹사이트에 자바스크립트가 포함되어 있다는 사실을 브라우저에게 알리고 싶다면, 다음 두 가지 방법 중 하나를 사용해야 한다.

- HTML 파일 자체에 자바스크립트가 포함된 경우, 마크업(markup)에 〈script〉 태그를 추가해서 태그 안에서 자바스크립트를 적용시킬 수 있다.
- 외부의 자바스크립트를 HTML 파일로 불러올 수 있다(한 번도 시도해보지 않았어도 걱정하지 말자. 이 장 후반부에서 배울 것이다.)

자바스크립트는 HTML과는 다르게 마크업 언어(markup language)가 아니다. HTML은 웹페이지를 구성하는 세부적인 방식이 있다. 하지만 자바스크립트는 그 자체로 독립적인 프로그래밍 언어이다. 자바스크립트를 이용해서 재사용 가능한 함수를 만들거나 변수(variable)를 정의하거나 간단한 수학 문제를 풀 수도 있다. 자바스크립트는 웹페이지와 사용자를 연결해 주는 매개체로 시작했지만 지금은 비디오 게임과 같이 웹페이지와 관련 없는 분야에도 널리 쓰이고 있다.

A.2 브라우저의 자바스크립트 콘솔

요즘 나오는 브라우저는 웹페이지의 자바스크립트를 디버깅(debugging)하거나 동작을 확인할 수 있는 자바스크립트 콘솔(console)이 내장되어 있다. 웹페이지를 열어 놓은 상태에서 콘솔을 작동하면 페이지 안에서 브라우저가 인식할 수 없는 자바스크립트 구문 오류를 잡아낸다.

그뿐만 아니라 자바스크립트 명령줄(command line)을 사용해서 콘솔에 명령을 내리고 코드를 실행시킬 수 있다. 콘솔을 이용해 자바스크립트 코드를 검토해 보기 전에 콘솔을 명령줄로 사용하는 방법을 알아보자.

A.3 간단한 연산, 변수 및 데이터 종류

아직 브라우저를 실행하지 않았으면 지금 실행하도록 하자. 크롬에서 콘솔에 접근하려면 '햄버거' 모양의 메뉴(그림 A.1)를 열고 도구 〉 자바스크립트 콘솔을 클릭하면 된다. 윈도우에서의 단축키는 Ctrl + Shift + J이며 맥은 ⌥ - ⌘ - J이다 (Option + Command + J). 실행하면 그림 A.2와 같은 창이 열릴 것이다.

'1+1'을 입력하고 엔터 키를 누르면 자동으로 답이 출력된다. 2가 나오지 않았다면, 잠시 쉬고 오는 것을 추천한다. 만약 자바스크립트로 처음 코딩을 해봤는데 성공했다면 축하한다! 자바스크립트에서는 간단한 연산을 처리할 수 있다. 덧셈뿐만 아니라, 뺄셈(- 연산자 사용), 곱셈(*), 나눗셈(/)을 처리할 수 있으

그림 A.1 햄버거 모양의 메뉴 그림

그림 A.2 콘솔

며 괄호를 통해 연산 순서 또한 설정할 수 있다. % 연산자를 사용하면 나눗셈의 나머지를 계산할 수 있다(긴 나눗셈에서도 가능하다!). 예를 들면 '12 % 10 = 2'처럼 쓰면 된다.

자바스크립트에서 어떤 데이터를 계속 쓰고 싶다면 해당 데이터를 변수에 저장할 수 있다. 자바스크립트의 변수는 수학에서 쓰는 방식과 반대로 작동한다. 수학에서는 x가 어떤 값을 갖는지 찾는 게 목표라면 자바스크립트에서는 x를 원하는 값으로 설정한다.

변수를 만들기 위해서는 먼저 선언(declaring)이라는 것을 해야 한다. 코드 A.1의 예제를 참고하면서 직접 콘솔에 변수를 선언해 보자.

코드 A.1 자바스크립트에서 변수 선언하기

```
var x;
var y = 10;
var z = 5 + 2;
var MyVariable, myVariable = 2, myvariable = 2 - 2;
```

var라고 입력한 후 한 칸 띄고 변수의 이름을 설정해 주면 변수를 선언할 수 있다. 변수 선언은 세미콜론으로 끝내도록 하자. 모든 자바스크립트 구문(statement)은 세미콜론으로 끝내기를 추천한다. 자바스크립트는 문법을 크게 중요시하는 프로그래밍 언어가 아니다 보니 세미콜론을 쓰지 않더라도 대부분의 경우 작동할 것이다. 하지만 가끔씩 그렇지 않은 경우도 발생한다. 위의 예시를 보면, x는 변수로 선언되었지만 아직 정의되지 않았다. 반면, y는 한 줄에 변수로 선언되었고 10이라는 값으로 정의되었으며, z 또한 5 + 2의 결과 값으로 정의되었다. MyVariable, myVariable, myvariable 변수들 또한 선언되었고 쉼표를 통해 각각 다르게 정의되었다. 각 줄마다 var를 한 번씩만 입력하면 된다는 점을 참고하자.

이제 변수들을 정의했으니 실제로 써 보자(코드 A.2).

코드 A.2 변수를 이용한 연산

```
myVariable + y;
myVariable + myVariable;
var newVariable = myVariable;
myVariable = 4;
newVariable;
```

예시에서 볼 수 있듯이, 변수의 이름을 선언할 때는 대소문자를 구분해야 한다. 또한, 숫자로 이름을 시작할 수 없으며, 이름에는 연산자가 들어갈 수 없다. 예를 들어, my-variable은 my에서 variable을 빼는 연산으로 인식될 것이다. my_variable 혹은 myVariable로 바꿔서 쓰도록 하자.

변수에는 숫자뿐만 아니라 배열(array), 객체(object), 심지어 함수(function) 같은 다양한 종류의 데이터를 넣을 수 있다(코드 A.3). 몇몇 프로그래밍 언어의 경우 새로운 변수를 선언하려면 변수의 종류 또한 선언해 주어야 하지만 자바스크립트는 그럴 필요가 없다. 처음에 변수를 숫자로 정의한 뒤, 문자열(string) 같은 다른 종류의 데이터를 똑같은 변수에 선언해 줄 수 있다.

노트

자바스크립트에서는 //를 통해 주석을 추가할 수 있다. // 뒤에 오는 모든 것은 코드의 일부로 인식되지 않는다.

코드 A.3 자바스크립트의 기본 데이터 종류

```
// Numbers
var myWholeNumber = 5;
var myFractionalNumber = 5.1;
```

```
var myDividedNumber = myWholeNumber / myFractionalNumber;
// Strings
var myString = "Hello";
var myStringSingle = 'Hello';
var myStringQuotes = '"Hello," she said.';
myWholeNumber = "Now I'm a string";
// Booleans (true or false)
5 > 4;
5 == 4;
var myBoolean = (4 > 5);
```

프로그래밍을 새로 접하는 사용자에게 불리언(boolean)이라는 개념은 헷갈리기 쉽다. 과연 참과 거짓으로 정의를 내리는 것이 쓸모 있을까? 예를 들어 변수의 값이 5보다 크다는 조건이 참일 때 코드의 일부분을 작동하게 만드는 것처럼, 불리언은 자바스크립트에서 조건문(conditionals)을 다룰 때 매우 유용하다. 이후 if문을 배울 때 더 자세히 다루도록 하겠다

개인적인 경험을 미루어 볼 때, 불리언 값을 변수에 지정하는 것은 흔치 않다. 오히려 if문에 불리언을 직접 사용하는 경우가 더 흔하다. 불리언을 효과적으로 사용하기 위해서는 몇 가지 비교 연산자와 논리 연산자에 익숙해지는 것이 중요하다(표 A.1).

표 A.1 연산자

비교 연산자

연산자	정의
==	같다
!=	같지 않다
>	크다
<	작다
>=	크거나 같다
<=	작거나 같다

논리 연산자	
연산자	정의
&&	AND
||	OR
!	NOT

코드 A.4는 불리언의 사용 예를 보여 준다.

코드 A.4 불리언 사용 예

```
5.1 >= 5;
3 != 3;
5.1 >= 5 && 3 != 3;
5.1 >= 5 || 3 != 3;
!(5.1 >= 5 && 3 != 3);
"Hello" == 'Hello';
```

마지막으로 자바스크립트에는 '자동종류변환(automatic type conversion)'이라는 기능이 있다는 점을 기억하자(리코드 A.5). + 연산자는 숫자에서는 덧셈을 의미하지만 문자열에서는 접합(concatenation)을 의미한다. 예를 들어 "concat" + "enation"은 "concatenation"이라는 결과를 낸다. 자바스크립트에서 숫자와 문자열을 더할 경우 숫자는 문자열로 변환되고 문자열과 접합된다. 하지만 숫자와 문자열을 곱할 경우 문자열이 숫자로 먼저 전환된 후 곱해진다.

코드 A.5 자동종류변환 예시

```
"I have " + 5 + " dogs";
"5" + 5;
"5" * 5;
5 * "dogs";
```

노트

NaN(Not a Number)은 숫자가 아니라는 의미이다.

자바스크립트의 기본적인 내용을 비교적 빠르게 배웠다. 예시 안에는 직접 언급하지 않은 많은 내용들이 담겨 있으니 시간을 갖고 자세히 살펴보도록 하자. 자바스크립트는 참 특이한 언어이다. 가끔씩 이러한 특이함 덕분에 쉽게 쓸 수 있지만 골치 아픈 문제에 직면할 수도 있다. 자바스크립트의 특징에 대해 더 배워 보고 싶다면 마르힌 해버벡크(Marijn Haverbeke)의 『Eloquent JavaScript』[1]을 참고하도록 하자. 원서 e-book은 http://eloquentjavascript.net/에서 볼 수 있다.

A.4 마크업과 .js 파일로 자바스크립트 사용하기

지금까지 브라우저의 콘솔을 통해 자바스크립트를 코딩하는 방법에 대해 배웠다. 하지만 다른 사람들이 볼 수 있는 웹페이지를 디자인할 때는 타인의 브라우저 콘솔에 접근할 수 없기에 페이지 자체에서 자바스크립트 코드를 불러와야한다. 자바스크립트를 마크업에 추가하거나 자바스크립트 파일을 개별적으로 만드는 두 가지 방식으로 이 문제를 해결할 수 있다.

마크업에 자바스크립트를 추가하기 위해서는 〈script〉 태그를 사용해야 한다. 먼저 새로운 HTML 문서를 만들고 js-basics.html이라고 저장하자(코드 A.6).

코드 A.6 마크업에 직접 자바스크립트 추가하기

```
<!DOCTYPE html>
<meta charset="utf-8">
<body>
<script>
   var myVar = "Voila! It worked!";
</script>
</body>
```

js-basics.html을 브라우저를 통해 열어 보면 아무것도 보이지 않을 것이다. 하지만 콘솔을 열면 명령줄을 통해 모든 변수에 접근할 수 있다. myVar를 넣고 엔터 키를 누르면 "Voila! It worked!"라고 뜨는 것을 볼 수 있을 것이다.

---

1 (옮긴이) 국내에는 『자바스크립트 개론: 체계적인 프로그래밍 수련법』(2013, 에이콘출판사)으로 1판 번역서가 나왔다.

외부로부터 자바스크립트 파일(.js 파일)을 불러와서 웹페이지에 추가시킬 수도 있다. js-basics.html이 위치한 폴더에 들어가 script라는 이름의 새 폴더를 만들어 보자. 텍스트 에디터를 통해 새로운 파일을 만들고 var myVar = "Voila! It worked!"; 라는 문구를 입력해 보자. 파일 이름을 js-basics-script.js라고 설정하고 방금 전에 만든 script라는 폴더에 저장하자. 마크업은 코드 A.7처럼 마크업을 수정해 보자.

코드 A.7 외부 자바스크립트 파일 불러오기

```
<!DOCTYPE html>
<meta charset="utf-8">
<body>
<script src="script/js-basics-script.js"></script>
</body>
```

이제 콘솔을 열고 myVar를 입력해 보자. 참고로 자바스크립트 파일을 굳이 script라는 폴더에 저장할 필요는 없고 아무 폴더에 저장해도 상관없다. 심지어 js-basics-script.js 파일과 js-basics.html 파일을 같은 폴더에 저장해도 상관없다. 이런 경우, 코드를 다음과 같이 수정하면 된다.

```
<script src="js-basics-script.js"></script>
```

마크업에서 자바스크립트 파일을 찾을 수만 있다면 아무 문제 없다(개인적으로 깔끔한 배치를 위해 .js 파일을 다른 폴더에 저장하는 것을 선호한다).

A.5 배열과 객체

자바스크립트에서는 지금까지 배워 온 데이터 종류뿐만 아니라 다수의 값을 저장할 수 있는 데이터 종류 또한 사용할 수 있다.

배열은 이러한 종류의 데이터 중 하나이다. 배열 속 값들은 대괄호 [ ] 안에서 쉼표로 구분되어 있다. js-basics-script.js를 열어서 다음과 같은 구문을 넣어 배열을 만들어 보자.

```
> myArray
  [1, 2, 3, 4, 5]
> myArray[1]
  2
>
```

그림 A.3 배열의 인덱스로 호출하기

```
var myArray = [1,2,3,4,5];
```

브라우저로 다시 돌아가서 콘솔을 열어 보자. myArray라고 입력하고 엔터 키를 치면 배열이 보일 것이다. myArray[i]를 입력하면 myArray 배열 안에서 i라는 위치의 값을 접근할 수 있다(배열의 인덱스(index)로 호출한다고도 부른다). 그렇다면 myArray[1]을 입력하면 배열의 첫 번째 값을 접근할 수 있을거라고 생각할지도 모른다(그림 A.3). 하지만 배열의 첫 번째 값이 아니라 두 번째 값이 출력되는 것을 확인할 수 있다. 자바스크립트에서는 배열의 순서가 1이 아니라 0부터 시작하기 때문이다. myArray[0]을 시도해 보자. 완벽하다.

배열은 다수의 데이터를 종류에 상관없이 저장할 수 있다. 심지어 배열 안에 또 다른 배열 또는 객체를 저장할 수 있다. 코드 A.8에서 몇 가지 유효한 배열을 예시로 보여 주고 있다.

코드 A.8 예시 배열

```
var myArray = [1,2,3,4,5];
var textArray = ["one","two","three","four"];
var mixedArray = [1,true,"three"];
var nestedArray = [1,[2,3,4],5];
```

잠시 콘솔에 보이는 nestedArray을 자세히 살펴보자. 정의를 내린 뒤 nestArray라고 콘솔에 입력을 하고 엔터 키를 눌러 보자(그림 A.4).

```
> nestedArray
  [1, ▶ Array[3] , 5]
>
```

그림 A.4 배열 속 배열

1과 5 사이 드롭다운(dropdown) 화살표 옆에 Array[3]이라고 쓰여 있는 것을 볼 수 있다. 여기서 [3]은 배열 속 값의 개수, 혹은 배열의 길이를 나타낸다. 세부 내용을 확인하기 위해서 드롭다운 화살표를 클릭해 보자(그림 A.5).

```
> nestedArray
  [1, ▼Array[3] 🛈            , 5]
         0: 2
         1: 3
         2: 4
         length: 3
       ▶ __proto__: Array[0]
  >
```

그림 A.5 내부 배열

0, 1, 2 위치에 각각 2, 3, 4라는 값과 배열의 길이가 나타나는 것을 확인할 수 있다. 배열의 길이는 배열이 갖는 특징이며 자바스크립트에서는 nestedArray.length를 통해 배열의 길이를 알아볼 수 있다. 한번 시도해 보자(_ _proto_ _ _ 는 배열을 분석하고 다루는 데 쓰이는 방법을 모아 둔 코드로 지금은 일단 신경 쓰지 말자).

nestedArray를 살펴보면 배열 속에 다른 배열이 자리 잡고 있다. 내부에 있는 배열의 값은 어떻게 접근할 수 있을까? 일단 nestedArray[1]을 통해서 배열 자체에 접근해야 한다. nestedArray[1] 또한 다른 배열과 다를 것이 없다 보니 인덱스를 사용해서 배열의 값에 접근할 수 있다. nestedArray[1][0]은 nestedArray 1번, 배열의 0번 위치에 있는 값을 불러온다(그림 A.6).

```
> nestedArray[1]
  [2, 3, 4]
> nestedArray[1][0]
  2
  >
```

그림 A.6 인덱스를 이용해서 내부 배열 살펴보기

객체 또한 다수의 값을 저장할 수 있는 데이터 종류이다. 코드 A.9를 통해 객체는 어떻게 생겼는지 살펴보자.

코드 A.9 예시 객체

```javascript
var myCar = {
    make: "Nissan",
    model: "Sentra",
    color: "silver",
    year: 2004,
    new: false,
    gears: [1,2,3,4,5,"R"]
};
```

노트

자바스크립트에서는 코드 A.9처럼 새로운 줄로 나누어서 코딩하는 것은 무의미하다. 새로운 줄로 나누는 게 꼭 필요하지 않고 이를 통해 코드가 인식되는 방법이 달라지지도 않는다. 다만 객체의 구조를 더욱 쉽게 볼 수 있도록 줄을 바꿔 준 것이다.

배열처럼 객체는 배열과 다른 객체를 포함한 다수의 데이터 종류를 저장할 수 있다. 객체 안에서 각각의 값은 속성을 갖게 된다. myCar에서 make, model, color, year, new 그리고 gear가 속성에 해당한다. 콘솔을 이용해서 myCar를 자세히 살펴보자(그림 A.7).

```
> myCar
  ▼Object {make: "Nissan", model: "Sentra", color: "silver", year: 2004, new: false…}
      color: "silver"
    ▶ gears: Array[6]
      make: "Nissan"
      model: "Sentra"
      new: false
      year: 2004
    ▶ __proto__: Object
> |
```

그림 A.7 myCar의 세부내용

콘솔에서 myCar를 살펴보면 몇 가지 특이한 점이 보인다. 첫 번째로 길이와 관련된 속성이 없다는 것이다. 객체는 보통 길이와 관련된 속성을 갖지 않는다. 두 번째로 속성이 알파벳순으로 정리되어 있다. 하지만 신경 쓰지 말자! 배열과는 다르게 객체의 값은 위치나 인덱스가 없기 때문에 순서는 중요하지 않다.

콘솔에 코드를 입력하면서 줄을 나누는 방법이 있지만 js-basics-script.js나 js-basics. html에서 줄을 나누는 것을 추천한다.

속성의 이름을 이용해서 객체의 값에 접근할 수 있다. 예를 들어, myCar.make 는 Nissan을, myCar.model은 Sentra를, myCar.gears[5]는 R을 불러올 것이다.

A.6 메서드와 함수

프로그래밍을 할 때, 특정 연산을 반복적으로 사용하고 싶다면 해당 연산의 설명서 역할을 하는 함수에 저장할 수 있다. 가령 어떠한 숫자를 제곱한 뒤 7을 더하고 2로 나누어 주고 싶다고 하자. 이러한 명령어를 직접 입력할 수 있지만 작업을 여러 번 반복해야 한다면 금방 싫증이 날 것이다. 코드 A.10으로 이런 연산을 어떻게 함수에 저장하는지 살펴보자.

코드 A.10 예시 함수

```
function myMath(num) {
    return (num * num + 7)/2
}
```

함수를 정의하기에 앞서 function으로 함수를 선언할 수 있다(var를 이용해서 변수를 선언한 것과 동일하다). 코드 A.10을 보면 myMath는 함수의 이름이고 num은 인자(argument)라는 것을 알 수 있다. 인자는 함수를 연속적으로 주어진 값과 명령에 따라 실행시키기 위해 꼭 필요하다(하지만 모든 함수가 인자를 갖고 있는 건 아니다). 함수 정의에서 인자는 가변수(dummy variable) 같은 역할을 한다. 예시를 보면 myMath는 num이 무엇인지는 모르지만 알려 주면 무엇을 할지 보여 준다. 실제로 이 함수를 실행해서 (num * num + 7)/2에 대한 답을 출력하려면 return이라는 구문이 필요하다.

그럼 myMath를 .js 파일이나 HTML 파일에 넣고 저장한 뒤 브라우저를 열어 보자. 이제 브라우저는 myMath에 대한 정의를 포함하고 있고 웹페이지를 통해 사용할 수 있는 함수가 되었다. 콘솔을 열고 myMath(5)와 myMath(myArray[2])를 입력해 보자.

자바스크립트에는 내장된 함수가 많다. 예를 들어 alert()는 괄호 안에 들어온 텍스트(text)를 인자로 인식하고 브라우저에서 해당 텍스트가 들어간 경고 상자를 출력해 준다. alert("Eureka!")를 입력해 보자.

메서드(method)는 함수와 비슷하지만 특정 데이터 종류에 대해서만 작동한다. 배열과 객체 둘 다 메서드를 갖고 있다. 메서드를 위한 구문과 함수를 위한 구문은 조금 다르다. 메서드를 사용할 때 해당 변수는 인자를 거치지 않고 메서드의 이름을 바로 사용한다. 예를 들어 myArray.indexOf(3)은 배열 myArray의 indexOf()라는 메서드를 실행시킨다. indexOf는 3이라는 값을 인자로 인식하고 배열에서 해당 값의 위치를 알려 준다. myArray.indexOf(3)은 2라는 위치를 출력해 줄 것이다.

D3 같은 자바스크립트의 라이브러리(library)는 방대한 함수와 메서드를 모아 놓은 것뿐이다. D3는 myMath와 비슷하게 함수와 메서드 정의로 가득한 .js 파일에 불과하며 인터넷을 통해 쉽게 사용할 수 있다.

A.7 If문과 for문

myCars라는 객체를 갖고 있는 배열을 만들어 보자(코드 A.11 참고).

코드 A.11 객체를 갖고 있는 배열 myCars

```
var myCars = [{
   make: "Nissan",
   model: "Sentra",
   color: "silver",
   year: 2004,
   used: true,
   gears: [1,2,3,4,5,"R"]
   },
   {
   make: "Ford",
   model: "Taurus",
   color: "champagne",
```

```
    year: 2001,
    used: true,
    gears: ["automatic"]
    },
    make: "Porsche",
    model: "911 Turbo",
    color: "black",
    year: 2013,
    used: false,
    gears: [1,2,3,4,5,6,"R"]
    }
];
```

이제 차가 얼마나 오래 됐는지 알려 주는 함수를 만들고 싶다고 해보자. 그런 함수를 어떻게 만들어야 할까? 일단 객체를 인자로 인식하고 차량의 연식을 나타내는 값을 내보내야 할 것이다. 더 나아가 "That car is x years old(이 차는 x 년 되었습니다)"라고 출력해주는 것도 괜찮을 것 같다. 아니면 "That [회사] [모델] is x years old.(이 [회사] [차량 모델]은 x 년 전에 생산되었습니다)"라고 출력되는 것이 제일 좋을 수도 있다. 코드 A.12에 이러한 출력이 가능한 코드를 적어 놨으니 직접 만들어 보고 확인해 보자.

코드 A.12 차량의 연식을 알려 주는 함수

```
function carAge(obj) {
    var name = obj.make + " " + obj.model;
    var age = 2013 - obj.year;
    return "That " + name + " is " + age + " years old.";
};
```

myCars 배열에 있는 객체를 carAge()의 인자로 사용하면 그림 A.8과 같은 결과가 출력된다. 굉장하다. 하지만 조금 향상시킬 수 있다. 아무도 차량이 0 년 되었다고 말하지 않고, 보통 이 차량이 새 차라고 이야기할 것이다(That car

```
> carAge(myCars[0])
  "That Nissan Sentra is 9 years old."
> carAge(myCars[1])
  "That Ford Taurus is 12 years old."
> carAge(myCars[2])
  "That Porsche 911 Turbo is 0 years old."
>
```

그림 A.8 차량 연식

is brand new). 만약 차량이 2012년에 생산되었다면 carAge()는 car is 1 years old(차량이 일 년 되었다)라고 출력할 것이다. 충분히 이해는 되지만 영어 문법상 맞지 않다.[2]

이러한 수정사항을 반영하기 위해 carAge()가 차량이 새 차인지, 1년 되었는지, 2년이나 그 이상 됐는지 구분할 수 있는 방법을 제공해 주어야 한다. 조건문을 통해 코드를 어떻게 수정할 수 있는지 살펴보자. 설명에 앞서 구문을 먼저 살펴보자(코드 A.13).

코드 A.13 차량의 연식을 사람처럼 말해 주는 코드

```
function carAge(obj) {
    var name = obj.make + " " + obj.model;
    var age = 2013 - obj.year;
    if (age == 0) {
        return "That " + name + " is brand new!";
    }
    else if (age == 1) {
        return "That " + name + " is only a year old.";
    }
    else {
        return "That " + name + " is " + age + " years old.";
    }
};
```

아마 코드를 이해하기 어렵지 않았을 것이다. 이 코드는 처음부터 if문(보다 정확하게 말하자면 if...else문)이란 것을 사용했다. 만약 age 변수가 0이라면 "That " + name + " is brand new!" 부분이 실행되고 멈춘다. 함수의 return문에 도달하면 프로그램은 지금까지 계산된 값을 출력하고 코드의 나머지 부분은 무시한다.

age가 0이 아니라면 carAge()는 age가 1인지 확인해 보고 1이라면 "That" + name + " is only a year old."를 출력해 준다. 그리고 1이 아니라면 "Tha" + name + " is " + age + " years old."를 출력해 준다. 간단하다.

이제 carAge()가 제대로 작동하는지 확인해 보자. myCars 배열에는 2년이 넘

---

2 (옮긴이) 문법상 1 years는 단수이기 때문에 뒤에 있는 s를 제거하고 1 year라고 표기해 줘야 한다.

은 차량 2대와 새 차 1대가 포함되어 있다. 이 배열은 if...else문의 3가지 조건 중 2가지 조건을 충족시키는 객체를 갖고 있다. 2012년에 생산된 차량을 포함해 보자. 다음과 같이 정의해 보자.

```
var jeep = {
    make: "Jeep",
    model: "Wrangler",
    color: "forest green",
    year: 2012,
    used: false,
    gears: [1,2,3,4,5,"R"]
};
```

push()라는 배열 메서드를 이용해서 Jeep를 myCars에 추가할 수 있다. push() 는 인자에 있는 객체를 배열의 가장 마지막에 저장해 준다. myCars.push(jeep) 를 입력하면 추가될 것이다.

이제 carAge()에서 myCars에 있는 모든 객체를 불러오면 그림 A.9와 같은 결과를 볼 수 있다.

```
> carAge(myCars[0])
  "That Nissan Sentra is 9 years old."
> carAge(myCars[1])
  "That Ford Taurus is 12 years old."
> carAge(myCars[2])
  "That Porsche 911 Turbo is brand new!"
> carAge(myCars[3])
  "That Jeep Wrangler is only a year old."
> |
```

그림 A.9 문법에 맞는 결과물 출력

완벽하다.

마지막으로 하나만 더 해보자. myCars와 비슷하게 자동차에 관한 객체를 갖고 있는 배열에 대해 모든 차들의 평균 연식을 계산해 주는 함수를 만들어 보자. 이러한 함수를 만들기 위해서는 배열 안에 있는 모든 객체를 살펴보면서 연식을 계산하고, 더하고, 객체의 수로 나눠 주어야 한다. 이러한 작업은 반복문 (loop)을 이용해서 만들 수 있다.

프로그래밍에서 반복문이란 제약 조건(condition)이 성립하면 명령어를 지속적으로 실행시키는 것이다. 아마 '무한 반복문(infinite loop)'이란 것을 들어 보았을 것이다. 무한 반복문이란, 제약 조건이 성립하지 않는 시점에 도달하지 못하는 것이다.

즉, 명령어를 영원히 실행한다는 말이다. 신기하게 들리는 부분이겠지만, 무한 반복문은 코딩을 하면서 최대한 피해야 한다.

다양한 반복문 중에서 가장 자주 쓰는 for문에 대해 배워 보자. 간단하게 이야기하면 for문은 명령문의 반복 횟수를 나타내는 카운터(counter)를 이용해 반복횟수를 설정할 수 있게 해준다(반복문에서 명령문을 한 바퀴 도는 것을 반복횟수(iteration)이라고 한다). 만약 카운터가 특정 값 이상이 되면 반복문은 멈춘다(for문을 꼭 이렇게 만들 필요는 없지만 가장 쉽게 만들 수 있는 방법이다). 기본적인 for문의 예시를 살펴보자.

```
for (var i = 0; i < 10; i++) {
    1+1;
};
```

for문에는 명령어가 세 개 있다. 첫 번째 명령어는 반복문을 위한 카운터를 정의한다. 위의 예시에서는 i라는 변수가 카운터로 지정되었고 초깃값은 0으로 설정되었다. 두 번째 명령어는 반복문이 지속되기 위해 성립되야 하는 조건을 나타낸다. 매번 반복하기 위해서 for 반복문은 조건이 성립하는지 확인한다(예시의 경우 i < 10). 만약 조건이 성립한다면 반복문을 다시 한 번 실행한다. 세 번째이자 마지막 명령어는 반복문이 한 번 실행될 때마다 카운터를 증가시키는 방법을 설정해 준다(예시에서는 i에 매번 1을 더함).

이제 js-basics-script.js에 for문을 넣고 실행해 보자. 아무런 결과가 안 나온다. 반복문이 10번 실행될 때마다 1과 1을 더할 뿐 그 결과를 변수에 저장을 하거나 콘솔로 출력하고 있지 않기 때문이다. 콘솔로 출력하기 위해서는 console.log()를 쓰면 된다.

```
for (var i = 0; i < 10; i++) {
    console.log(1+1);
};
```

① 2

그림 A.10 반복 횟수 기록하기

코드를 수정하고 실행하면 그림 A.10에 보이는 결과가 나온다.

오른쪽에 보이는 2는 결과 값을 보여 주고 있으며 왼쪽 for문을 통해 2를 10번 출력했다는 것을 확인할 수 있다.

매번 반복할 때마다 똑같은 작업을 수행하는 것은 무의미하다. for문을 반복할 때마다 다른 작업을 하고 싶다면 어떻게 해야 할까? i라는 변수는 매번 반복될 때마다 규칙적으로 바뀌는 것을 알 수 있다. for문에 i를 추가해서 사용할 수 있다.

```
for (var i = 0; i < 10; i++) {
    console.log(i);
};
```

이제 조금 흥미로운 것을 해보자. i를 배열의 인덱스로 사용할 수 있다.

```
for (var i = 0; i < myCars.length; i++) {
    console.log(myCars[i]);
};
```

이 반복문을 통해 myCars 배열에 있는 모든 객체를 콘솔로 불러올 수 있다. for문의 두 번째 명령어를 보면 어떤 숫자 대신 myCars.length가 제약 조건에 들어간 것을 알 수 있다. 이러한 방법을 통해 myCars의 길이를 정확히 몰라도 for문을 실행할 수 있다.

그럼 다시 예시로 돌아가 보자. myCars 같은 배열을 받아서 배열 안에 있는 모든 차량의 평균 연식을 알려 주는 함수는 어떻게 만들어야 할까? 코딩에 필요한 내용은 이미 배웠으니 절차를 설명하지는 않겠다. 스스로 문제를 풀어 본 후 코드 A.14를 통해 정답을 확인해 보자.

코드 A.14 차량의 평균 연식을 계산해주는 함수

```javascript
function carAvgAge(obj) {
   var age,
       ageTotal = 0;
   for (var i = 0; i < obj.length; i++) {
       age = 2013 - obj[i].year;
       ageTotal = ageTotal + age;
   };
   return ageTotal / obj.length;
};
```

A.8 디버깅

앞서 언급했지만 브라우저에서 자바스크립트 콘솔의 가장 중요한 역할은 디버깅이다. 만약 자바스크립트에 구문 오류가 있다면 콘솔은 오류가 있다는 것을 알려 줄 뿐만 아니라 오류의 위치 또한 알려 준다. 예를 들어 Jeep라는 객체를 정의하는 데 괄호를 생략했다고 해보자.

```javascript
var jeep = {
   make: "Jeep",
   model: "Wrangler",
   color: "forest green",
   year: 2012,
   used: false,
   gears: [1,2,3,4,5,"R"]
;
```

js-basics.html을 불러온 뒤 콘솔을 열어 보면 그림 A.11에서 보이는 문구가 보일 것이다.

🛇 Uncaught SyntaxError: Unexpected token ;   script/js-basics-script.js:63
> |

그림 A.11 구문 오류

이 문구는 구문 오류가 있다는 것을 의미한다. 브라우저가 script 폴더 안에 있는 js-basics-script.js 파일 63번 째 줄(사용자마다 다를 수 있다)에서 인식하지 못한 세미콜론을 발견했다는 문구이다.

가끔씩 구문 오류가 없어도 코드가 작동하지 않을 때가 있다. 예를 들어 약간 수정한 carAvgAge()를 보자.

```
function carAvgAge2(obj) {
    var age,
        ageTotal;
    for (var i = 0; i < obj.length; i++) {
        age = 2013 - obj[i].year;
        ageTotal = ageTotal + age;
    };
    return ageTotal / obj.length;
};
```

myCars에서 차량의 평균연식을 계산하기 위해 위 함수를 호출하면 NaN(not a number)이라고 나올 것이다. 코드에 무슨 문제가 있는 것 같다. 셜록 홈즈처럼 문제점을 잘 파악해 보자.

carAvgAge2는 ageTotal / obj.length를 돌려주고 있으며 둘 중 하나가 NaN이기 때문에 코드 전체가 NaN을 돌려준다. console.log()를 이용해서 확인하자. 먼저 obj.length부터 확인해 보자. return전에 console.log(obj.length)를 입력해 보고 코드를 실행해 보자.

```
console.log(obj.length)
return ageTotal / obj.length;
```

다시 myCars에서 해당 함수를 호출해 보자. obj.length에 문제가 있어 보이지는 않는다. 예상대로 obj.length는 4를 호출하고 있다. 그렇다면 ageTotal에 문제가 있는 모양이다. 위의 for문을 다시 보자. 매번 반복할 때마다 ageTotal이 스스로를 참고하도록 재귀적으로(recursively) 정의된 것을 볼 수 있다. 새로운 값이 현재 값과 연식을 나타내는 age를 더한 값으로 계산되고 있다. age가 문제인지 확인하기 위해서 console.log()를 이용해 보자.

```
for (var i = 0; i < obj.length; i++) {
    age = 2013 - obj[i].year;
    console.log(age);
    ageTotal = ageTotal + age;
};
```

이번에도 잘못 짚었다. 콘솔은 각 차량의 연식을 제대로 출력하고 있다. 그렇

다면 ageTotal 자체에 문제가 있을 수도 있다. for문이 한 번 반복할 때 ageTotal
이 어떻게 변하는지 확인해 보자. 콘솔에 다음 코드를 입력해 보자.

```
var ageTotal;
var age = 12;
ageTotal = ageTotal + age;
```

어떤 값을 입력하든 상관없으니 차량 연식(age)에 임의로 12를 설정해 보겠다.
ageTotal에서 왜 현재 값과 숫자를 더해도 NaN이 출력되는지 알아보기 위한 것
이니 임의로 숫자를 선택해도 문제가 없다. 위의 코드를 실행해도 ageTotal은 여
전히 NaN을 출력하는 것을 알 수 있다. 더 자세히 알아보기 위해 변수를 다시
다음과 같이 정의해 보자.

```
var ageTotal;
var age = 12;
ageTotal + age;
ageTotal;
```

이제 조금 이해가 된다. ageTotal이 정의가 안 된 상태로 선언되다 보니 데이
터 종류기 없는 변수가 되었다. 정의가 안 된 변수가 된 것이다. 정의가 안 된
변수를 숫자로 정의된 변수와 더하다 보니 숫자가 아닌 결과값이 나오게 되
는 것이다. 그렇다면 이 문제를 어떻게 해결해야 할까? ageTotal의 초기 값을
carAvgAge()에서 정의했듯이 0으로 설정해 주면 된다.

부록 B

인구 분포 데이터 전처리하기

이번 부록은 인터랙티브한 인구 분포 막대 그래프를 만들기 위해 원본 데이터를 어떻게 전처리(preprocessing)할지 알려 줄 것이다.[1]

사용된 모든 데이터는 유엔 인구국(Population Division of the United Nations)에서 갖고 왔다. 전처리는 무료 소프트웨어인 오픈 오피스(Open Office)와 통계 프로그래밍 언어인 R을 사용했다. 부록을 따라 할 예정이라면 해당 프로그램을 설치하자(만약 엑셀이 이미 있다면 오픈 오피스를 설치할 필요가 없다). 오픈 오피스는 https://www.openoffice.org/에서, R은 http://www.r-project.org/에서 다운 받을 수 있다.

먼저 유엔 인구국에 접속한다(http://www.un.org/en/development/desa/population/). 좌측 메뉴에서 Estimates and Projections을 클릭하면 인구 데이터 포털에 접속할 수 있다. 메뉴를 찾는 데 어려움이 있다면 http://esa.un.org/unpd/wpp/로 들어가서 Data in EXCEL format을 클릭하자. 여전히 찾는 데 어려움을 겪고 있다면 http://esa.un.org/unpd/wpp/Excel-Data/population.htm을 클릭하자. 오픈 오피스도 .xls 파일을 열 수 있으니 엑셀이 없어도 걱정하지 말자.

---

1 (옮긴이) 실제 데이터는 값이 비어있거나 오류가 있을 때가 많고, 때로는 크기가 너무 커서 처리하기 어려울 때가 있다. 따라서 원본 데이터를 가공하거나 축소해서 뒤따르는 데이터 처리를 손쉽게 하는 과정이 있는데, 데이터 과학에서는 이를 전처리(preprocessing)라 부르며 중요하게 다룬다.

United Nations
Population Division
Department of Economic and Social Affairs

World Population Prospects: The 2012 Revision
File POP/7-1: Total population (both sexes combined) by five-year age group, major area, region and cou
Estimates, 1950-2010
POP/DB/WPP/Rev.2012/POP/F07-1
June 2013 - Copyright © 2013 by United Nations. All rights reserved
Suggested citation: United Nations, Department of Economic and Social Affairs, Population Division (2013). World Population Prospects

	A	B	C	D	E	F	G	H
16							Total population, both	
17	Index	Variant	Major area, region, country or area *	Notes	Country code	Reference date (as of 1 July)	0-4	5-9
18	1	Estimates	**WORLD**		900	1950	337 251	269 704
19	2	Estimates	**WORLD**		900	1955	405 738	314 146
20	3	Estimates	**WORLD**		900	1960	433 231	381 461
21	4	Estimates	**WORLD**		900	1965	479 684	410 360
22	5	Estimates	**WORLD**		900	1970	520 790	461 057
23	6	Estimates	**WORLD**		900	1975	541 263	502 057
24	7	Estimates	**WORLD**		900	1980	545 877	524 690
25	8	Estimates	**WORLD**		900	1985	592 478	531 063
26	9	Estimates	**WORLD**		900	1990	644 696	578 491
27	10	Estimates	**WORLD**		900	1995	624 783	631 825
28	11	Estimates	**WORLD**		900	2000	604 456	613 690
29	12	Estimates	**WORLD**		900	2005	614 533	595 740
30	13	Estimates	**WORLD**		900	2010	642 161	607 380
31	14	Estimates	More developed regions	a	901	1950	82 698	67 303
32	15	Estimates	More developed regions	a	901	1955	87 551	81 770
33	16	Estimates	More developed regions	a	901	1960	89 309	87 290
34	17	Estimates	More developed regions	a	901	1965	88 035	89 325
35	18	Estimates	More developed regions	a	901	1970	83 225	88 531
36	19	Estimates	More developed regions	a	901	1975	81 202	83 423
37	20	Estimates	More developed regions	a	901	1980	78 107	81 536
38	21	Estimates	More developed regions	a	901	1985	78 618	78 520
39	22	Estimates	More developed regions	a	901	1990	77 407	79 164
40	23	Estimates	More developed regions	a	901	1995	70 897	78 545
41	24	Estimates	More developed regions	a	901	2000	65 608	72 091
42	25	Estimates	More developed regions	a	901	2005	65 916	66 381

ESTIMATES / MEDIUM FERTILITY / HIGH FERTILITY / LOW FERTILITY / CONSTAI
Sheet 1 / 10 PageStyle_ESTIMATES STD * Sum=0

그림 B.1 원본 데이터

Topic에서 Age Composition 아래에 있는 Population by Age Groups - Both Sexes라는 데이터를 찾아보자. 링크를 클릭해서 스프레드시트를 한 후 다운로드 오픈 오피스(혹은 엑셀)를 통해 파일을 열면 그림 B.1 같은 스프레드시트가 보일 것이다.

여러 가지 워크시트를 포함하고 있는 파일인 것을 알 수 있다. 'ESTIMATES', 'MEDIUM FERTILITY', 'HIGH FERTILITY'라는 워크시트가 순서대로 있다. 그중에서 과거치를 포함하고 있는 'ESTIMATES"와 평균치를 예측하고 있는 'MEDIUM FERTILITY'를 사용할 것이다.

'ESTIMATES' 시트를 자세히 살펴보자. 전 세계 인구 자료가 제일 위에 있는 것을 확인할 수 있다. 숫자가 '###'으로 표시되고 있다면 열 너비를 조절하면 되니 당황하지 말자. 마우스를 알파벳으로 표기되어 있는 열 상단 부분의 경계선으로 옮기면 커서가 좌우 화살표로 바뀐다. 클릭을 해서 좌우로 너비를 조절할 수 있다.

제일 먼저 전세계와 관련되지 않은 자료를 모두 지운다. 다양한 방법으로 지

16			
17	Index	Variant	Major area, region, country or area *
18	1	Estimates	WORLD
19	2	Estimates	WORLD
20	3	Estimates	WORLD
21	4	Estimates	WORLD
22	5	Estimates	WORLD
23	6	Estimates	WORLD
24	7	Estimates	WORLD
25	8	Estimates	WORLD
26	9	Estimates	WORLD
27	10	Estimates	WORLD
28	11	Estimates	WORLD
29	12	Estimates	WORLD
30	13	Estimates	WORLD
31	14	Estimates	More developed regions
32	15	Estimates	More developed regions
33	16	Estimates	More developed regions
34	17	Estimates	More developed regions
35	18	Estimates	More developed regions

그림 B.2 관련 없는 데이터가 시작되는 셀

	V	W	X	Y	Z	AA	AB
3072	2	...	1	0	0	0	0
3073	0	0	...	...	...	...	...
3074	0	0	...	...	...	...	...
3075	0	0	...	...	...	...	...
3076	0	0	...	...	...	...	...
3077	0	0	...	...	...	...	...
3078	0	0	...	...	...	...	...
3079	1	0	...	...	...	...	...
3080	1	1	...	...	...	...	...
3081	1	...	0	0	0	0	0
3082	1	...	0	0	0	0	0
3083	1	...	1	0	0	0	0
3084	1	...	1	0	0	0	0
3085	1	...	1	0	0	0	0

그림 B.3 관련 없는 데이터의 마지막 셀

울 수도 있지만 일단 전세계 자료를 포함하지 않는 첫 번째 행부터(그림 B.2에서 보이듯이 A31 셀부터) 시트의 마지막 행까지 선택해서 지워 보자. A31 셀에서 shift를 누른 상태에서 가장 마지막 셀인 AB3085를 클릭하자(그림 B.3). 그리고 backspace를 눌러 보자.

이제 워크시트 상단에 필요 없는 부분인 첫 번째부터 16번째 행까지 지워 보자. 워크시트 좌측에서 첫 번째 행에 해당하는 '1'을 클릭하고 shift를 누른 상태로 가장 마지막 행인 '16'을 클릭한다. 그리고 마우스 오른쪽 클릭을 해서 그림 B.4에서 보이듯이 'Delete Rows' 혹은 '삭제'를 클릭한다.

그림 B.4 행 삭제하기

이제 그림 B.5에 보이는 유엔 로고를 지우기 위해서 로고를 클릭하고 backspace를 눌러 보자.

D	E	F
Notes		Reference date (as of 1 July)
	900	1950
	900	1955
	900	1960
	900	1965
	900	1970
	900	1975
	900	1980
	900	1985
	900	1990
	900	1995
	900	2000
	900	2005
	900	2010

그림 B.5 로고 지우기

이제 어느 정도 정리되었다. 이번에는 필요 없는 열을 지워 보자. 열에 있는 index 값은 아무런 의미가 없다. A열을 지우자. 그리고 남아 있는 자료는 모두 estimates(예측치)이기 때문에 옆에 있는 B열과 C열, D열, E열도 지우자. 방금 전처럼 쉽게 지울 수 있다.

워크시트가 깔끔해졌다. 이제 'MEDIUM FERTILITY' 시트에서 예측치를 갖고 오자(그림 B.6 참조). 해당 워크시트로 이동해서 F18부터 AA25까지 복사한 뒤, 'ESTIMATES' 시트에 붙여넣는다(그림 B.7 참조).

	F	G	H	I	J
16		**Total population, both sexes combined, by fi**			
17	**Reference date (as of 1 July)**	**0-4**	**5-9**	**10-14**	**15-19**
18	2015	666 097	634 175	603 817	589 119
19	2020	668 233	658 727	630 771	600 313
20	2025	664 093	661 608	655 969	627 849
21	2030	663 764	658 124	659 148	653 250
22	2035	669 455	658 403	655 909	656 644
23	2040	677 340	664 644	656 412	653 602
24	2045	682 671	673 035	662 847	654 269
25	2050	684 194	678 836	671 418	660 852

그림 B.6 예측치 갖고 오기

	A	B	C	D	E
1	**Reference date (as of 1 July)**	**0-4**	**5-9**	**10-14**	**15-19**
2	1950	337 251	269 704	260 697	238 747
3	1955	405 738	314 146	263 500	254 932
4	1960	433 231	381 461	308 046	258 324
5	1965	479 684	410 360	373 429	302 363
6	1970	520 790	461 057	405 234	368 391
7	1975	541 263	502 057	455 229	399 769
8	1980	545 877	524 690	497 005	450 683
9	1985	592 478	531 053	520 141	492 895
10	1990	644 696	578 491	527 461	516 614
11	1995	624 783	631 825	575 497	523 100
12	2000	604 456	613 690	628 646	571 501
13	2005	614 533	595 740	611 503	624 735
14	2010	642 161	607 380	592 696	606 056
15	2015	666 097	634 175	603 817	589 119
16	2020	668 233	658 727	630 771	600 313
17	2025	664 093	661 608	655 969	627 849
18	2030	663 764	658 124	659 148	653 250
19	2035	669 455	658 403	655 909	656 644
20	2040	677 340	664 644	656 412	653 602
21	2045	682 671	673 035	662 847	654 269
22	2050	684 194	678 836	671 418	660 852

그림 B.7 모든 데이터를 한 시트에 통합하기

이제 'ESTIMATES' 시트의 우측에서 가장 마지막 열을 확인해 보자. 붙여넣은 데이터와 기존에 있던 데이터가 서로 제대로 맞지 않는 것을 확인할 수 있다(그림 B.8 참조).

왜 이런 일이 생겼을까? 'MEDIUM FERTILITY' 시트로 돌아가서 고연령층 열을 확인해 보자.

80+	80-84	85-89	90-94	95-99	100+
14 136	...	...	...	...	...
16 086	...	...	...	...	...
18 597	...	...	...	...	...
21 479	...	...	...	...	...
25 730	...	...	...	...	...
31 046	...	...	...	...	...
37 994	...	...	...	...	...
46 931	...	...	...	...	...
...	36 279	15 389	4 463	862	107
...	41 209	18 810	5 778	1 102	140
...	42 328	21 799	7 229	1 443	181
...	54 048	23 517	8 803	1 882	246
...	64 356	31 200	9 975	2 464	353
70 765	36 926	13 504	2 929	499	
80 376	41 403	16 394	4 164	639	
87 600	47 779	18 895	5 253	926	
109 250	53 317	22 289	6 285	1 241	
137 984	67 705	25 674	7 632	1 575	
155 248	85 737	33 324	9 156	1 987	
182 874	98 066	42 225	12 205	2 499	
206 325	116 872	49 475	15 513	3 392	

그림 B.8 제대로 맞지 않는 데이터

그림 B.9에서 보이는 것처럼 'MEDIUM FERTILITY' 시트에는 '80+' 열이 존재하지 않기 때문이다. 'ESIMATES' 시트에 붙여넣은 데이터 중에서 '80+' 열에 속한 데이터는 실제로 '80-84' 열에, '80-84' 열에 속한 데이터는 '85-89' 열에 위치해야한다. 간단하게 말해서 우측으로 한 열씩 이동시켜 줘야 한다. R15 셀부터 V22

75-79	80-84	85-89	90-94	95-99	100+
113 975	70 765	36 926	13 504	2 929	499
122 123	80 376	41 403	16 394	4 164	639
150 106	87 600	47 779	18 895	5 253	926
188 842	109 250	53 317	22 289	6 285	1 241
210 089	137 984	67 705	25 674	7 632	1 575
245 042	155 248	85 737	33 324	9 156	1 987
274 220	182 874	98 066	42 225	12 205	2 499
292 863	206 325	116 872	49 475	15 513	3 392
301 484	222 527	133 247	59 807	18 784	4 447
339 704	230 979	145 707	68 967	23 098	5 646
381 111	262 396	153 265	76 897	26 995	7 154
377 296	296 494	175 875	82 675	30 902	8 684
371 873	296 016	200 104	95 931	34 207	10 356
385 771	293 747	202 434	109 458	40 142	11 979
412 377	306 872	203 134	113 193	45 662	14 200
438 578	330 618	214 234	115 805	48 761	16 351
449 010	354 608	233 058	123 711	51 351	18 279
454 244	365 766	252 715	135 971	55 687	20 109

그림 B.9 고연령층 열 살펴보기

R	S	T	U	V	W
80+	**80-84**	**85-89**	**90-94**	**95-99**	**100+**
14 136	…	…	…	…	…
16 086	…	…	…	…	…
18 597	…	…	…	…	…
21 479	…	…	…	…	…
25 730	…	…	…	…	…
31 046	…	…	…	…	…
37 994	…	…	…	…	…
46 931	…	…	…	…	…
…	36 279	15 389	4 463	862	107
…	41 209	18 810	5 778	1 102	140
…	42 328	21 799	7 229	1 443	181
…	54 048	23 517	8 803	1 882	246
	64 356	31 200	9 975	2 464	353
	70 765	36 926	13 504	2 929	499
	80 376	41 403	16 394	4 164	639
	87 600	47 779	18 895	5 253	926
	109 250	53 317	22 289	6 285	1 241
	137 984	67 705	25 674	7 632	1 575
	155 248	85 737	33 324	9 156	1 987
	182 874	98 066	42 225	12 205	2 499
	206 325	116 872	49 475	15 513	3 392

그림 B.10 옆으로 한 칸 옮겨 주기

셀까지 잘라내서 S15 셀에 붙여넣으면 그림 B.10처럼 문제가 해결될 것이다.

이제 모든 연도를 서로 비교할 수 있게 데이터를 전처리해 보자. 1950년도부터 1985년도까지 가장 높은 연령층 단위는 80세 이상("80+")으로 표시되어 있는 것을 확인할 수 있다. 그 이상으로 더 세분화되어 있지 않다. 모든 연도에 대한 데이터를 비교하려면 나머지 연도에 있는 고연령층 데이터를 똑같은 단위로 바꿔야 한다. 1990년부터는 80세 이상 인구를 모두 더해 주어야 한다.

sum이라는 함수를 사용하면 쉽게 더할 수 있다. 1990년도 80세 이상을 나타내는 R10 셀에서 =sum(을 입력하자. 이 부분를 입력한 뒤, shift와 방향키로 원하는 셀을 지정해 줄 수 있다. 먼저 오른쪽 방향키를 이용해서 S10 셀로 이동하자. 그리고 shift를 누른 상태로 W10 셀에 도달할 때까지 오른쪽 방향키를 눌러 보자. S10부터 W10 셀까지 선택된 것을 확인할 수 있다. 괄호를 닫고 enter를 눌러 보자. 그림 B.11과 같은 결과가 나올 것이다.

이제 똑같은 작업을 다른 행에서도 반복해야 한다. 하지만 각 행에서 매번 함수를 입력하는 것은 매우 귀찮은 일이다. 분명히 더 효율적인 방법이 있을 것이다. 방금 함수를 입력한 R10 셀을 선택하면 그림 B.12처럼 조그만 사각형이 우

Q	R	S	T	U	V	W
75-79	80+	80-84	85-89	90-94	95-99	100+
21 846	14 136	...	...	...	...	...
23 995	16 086	...	...	...	...	...
26 681	18 597	...	...	...	...	...
30 058	21 479	...	...	...	...	...
33 566	25 730	...	...	...	...	...
40 151	31 046	...	...	...	...	...
48 655	37 994	...	...	...	...	...
56 550	46 931	...	...	...	...	...
63 531	57 100	36 279	15 389	4 463	862	107
64 473	...	41 209	18 810	5 778	1 102	140
79 044	...	42 328	21 799	7 229	1 443	181
91 600	...	54 048	23 517	8 803	1 882	246
101 540	...	64 356	31 200	9 975	2 464	353
113 975		70 765	36 926	13 504	2 929	499
122 123		80 376	41 403	16 394	4 164	639
150 106		87 600	47 779	18 895	5 253	926
188 842		109 250	53 317	22 289	6 285	1 241
210 089		137 984	67 705	25 674	7 632	1 575
245 042		155 248	85 737	33 324	9 156	1 987
274 220		182 874	98 066	42 225	12 205	2 499

그림 B.11 80세 이상 연령층 더하기

57 100

그림 B.12 간편하게 함수 복사하기

측하단에 생긴 것을 확인할 수 있다.

커서는 필 핸들(fill handle)이라고 불리며 커서를 이 작은 사각형 위로 옮기면 십자가 모양으로 변한다. 십자가 모양일 때 마우스를 더블 클릭하면 함수가 그림 B.13처럼 나머지 행에 저절로 입력된다. 놀랍지 않은가?

이제 시트 끝에 있는 80-84 열부터 100+ 열까지 데이터는 필요 없으니 지우자. 그런데 잠깐! 80+ 열에 입력된 함수는 지금 지우려고 하는 열에 있는 데이터를 사용하고 있다는 점을 기억하자. 열을 무작정 지우면 함수에 문제가 생긴다. 함수에서 계산된 결과 값만 다시 복사해서 붙여넣어야 한다.

결과 값만 복사하기 위해서는 80+ 열에서 sum 함수가 들어간 셀(R10부터 R22까지)을 선택해서 복사하면 된다. 그리고 붙여넣기(Edit) 메뉴에서 'Paste Special'이나 '선택하여 붙여넣기' 항목을 선택한 뒤 그림 B.14처럼 'Numbers'나 '값'을 선택하자.

	R	S	T	U	V	W
9	**80+**	**80-84**	**85-89**	**90-94**	**95-99**	**100+**
6	14 136	...	...	...	...	...
5	16 086	...	...	...	...	...
1	18 597	...	...	...	...	...
8	21 479	...	...	...	...	...
6	25 730	...	...	...	...	...
1	31 046	...	...	...	...	...
5	37 994	...	...	...	...	...
0	46 931	...	...	...	...	...
1	57 100	36 279	15 389	4 463	862	107
3	67 040	41 209	18 810	5 778	1 102	140
4	72 980	42 328	21 799	7 229	1 443	181
0	88 496	54 048	23 517	8 803	1 882	246
0	108 349	64 356	31 200	9 975	2 464	353
5	124 622	70 765	36 926	13 504	2 929	499
3	142 975	80 376	41 403	16 394	4 164	639
6	160 453	87 600	47 779	18 895	5 253	926
2	192 382	109 250	53 317	22 289	6 285	1 241
9	240 570	137 984	67 705	25 674	7 632	1 575
2	285 453	155 248	85 737	33 324	9 156	1 987
0	337 870	182 874	98 066	42 225	12 205	2 499
3	391 578	206 325	116 872	49 475	15 513	3 392

그림 B.13 편리한 자동 채워넣기(auto-fill) 기능

Selection
- ☐ Paste all
- ☐ Text
- ☑ Numbers
- ☐ Date & time
- ☐ Formulas
- ☐ Comments
- ☐ Formats
- ☐ Objects

Operations
- ⦿ None
- ○ Add
- ○ Subtract
- ○ Multiply
- ○ Divide

OK

Cancel

Help

Options
- ☐ Skip empty cells
- ☐ Transpose
- ☐ Link

Shift cells
- ⦿ Don't shift
- ○ Down
- ○ Right

그림 B.14 값으로 붙여넣기

N	O	P	Q	R
60-64	**65-69**	**70-74**	**75-79**	**80+**
73 348	55 075	37 370	21 846	14 136
76 988	59 465	40 474	23 995	16 086
85 598	63 339	44 695	26 681	18 597
95 795	70 864	48 199	30 058	21 479
107 974	82 362	56 068	33 566	25 730
117 564	93 786	66 144	40 151	31 046
118 393	103 190	76 472	48 655	37 994
140 566	103 976	84 634	56 550	46 931
159 575	124 412	85 650	63 531	57 100
171 014	141 395	103 480	64 473	67 040
187 315	152 398	118 139	79 044	72 980
195 182	168 016	129 177	91 600	88 496
234 345	176 763	143 856	101 540	108 349
291 342	213 077	152 312	113 975	124 622
318 764	265 858	185 101	122 123	142 975
364 891	291 963	231 883	150 106	160 453
402 028	335 850	256 020	188 842	192 382
423 726	371 511	296 296	210 089	240 570
432 060	392 664	329 387	245 042	285 453
479 928	401 092	349 626	274 220	337 870
530 790	446 986	358 142	292 863	391 578

그림 B.15 이제 필요 없는 열

P	Q	R	S
70-74	**75-79**	**80+**	total
37 370	21 846	14 136	2525779
40 474	23 995	16 086	2761651
44 695	26 681	18 597	3026003
48 199	30 058	21 479	3329122
56 068	33 566	25 730	3691173
66 144	40 151	31 046	4071020
76 472	48 655	37 994	4449049
84 634	56 550	46 931	4863602
85 650	63 531	57 100	5320817
103 480	64 473	67 040	5741822
118 139	79 044	72 980	6127700
129 177	91 600	88 496	6514095
143 856	101 540	108 349	6916183
152 312	113 975	124 622	7324782
185 101	122 123	142 975	7716749
231 883	150 106	160 453	8083413
256 020	188 842	192 382	8424937
296 296	210 089	240 570	8743447
329 387	245 042	285 453	9038687
349 626	274 220	337 870	9308438
358 142	292 863	391 578	9550945

그림 B.16 총 인구수 계산하기

이제 그림 B.15처럼 80-84 열부터 100+ 열까지 문제없이 지울 수 있다.

아주 좋다. 이제 인구수를 백분율로 바꿔 보자. 어떻게 하면 바꿀 수 있을까?

각 연도별로 총 인구수를 구하고 각 연령층의 인구수를 총 인구수로 나눠 주면

S	T	U	V	W	X	Y
	0-4	**5-9**	**10-14**	**15-19**	**20-24**	**25-29**
total						
2525779						
2761651						
3026003						
3329122						
3691173						
4071020						
4449049						
4863602						
5320817						
5741822						
6127700						
6514095						
6916183						
7324782						
7716749						
8083413						
8424937						
8743447						
9038687						
9308438						
9550945						

그림 B.17 새로운 테이블 만들기

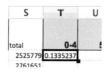

그림 B.18 백분율 계산하기

쉽게 구할 수 있다. 먼저 총 인구수를 위한 열을 추가하고 sum 함수를 이용해서 계산해 보자. 그림 B.16과 비슷한 결과가 나올 것이다.

각 연령층의 인구수를 해당 연도 총 인구수로 나누는 것은 생각보다 복잡하다. 왜 그럴까? 셀에 이미 입력된 값을 이용해서 계산된 결과를 똑같은 셀에 출력할 수 없기 때문이다. 예를 들어 B2 셀에 있는 값을 1950년 총 인구수(S2 셀)로 나눈 값을 다시 B2 셀에 저장할 수 없다. 결국 백분율을 계산하기 위해서는 새로운 테이블을 만들어야 한다. 가장 먼저 열 상단에 있는 제목을 총 인구수가 들어 있는 S열 옆으로 복사하자(그림 B.17 참조).

그리고 T2 셀부터 계산을 시작하자. B2 셀에 S2 셀을 나누기 위해 =B2/S2라는 함수를 입력하자. 그림 B.18과 같은 결과가 나올 것이다.

이제 똑같은 연산을 새로 만든 테이블의 모든 셀에서 반복해야 한다. 당연히

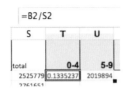

그림 B.19 공식 끌고 오기

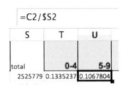

그림 B.20 분모 고정시키기

모든 셀에 공식을 일일이 입력하는 것은 지루한 작업이다. 하지만 방금 전 배웠던 필 핸들을 이용하면 공식을 쉽게 복사할 수 있으니 걱정하지 말자. T2 셀을 선택하고 필 핸들 위에서 커서가 십자가 형태로 변하면 클릭을 한 뒤, U2 셀까지 커서를 끌고 오면 된다. 그림 B.19를 참고하자.

계산된 값이 생각보다 크다. 도대체 무슨 일이 있었던 걸까? 열 이름 위에 있는 수식 입력 줄을 보면 C2 셀이 T2 셀로 나눠지고 있는 것을 확인할 수 있다. 공식을 복사하면서 분모와 분자가 동시에 바뀐 것이다. 하지만 분모는 고정시키고 분자만 바꾸고 싶다면 어떻게 해야 할까? 공식을 복사할 때 특정 행이나 열을 고정시켜서 바뀌지 않게 만드는 방법이 있다. 해당 열 알파벳이나 행 숫자 앞에 '$'를 입력하면 된다.

T2 셀에 ='B2/$S2'라는 공식을 입력해 보자. 그리고 이 공식을 U2 셀까지 끌고 와서 복사해 보자. 그림 B.20과 같은 결과가 나올 것이다.

이제 결과가 제대로 나온다. 공식을 AJ2 셀까지 끌고 와서 복사하자. 그리고 T2 셀부터 AJ2 셀까지 선택하고 필 핸들을 더블 클릭하면 그림 B.21처럼 공식이 하단까지 복사될 것이다.

숫자를 백분율로 바꾸는 것도 거의 끝냈다. 이제 백분율이 있으니 숫자는 더 이상 필요 없다. 하지만 숫자를 이용해서 백분율이 계산되고 있다 보니 숫자가

	T	U	V	W	X	Y
	0-4	5-9	10-14	15-19	20-24	25-29
	0.1335237	0.1067804	0.1032144	0.094524	0.0878956	0.0769092
	0.1469186	0.1137531	0.0954141	0.0923115	0.0839142	0.0778625
	0.1431693	0.1260611	0.1017997	0.085368	0.0820528	0.0746395
	0.1440871	0.1232636	0.1121704	0.0908237	0.0756989	0.0728072
	0.1410907	0.1249081	0.1097846	0.0998032	0.0802686	0.0668583
	0.1329551	0.1233247	0.1118219	0.0981986	0.0890458	0.0717858
	0.1226953	0.1179331	0.1117104	0.1012988	0.0886304	0.0802902
	0.1218189	0.1091893	0.1069456	0.1013436	0.0915371	0.0800075
	0.1211648	0.1087222	0.0991316	0.097093	0.0914997	0.0825222
	0.1088128	0.1100391	0.100229	0.0911035	0.0886488	0.0836642
	0.0986432	0.1001502	0.1025908	0.0932652	0.0842241	0.0819565
	0.094339	0.0914541	0.0938739	0.0959052	0.086583	0.0781855
	0.0928491	0.0878201	0.085697	0.0876287	0.089268	0.0808969
	0.0909374	0.0865794	0.0824348	0.0804282	0.0821087	0.0836141
	0.0865951	0.0853632	0.0817405	0.0777935	0.0757683	0.0773363
	0.082155	0.0818477	0.08115	0.0776713	0.0737556	0.0717961
	0.0787856	0.0781162	0.0782377	0.0775377	0.0740299	0.0702332
	0.0765665	0.0753025	0.0750172	0.0751013	0.0742608	0.0708406
	0.0749379	0.0735332	0.0726225	0.0723116	0.0722391	0.0713819
	0.0733389	0.0723037	0.0712093	0.0702877	0.0698424	0.0697329
	0.0716362	0.0710752	0.0702986	0.0691923	0.0681602	0.067693

그림 B.21 백분율 계산하기

	A	B	C	D	E	F
1	year	0-4	5-9	10-14	15-19	20-24
2	1950	0.1335237	0.1067804	0.1032144	0.094524	0.0878956
3	1955	0.1469186	0.1137531	0.0954141	0.0923115	0.0839142
4	1960	0.1431693	0.1260611	0.1017997	0.085368	0.0820528
5	1965	0.1440871	0.1232636	0.1121704	0.0908237	0.0756989
6	1970	0.1410907	0.1249081	0.1097846	0.0998032	0.0802686
7	1975	0.1329551	0.1233247	0.1118219	0.0981986	0.0890458
8	1980	0.1226953	0.1179331	0.1117104	0.1012988	0.0886304
9	1985	0.1218189	0.1091893	0.1069456	0.1013436	0.0915371
10	1990	0.1211648	0.1087222	0.0991316	0.097093	0.0914997
11	1995	0.1088128	0.1100391	0.100229	0.0911035	0.0886488
12	2000	0.0986432	0.1001502	0.1025908	0.0932652	0.0842241
13	2005	0.094339	0.0914541	0.0938739	0.0959052	0.086583
14	2010	0.0928491	0.0878201	0.085697	0.0876287	0.089268
15	2015	0.0909374	0.0865794	0.0824348	0.0804282	0.0821087
16	2020	0.0865951	0.0853632	0.0817405	0.0777935	0.0757683
17	2025	0.082155	0.0818477	0.08115	0.0776713	0.0737556
18	2030	0.0787856	0.0781162	0.0782377	0.0775377	0.0740299
19	2035	0.0765665	0.0753025	0.0750172	0.0751013	0.0742608
20	2040	0.0749379	0.0735332	0.0726225	0.0723116	0.0722391
21	2045	0.0733389	0.0723037	0.0712093	0.0702877	0.0698424
22	2050	0.0716362	0.0710752	0.0702986	0.0691923	0.0681602

그림 B.22 더욱 간단하게 수정하기

들어 있는 열을 무작정 지울 수 없다. 80+ 열에서 sum 공식을 복사한 것처럼 백분율을 복사해서 값을 선택해서 붙여 줘야 한다. 이제 B열부터 S열까지 삭제할 수 있다. 그리고 쉽게 이해할 수 있도록 첫 번째 열의 이름을 'year'라고 바꿔 주자(그림 B.22 참조).

마지막으로 워크시트를 R에서 불러오기 위해 CSV 파일 형태로 저장하자. 파

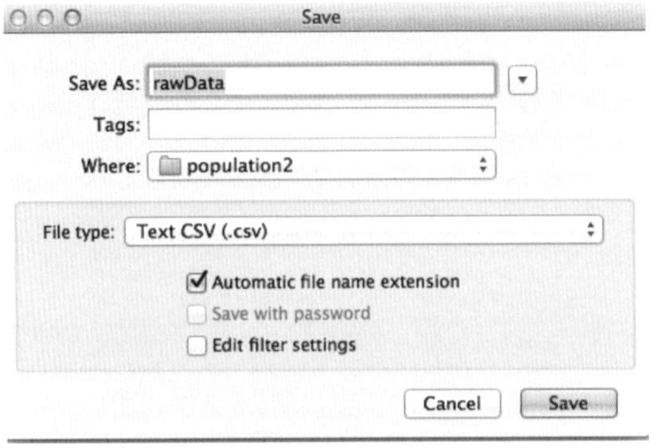

그림 B.23 파일 저장하기

일에서 다른 이름으로 저장을 선택한 뒤 파일 형식에서 'CSV'를 선택하고 파일이름을 rawData라고 설정해 주자(그림 B.23 참조).

저장하면서 뜨는 경고창에서 확인을 누르고 파일을 닫자.

이제 R을 열어 보자. R을 자세하게 배우려면 끝이 없지만 여기서는 데이터에 필요한 기본적인 것만 다룰 것이다.

그럼 R을 이용해서 정확하게 무엇을 할 것인가? 7장에서 D3가 어떻게 CSV 파일에서 데이터를 불러오고 자바스크립트 객체로 변환시키는지 배웠다. CSV 파일에서 각 열이 하나의 자바스크립트 객체로 변하는 것을 상기해 보자. 데이터 결합(data join)을 위해 하나의 객체가 하나의 데이터 포인트(data point)와 대응해야 하는 것은 당연한 사실이다. 하지만 rawData.csv에는 각 행마다 17개의 데이터 포인트가 포함되어 있기 때문에 형태를 수정해야 한다.

'데이터 포인트 한 개'가 정확히 무엇을 의미하는지 간단히 살펴보자. 데이터 포인트 한 개에 수많은 값이나 값을 설명해 주는 정보가 포함되어 있어도 상관없다. 예를 들어 2010년 인구수에서 0세부터 4세가 차지하는 비율은 9.3%였다. 0.093이라는 값은 데이터 포인트에 해당된다. 하지만 연도(2010년)와 연령층(0-4세)라는 추가적인 정보가 있다. 이상적인 CSV 파일에서는 이러한 추가적인 정보가 데이터 포인트와 같은 행에 저장되어야 한다. 왜 그럴까?

D3를 통해서 자바스크립트 객체를 생성할 때 데이터 포인트와 추가적인 정

```
R version 3.0.2 (2013-09-25) -- "Frisbee Sailing"
Copyright (C) 2013 The R Foundation for Statistical Computing
Platform: x86_64-apple-darwin10.8.0 (64-bit)

R is free software and comes with ABSOLUTELY NO WARRANTY.
You are welcome to redistribute it under certain conditions.
Type 'license()' or 'licence()' for distribution details.

  Natural language support but running in an English locale

R is a collaborative project with many contributors.
Type 'contributors()' for more information and
'citation()' on how to cite R or R packages in publications.

Type 'demo()' for some demos, 'help()' for on-line help, or
'help.start()' for an HTML browser interface to help.
Type 'q()' to quit R.

[R.app GUI 1.62 (6558) x86_64-apple-darwin10.8.0]

[History restored from /Users/ritchieking/.Rapp.history]

>
```

그림 B.24 R 콘솔

보를 하나의 객체로 보기 위해서다. 하나의 객체로 인식하면 간편하게 막대 그래프의 위치와 비율을 조절하고, 이미 책에서 봤듯이 데이터 결합에 필요한 키(key)를 설정해 줄 수 있다.

rawData.csv 같은 테이블에서 가각의 데이터 포인트를 행 하나에 저장되게 만들어 주는 R 패키지(package)가 있다(패키지는 자바스크립트의 라이브러리와 비슷하다). reshape2라는 패키지에서 melt라는 함수를 이용하면 된다.

R을 열면 그림 B.24처럼 R 언어로 코드를 입력할 수 있는 콘솔(console)이 열릴 것이다(설정 때문에 그림 B.24에서 콘솔의 바탕이 검은색으로 나오지만 보통 하얀색 바탕으로 나올 것이다).

가장 먼저 reshape2 패키지를 설치해 보자. install.packages("reshape2")를 입력하고 근접한 CRAN 미러(그림 B.25 참조)를 선택하자(CRAN 미러는 R 소스파일과 패키지를 갖고 있는 서버를 의미한다).

reshape2 패키지를 설치하고 라이브러리에 추가하고 싶다면 그림 B.26처럼 library(reshape2)를 입력해 보자.

그림 B.25 미러 선택하기

```
> library(reshape2)
```

그림 B.26 라이브러리 불러오기

이제 데이터를 다루기 위해 R에서 rawData.csv를 불러오자. 먼저 R에게 파일의 위치를 알려 줘야 한다. 위치를 알려 주기 위해 현재 rawData.csv가 들어 있는 정확한 경로를 입력해 보자. 만약 rawData.csv를 바탕화면에 저장했다면 setwd("/Users/ritchieking/Desktop")을 입력해서 경로를 지정해 줄 수 있다.

read.csv()라는 함수를 이용하면 rawData.csv를 불러와서 데이터를 호출할 수 있다. melt 함수를 통해 데이터를 다루려면 먼저 데이터를 변수에 지정해야 한다. data 〈- read.csv("rawData.csv")를 입력해 보자. R에서는 '=' 대신 '〈-'을 이용해서 변수를 지정한다. 이제 콘솔에 data를 입력하면 그림 B.27처럼 데이터가 출력될 것이다.

R에서 data 같은 변수를 데이터 프레임(data frame)이라고 부른다. 데이터 프레임은 평범한 테이블처럼 행과 이름을 갖고 있는 열로 구성되어 있다(행 이름

그림 B.27 데이터 확인하기

그림 B.28 깔끔한 dataMelt

또한 설정 가능하지만 csv에서 행 이름을 설정하지 않았다면 숫자만 출력될 것이다). 자세히 살펴보면 열 이름이 이상하게 출력되는 것을 확인할 수 있다. R에서 열 이름을 숫자로 시작할 수 없다 보니 CSV에서 열 이름이 숫자로 시작하면이름을 "X"로 변환시킨다. 또한 '-'은 뺄셈을 의미하기 때문에 열 이름에 포함될수 없고 마침표로 변환된다. 이런 오류는 나중에 바꾸도록 하고 일단 'melt' 함수를 사용해 보자!

dataMelt <- melt(data, id="year")를 입력해 보자. 그리고 dataMelt를 입력하면무슨 일이 일어나는지 살펴보자(그림 B.28 참조).

신기하지 않은가? 이제 각 행이 해당 연도와 연령층이 포함된 하나의 데이터

```
> dataMelt
   year variable        value
1  1950    X0.4 0.133523712
2  1955    X0.4 0.146918580
3  1960    X0.4 0.143169329
4  1965    X0.4 0.144087109
5  1970    X0.4 0.141090731
6  1975    X0.4 0.132955119
7  1980    X0.4 0.122695274
8  1985    X0.4 0.121818875
9  1990    X0.4 0.121164776
10 1995    X0.4 0.108812750
```

그림 B.29 구분 문자 선택

포인트로 정리되었다. 아마 함수에서 id="year"가 무엇을 의미하는지 궁금할 것이다. data라는 기존 데이터 프레임에서 연도는 자동으로 데이터의 추가적인 정보로 인식되었다. 간단하게 말하자면 id="year"는 melt 이후에도 각각 연도에 해당하는 값을 하나의 행으로 유지될 수 있게 해 준다.

Reshape2 패키지에서 이러한 추가적인 정보를 ID 변수라고 부른다. Melt 함수에서 id = "year"를 추가하면 연도를 ID 변수로 지정하고, melt 이후에도 각각의 연도 값을 하나의 행으로 유지하게 해 준다. 유용하지 않은가?

이제 dataMelt를 새로운 CSV 파일로 내보내고 오픈 오피스로 열어서 필요 없는 X와 마침표를 지울 수 있다(물론 R을 통해서 지울 수 있지만 상당히 복잡하기 때문에 생략하겠다). 새 CSV 파일을 만들기 위해서 write.csv(dataMelt, "allData.csv", row.names=FALSE)를 입력하자. 첫 번째 인자인 dataMelt는 내보내고 싶은 데이터 프레임을 의미하고 두 번째 인자인 'allData.csv'는 내보낸 CSV 파일의 이름을 의미한다. R은 자동으로 행 순서를 나타낸 열(행 이름이라고 생각할 수 있다)을 추가하지만 row.names=FALSE를 통해 그런 열을 만들지 않게 설정할 수 있다.

코드를 입력하면 지금 작업하고 있는 경로에 새로운 CSV 파일이 생길 것이다. 오픈 오피스를 사용해서 파일을 열어 보자. 그림 B.29처럼 문서 가져오기(Text

	A	B	C
1	year	variable	value
2	1950	X0.4	0.1335237122
3	1955	X0.4	0.1469185798
4	1960	X0.4	0.1431693294
5	1965	X0.4	0.1440871085
6	1970	X0.4	0.1410907311
7	1975	X0.4	0.1329551194
8	1980	X0.4	0.1226952737
9	1985	X0.4	0.1218188752
10	1990	X0.4	0.1211647761
11	1995	X0.4	0.1088127501
12	2000	X0.4	0.0986432279
13	2005	X0.4	0.0943390378
14	2010	X0.4	0.0928490519
15	2015	X0.4	0.0909373934
16	2020	X0.4	0.0865951491

그림 B.30 CSV로 저장된 데이터 확인해 보기

	A	B	C
1	year	age	value
2	1950	X0.4	0.1335237122
3	1955	X0.4	0.1469185798
4	1960	X0.4	0.1431693294

그림 B.31 열 이름 수정하기

Import) 메뉴에서 쉼표(Commas)를 선택하면 쉼표로 객체가 구분되는 CSV 파일을 열 수 있다.

CSV로 저장된 데이터를 확인해 보자(그림 B.30 참조)

좋아 보인다. 이제 네 가지 간단한 작업만 남았다. 먼저 'variable'이라는 열 이름을 더 직관적인 이름인 "age"로 바꿔 보자(그림 B.31 참조).

그 다음 필요 없는 X를 제거하기 위해 편집에서 '찾기 및 바꾸기'를 선택하자. 검색 대상에는 'X'를 입력하고, 바꿀 문자를 입력하는 칸에는 아무것도 입력하지 않고 모두 바꾸기를 선택한다(그림 B.32 참조).

X, 잘가! 이제 마침표를 붙임표로 바꿔 보자. 방금 전처럼 찾기 및 바꾸기를 이용할 수 있지만 두 가지 이유 때문에 조심히 사용해야 한다. 첫 번째로 마침

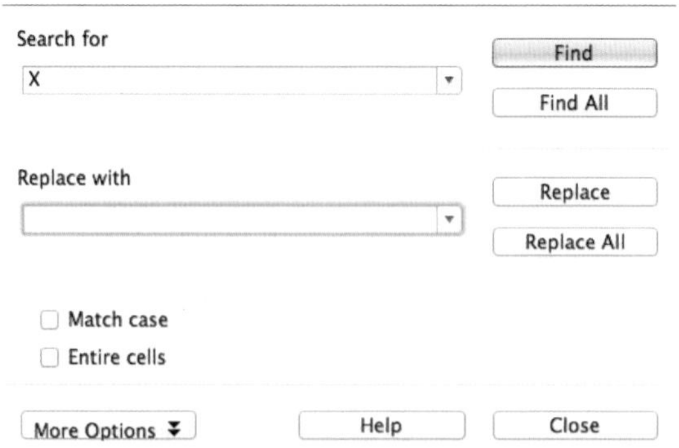

그림 B.32 X들 제거하기

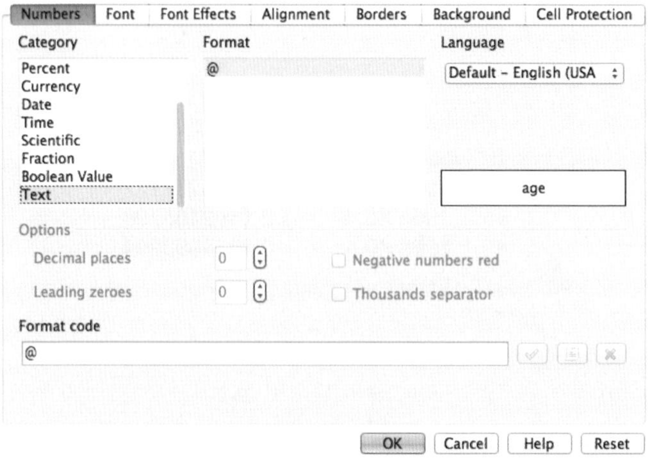

그림 B.33 날짜 형태 없애기

표를 붙임표로 바꾸면 몇몇 값이 날짜처럼 보일 것이다. 예를 들어 '5-9'는 5월 9일처럼 보인다. 오픈 오피스는 쓸데없이 이런 숫자를 날짜로 인식하여 알아서 바꿔 준다. 문제를 해결하기 위해서 B열을 선택하고(열 이름이 표시된 곳을 클릭하면 된다) 서식에서 셀을 클릭해 보자. 그리고 범주에서 텍스트를(그림 B.33 참조) 선택하면 숫자가 자동으로 날짜로 바뀌지 않을 것이다.

찾기 및 바꾸기를 사용하지 못하는 두 번째 이유는 'value'라는 열에도 소수점이 있는 숫자 때문에 마침표가 포함되어 있기 때문이다. 만약 소수점도 붙임표

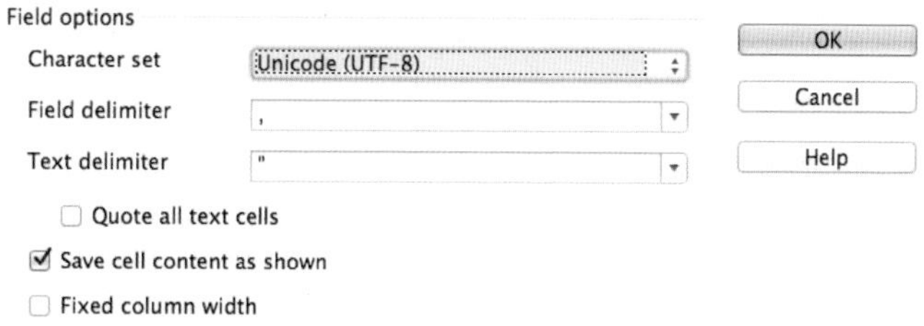

그림 B.34 파일에서 값이 쉼표로 구분되도록 설정하기

로 바꾼다면 데이터가 이상해질 것이다. 하지만 걱정하지 말자. 모두 바꾸기를 모든 셀에 적용하는 대신에 특정 셀에 한정해서 적용시킬 수 있다.

B열에 있는 모든 셀을 선택해 보자(열 이름이 표시된 곳을 클릭하면 된다). 편집에서 찾기 및 바꾸기를 다시 선택해 보자. 모두 바꾸기를 특정 셀에만 적용하기 위해서 '자세히'를 클릭하고 '현재 선택 사항만'을 선택하고 모두 바꾸기를 적용해 보자.

찾기 및 바꾸기로 하나만 더 바꿔 보자. 80+(지금은 "80-"로 출력되어 있을 것이다)를 '80 and up(80세 이상)'으로 바꿔 보자. 지금까지 잘 따라왔다면 쉽게 바꿀 수 있을 것이다.

그리고 마지막 수정사항이 남았다. 현재 상태에서 CSV 파일을 저장하면 오픈오피스는 쉼표를 세미콜론으로 대체한다. 문제를 해결하기 위해 파일 아래 다른 이름으로 저장에서 '필터 설정 편집'을 선택해 보자.

선택하면 나오는 새로운 창에서 '필드 구분(Field delimiter)'을 ','으로 설정하자(그림 B.34 참조). 드디어 끝났다! 이제 allData.csv로 이 책에서 다루는 막대 그래프를 만들기 위한 준비를 마쳤다.

마지막 작업이 하나 남았다. 데이터는 지금 '0-4'부터 '80세 이상' 순서로 나열되어 있지만 막대 그래프에서는 순서가 반대로 나열되어 있다. 그래프를 '80세 이상'부터 '0-4' 순서로 나열하고 싶다면 데이터 순서를 수정해야 한다. 하지만 이 문제는 연습 문제로 직접 해결해 보자.

부록 C

D3로 우리나라 인구밀도 시각화하기

박은정, 김한결 지음

본문에서 막대 그래프를 그리면서 D3를 활용한 시각화의 기초를 탄탄히 다졌지만, 여기서 끝내는 것이 조금 아쉬울 수 있다. 마치기 전에 간단히 지오매핑(geomapping), 즉 지도를 활용한 시각화를 살펴보자.[1]

D3를 이용해서 지도를 그리는 법은 마이크 보스톡이 작성한 글 'Let's Make a Map'[2]에도 아주 잘 나와 있다. 하지만 보스톡의 글에서는 국가 단위의 데이터를 사용했기 때문에, 국가 내의 세부 구역에 대한 시각화를 만들고 싶은 경우 데이터를 따로 준비해야 하는 어려움이 있다.

이 장에서는 먼저 다양한 형태의 지도 시각화를 살펴 보고, 우리나라의 세부 구역을 다룰 수 있는 지도 데이터를 구해서 지역별 인구밀도를 시각화해 보자.

C.1 다양한 형태의 지도 시각화

지도를 활용한 시각화는 아주 다양한 형태를 띨 수 있다. 몇 가지 대표적인 예시로는 그림 C.1(a)처럼 위도와 경도 등 지리적 좌표를 이용해 특정 위치에 도형을 그리는 버블 그래프(bubble graph), (b)처럼 데이터 값에 따라 각 지역을 다른 색으로 칠하는 코로플래스(choropleth), (c)처럼 데이터 값에 따라 각 지역의

---

1 부록 C의 예제 코드는 https://github.com/e9t/d3-book에서 받을 수 있다.

2 http://bost.ocks.org/mike/map/

그림 C.1 다양한 지도 시각화 (a) 버블 그래프 (b) 코로플래스 (c) 카토그램[3]

형태나 면적을 바꾸는 카토그램(cartogram)이 있다.

인구밀도에는 어떤 형태의 지도 시각화가 가장 어울릴까? 버블 그래프, 코로
플래스, 카토그램 세 가지를 다 사용할 수 있지만, 여기서는 코로플래스를 이용
해서 인구밀도를 시각화해 보려고 한다.

코로플래스는 지역의 중요도와 무관하게 크기만 크다면 지도에서 부각된다
는 단점이 있다. 하지만 익숙한 모양 덕에 보는 이에게 친숙하게 받아들여진다
는 점과 주변 지역과의 관계를 관찰할 수 있다는 장점을 가진다. 지역 코드 또
는 지역 명과 매칭된 데이터만 있으면 각 지역별로 어떤 차이가 있는지 쉽게 관
찰할 수 있기 때문에, 선거철에 정당별 득표율을 보여 주는 시각화 형태로 유명
하기도 하다.

자, 그럼 방향이 정해졌으니 본격적으로 인구밀도 시각화를 시작해 보자! 가
장 먼저 해야 하는 일은 밑바탕이 되는 재료, 즉 데이터를 수집하는 것이다.

C.2 지도 및 인구 데이터 구하기

지도 데이터는 일반적으로 shp라는 확장자를 사용하는 셰이프파일
(shapefile)의 형태로 제공된다. 우리나라의 경우 통계청에서 지도 데이터를 제공
하고 있는데, D3에서는 이 셰이프파일을 SVG, GeoJSON, TopoJSON 등으로 변
환해서 지도 데이터를 로딩할 수 있다. (GeoJSON, TopoJSON에 대해서는 뒤에

---

3 각 지도에 대한 코드와 설명은 각각 다음 url에서 확인하자.
  - 버블 그래프 : http://bl.ocks.org/mbostock/9943478
  - 코로플래스 : http://bl.ocks.org/mbostock/6320825
  - 카토그램 : http://prag.ma/code/d3-cartogram/#intlmig/2011

서 다시 설명할 것이다.)

· 우리나라 지도 셰이프파일을 제공하는 통계청 웹페이지:
http://sgis.kostat.go.kr/statbd/statbd_03.vw

셰이프파일을 직접 변환하는 작업이 꽤 번거로우니, 사전에 변환된 다양한 형태의 지도 데이터를 아래 깃허브(GitHub) 저장소에서 구해 보자.[4]

· 우리나라 지도 깃허브 저장소
https://github.com/southkorea/southkorea-maps

이 저장소에는 SVG, GeoJSON, TopoJSON을 비롯해 KML, RData 등의 다양한 파일 형식, 통계청, GADM, 팀포퐁, 위키미디어 등 다양한 출처, 시도, 시군구, 읍면동 등 다양한 행정동 단위에 대한 지도 데이터가 저장되어 있다.[5]

각 파일 형식이 어떻게 다른지 궁금할 테니 넘어가기 전에 간단히 살펴보자. SVG는 본문에서 이미 다뤘으니 넘어가고, GeoJSON과 TopoJSON에 대해 알아보자.

먼저 GeoJSON은 306쪽 코드에서 일 수 있듯이 하나의 커다란 JSON 객체이다. 이 객체는 type과 features라는 두 개의 속성을 가지고 있다. type는 "FeatureCollection"이라는 값을 가지고, features는 각 시도에 대한 객체들의 배열이 담긴다. 여기서 각 시도 객체는 다시 type, properties, geometry 등 세 개의 속성으로 구성된다. 그중 가장 첫 번째 시도 객체를 보면 type은 "feature"이라

---

4 미국, 스위스 등에서도 많은 기자, 연구원, 디자이너 및 개발자들이 사전에 작업한 파일을 깃허브를 통해 웹에 공개해 두어서 지도 기반의 다양한 작업 결과물이 나오고 있다.
   - 미국 지도 : http://bl.ocks.org/mbostock/4090848 등 검색을 통해 다양한 곳에서 쉽게 찾을 수 있다.
   - 스위스 지도 : https://github.com/interactivethings/swiss-maps
5 국가의 세부 구역은 다양한 관점에서 나눌 수 있는데, 우리나라에서는 일반적으로 행정적 처리의 기준이 되는 행정동, 행정동과는 달리 명칭 등이 거의 변하지 않는 법정동, 선거를 통해 한 명 또는 여러 명의 대표를 선출하는 선거구 등으로 나눈다. 여기서는 그중에서 행정동에 따른 구분을 사용한다.

는 값을 가지고, properties는 시도 객체의 code, name 등 다양한 특성을 나타낸다. 이 항목들 덕에 해당 객체는 제주특별자치도에 관한 내용이라는 것을 알 수 있다. 마지막으로 geometry는 type과 coordinates라는 세부 속성으로 각 시도 객체의 좌표를 정의하는, 가장 중요한 속성이다. 특히 coordinates의 각 원소는 경도(longitude)와 위도(latitude)로 구성되어 있는 것을 볼 수 있다.[6]

```
{
  "type": "featurecollection",
  "features": [
      {
          "type": "feature",
          "properties": { "code": "39", "name": "제주특별자치도",
          "name_eng": "jeju-do", "base_year": "2012" },
          "geometry": {
              "type": "multipolygon",
              "coordinates": [[[[ 126.272, 33.109 ],
                               [ 126.272, 33.109 ],
                               [ 126.271, 33 109 ], ...
                          ]]]
          }
      },
      {
          "type": "feature",
          "properties": { "code": "38", "name": "경상남도", "name_
          eng": "gyeongsangnam-do", "base_year": "2012" },
          "geometry": {
              "type": "multipolygon",
              "coordinates": [[[[ 128.277, 34.592 ],
                               [ 128.226, 34.592 ],
                               [ 128.226, 34.592 ], ...
                          ]]]
          }
      },
      ...
  ]}
```

이번에는 TopoJSON의 모양을 살펴보자. 사실 TopoJSON은 새로운 파일 형

---

6 경도는 영국 그리니치를 본초자오선(meridian)을 기준으로 하여 지구본에 세로로 긋는 선이고, 위도는 적도를 기준으로 하여 가로로 긋는 선이다. 우리나라 국회의사당의 위도와 경도는 북위 37.532도, 동경 126.914도라고 한다면, geojson에 나타낼 경우 [126.914, 37.532]로 표시한다. 우리가 일반적으로 좌표를 나타낼 때는 위도, 경도 순으로 표기하는데 반해 geojson에서는 경도, 위도 순으로 표기한다는 점에 유의하자.

식은 아니고, GeoJSON과 더불어 이미 존재하는 JSON을 파일 형식을 활용해서
지리적 정보를 표현한 것이다. GeoJSON이 지리적 평면도형을 직접 표현한다면,
TopoJSON은 arc라고 하는 조각조각의 선분 정보를 담고 있어서, 데이터 중복
을 해소한 훨씬 효율적인 모델이다. 마이크 보스톡의 설명에 따르면 일반적으
로 GeoJSON의 용량보다 TopoJSON의 용량이 80% 작다.

```
{
    "type": "Topology",
    "transform": {
        "scale":[0.0001661836365833942,0.00014033182837829716],
        "translate":[124.59517657361513,33.10915894430296]
    },
    "objects": {
        "provinces-geo": {
            "type":"GeometryCollection",
            "geometries": [
                {
                    "arcs": [[[0]],[[1]],[[2]],[[3]]],
                    "type": "MultiPolygon","year":"2012"}
                    "properties": {"code":"39","name":
                    "제주특별자치도","name_eng":"Jeju-do","base_
                },
                {
                    "arcs": [[[4]],[[5]],[[6]],[[7]],...],
                    "type": "MultiPolygon","year":"2012"}
                    "properties": {"code":"38","name":
                    "경상남도","name_eng":"Gyeongsangnam-do","base_
                },
                ...
]}}
```

　우리가 인구밀도를 시각화할 때 활용할 파일은 통계청(KOSTAT)에서 2012
년에 제공한 셰이프파일(ESRI Shapefile)에서 변환된 시군구급(municipalities)
의 TopoJSON 파일이다. 이 파일은 우리나라 지도 깃허브 저장소에 들어가서 직
접 찾아봐도 되고, 그림 C.2와 같이 웹 브라우저를 통해 데이터 URL에 접속해서
ctrl + s를 눌러 직접 다운로드 받아도 된다. 다음 링크는 2012년 기준의 파일인
데, 지도는 매년 갱신되므로 더 최근의 것이 있다면 그것을 사용해도 좋다. (이
과정을 거치는 것이 번거롭게 느껴진다면 제공된 예제 파일의 Appendix C폴더
에서 municipalities-topo-simple.json을 찾아보자.)

{"type":"Topology","transform":{"scale":[0.00019907068340064684,0.00017074293714548216],

그림 C.2 시군구급 TopoJSON 지도 데이터를 웹 브라우저로 확인하기. 데이터가 달랑 한 줄이 나와도 이상하게 여기지 말자. 용량을 줄이기 위해 개행(new line) 문자마저 생략한 것이니까. 여기서 ctrl + s를 누르면 내 컴퓨터에 지도 데이터를 저장할 수 있다.

· 시군구급 TopoJSON 지도 데이터(141KB):

https://raw.githubusercontent.com/southkorea/southkorea-maps/master/

kostat/2012/json/municipalities-topo-simple.json

지도 데이터를 구했으니, 이제 지역별 인구밀도를 계산하기 위해 그림 C.3와 같이 국가통계포털에서 각 시군구의 인구 데이터를 구해 보자. 다음 URL에서 페이지 우측의 다운로드 버튼을 누르면 CSV 형태로 데이터를 저장할 수 있다.

· 국가통계포털에서 제공하는 시군구별 총 인구수 데이터:

http://kosis.kr/statHtml/statHtml.do?orgId=101&tblId=DT_1B040A3

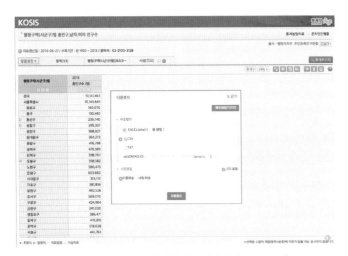

그림 C.3 국가통계포털에서 인구 데이터 다운로드하기

데이터 인코딩을 EUC-KR에서 UTF-8로 바꾸고 불필요한 행과 열을 삭제해 주는 등의 전처리 과정을 거치고 나면 아래와 같은 형태로 population.csv를 저 장할 수 있다. (또는, 제공된 예제 파일 중 Appendix C 폴더에서 population.csv 를 찾아도 된다.)

```
code,name,population
00,전국,51141463
11,서울특별시,10143645
11110,종로구,160070
11140,중구,130465
11170,용산구,239740
...
</>
```

자, 이제 지도 데이터와 지역별 인구 데이터를 전부 모았으니 웹페이지에 나타 내 보자.

노트

데이터를 구하고 나면 **두** 가지 문제를 추가로 발견할 수 있다. 첫째로, 인구 데이터와 지도 데이터 의 기준 연도가 다르기 때문에 지역 명이 다르거나 지역 자체가 빠지거나 더해졌을 수 있다. 둘째 로, 국가통계포털에서 제공한 인구 데이터의 지역 코드와 통계청에서 제공한 지도 데이터의 지역 코드가 서로 일치하지 않는다. 두 기관의 지역 코드가 서로 다른 기준을 적용하고 있기 때문이다. 예를 들면, 인구 데이터에서는 서울 종로구의 코드는 111100이지만 지도 데이터에서는 110100이다. 이럴 때는 서로 일치하지 않는 지역 코드를 맞추는 작업을 해주어야 한다. 하지만, 이번 경우에는 운이 좋게 일치하지 않는 지역 코드 정보라도 주어졌기 때문에 여기서는 지역 코드가 아닌 지역 명 기준으로 작업을 해 볼 것이다. 작업을 하다 보면 그 조차도 주어지지 않는 경우가 많다. 다만, 지역 명 기준으로 데이터를 결합하다 보면 전국에 6개나 되는 "중구" 를 서로 구분을 할 수 없기 때문에 또 문제가 발생하는데, 이는 약간의 수작업을 통해 극복할 수 있다. (가령, 각각의 "중구" 를 "서울 특별시중구", "대전광역시중구" 등으로 변환하면 된다.) 여기서 나열된 것과 같은 데이터 정합성 문제는 실제 데이터를 다루다 보면 아주 빈번하게 나타나며, 시각화의 정확도를 꾀하기 위해서는 반드시 해결해야 하는 문제이기도 하다.

C.3 지도 데이터 로딩하기

자, 이제 앞서 다운로드 받은 TopoJSON 파일을 이용해 본격적으로 웹페이지의 뼈대를 만들어 보자! 먼저 본문 중에서 막대 그래프를 그렸을 때와 마찬가지로, 아래의 내용을 담아 choropleth.html을 생성해 보자.

```
<!DOCTYPE html>
<html>
    <head>
        <meta charset="utf-8">
        <style>

        /* CSS는 여기에 */

        </style>
    </head>
    <body>
    <div id="chart"></div>
    <script src="http://d3js.org/d3.v3.min.js"></script>
    <script src="http://d3js.org/topojson.v1.min.js"></script>
    <script>

    /* JavaScript는 여기에 */

    </script>
    </body>
</html>
```

여기서는 id가 chart인 HTML 요소를 선언했다. 뒤에서 이 HTML 요소에 지도를 렌더링할 것이다. 다음으로, 파이썬(또는 다른 방식)을 이용해 서버를 실행시킨다.

```
python -m SimpleHTTPServer 8888 &
```

웹 브라우저를 이용해 http://localhost:8888/choropleth.html에 접속해 보자! 아마 빈 화면이 뜰 것이다. 하지만 너무 실망하지 말자. 곧 벽돌을 하나씩 차곡차곡 쌓을 테니. 먼저 앞서 작성한 choropleth.html의 'JavaScript는 여기에'라고 적은 곳에 다음의 코드를 채워 넣자.

```
d3.json("municipalities-topo-simple.json", function(error, data)
{
```

```
    if (error) return console.error(error);
    console.log(data);
});
```

그 다음에 웹 브라우저에서 새로고침을 한 후 자바스크립트 콘솔을 열면, 그림 C.4과 같이 대한민국의 행정구역 1144개를 담은 topology 객체가 나타날 것이다.

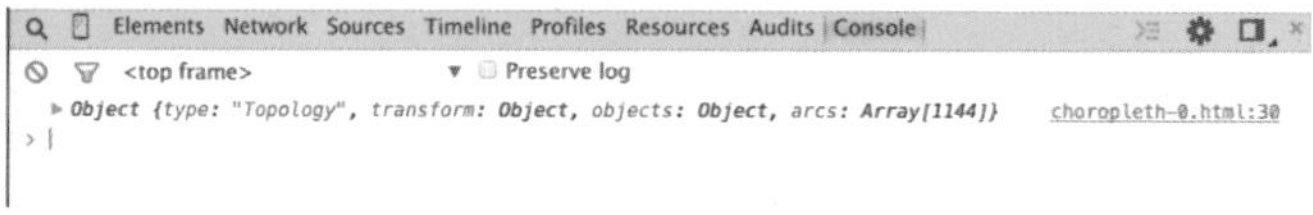

그림 C.4 topology 객체가 포함된 콘솔

지금까지 작성한 코드는 코드 C.1에서 확인할 수 있다.

코드 C.1 choropleth-0.html

```html
<!DOCTYPE html>
<html>
    <head>
      <meta charset="utf-8">
      <style>

      /* CSS는 여기에 */

      </style>
    </head>
    <body>
      <div id="chart"></div>
      <script src="http://d3js.org/d3.v3.min.js"></script>
      <script src="http://d3js.org/topojson.v1.min.js"></script>
      <script>
      d3.json("municipalities-topo-simple.json", function(error,data) {
        if (error) return console.error(error);
        console.log(data);
      });
      </script>
    </body>
</html>
```

C.4 지도 그리기

이제 D3를 이용해서 웹페이지상에 지도를 그려 보자.

먼저 코드 C1에서 자바스크립트 코드의 최상단, 즉 ⟨script⟩라고 되어 있는 줄과 d3.json()이 시작되는 줄 사이에 다음과 같이 빈 SVG 요소를 생성하는 코드를 넣자.

```
var width = 600,
    height = 700;

var svg = d3.select("#chart").append("svg")
    .attr("width", width)
    .attr("height", height);
```

여기서 SVG의 너비와 높이를 각각 600픽셀, 700픽셀로 정했는데, 이 정보는 코드 내에서 몇 번 더 사용할 것이기 때문에 별도의 변수로 만들었다. 그 다음에 ID가 chart인 HTML 요소를 찾아 그곳에 svg 요소를 추가하고, 앞에서 지정한 너비와 높이를 적용하였다.

빈 SVG 요소를 생성했으니 여기에 지도를 추가해 보자. 이를 위해서는 투영법(projection)과 패스 생성자(path generator) 두 가지가 필요하다.

먼저 투영법은 말 그대로 고차원의 이미지를 저차원으로 투영시키는 것인데, 여기서는 3차원 공간상에 있는 지구를 2차원 평면상에 전사하는 데 사용된다. 단순히 3차원의 이미지를 2차원에 전사하는 데도 어떤 관점에서 바라보느냐에 따라 수많은 방법이 있고, D3를 이용하면 이 다양한 관점을 모두 시도해 볼 수 있다. 여기서는 가장 대표적인 지도 투영법 중 하나인 메르카토르 도법(Mercator projection)을 사용할 것이다. 메르카토르 도법은 적도에서 멀어질수록 축척 또는 면적이 크게 확대되기 때문에 그린랜드와 같이 위도가 높은 지역에 사용하는 것은 적절하지 않으나, 방향이나 각도 관계가 정확하기 때문에 우리나라에는 빈번하게 사용한다.[7]

---

7 D3에서 사용할 수 있는 다양한 투영법을 살펴보려면 다음 링크를 보자. https://github.com/mbostock/d3/wiki/Geo-Projections

SVG 요소를 생성한 코드 바로 아래에 다음을 추가하자. 여기서는 메르카토르 도법을 적용해서 중심을 북위 36도, 동경 128도로 옮겨준 후 크기를 조정하고, SVG 상에서 위치를 조금 옮기는 작용을 하는 projection 변수를 생성하여 path라는 이름의 패스 생성자로 전달했다.

```
var projection = d3.geo.mercator()
    .center([128, 36])
    .scale(5000)
    .translate([width/2, height/2]);

var path = d3.geo.path()
    .projection(projection);
```

다음으로 d3.json() 안의 코드를 지운 후 아래 코드를 추가해 보자. 여기서는 먼저 topojson.feature()를 이용해서 TopoJSON 형태의 표현을 각 시군구에 대한 GeoJSON으로 변환하고, features라는 변수에 담았다. 그 다음, 바로 앞에서 선언한 path 변수를 전달해서 각 시군구의 GeoJSON 데이터를 svg 변수에 결합하였다.

```
d3.json("municipalities-topo-simple.json", function(error, data)
{
    var features = topojson.feature(data, data.
    objects["municipalities-geo"]).features;

    svg.selectAll("path")
        .data(features)
      .enter().append("path")
        .attr("class", "municipality")
        .attr("d", path)
        .attr("id", function(d) { return d.properties.name; });
});
```

지금까지 작성한 코드는 코드 C.2에서 확인할 수 있다.

코드 C.2 choropleth-1.html

```
<!DOCTYPE html>
<html>
    <head>
        <meta charset="utf-8">
        <style>
```

```
    /* CSS는 여기에 */

    </style>
</head>
<body>
    <div id="chart"></div>
    <script src="http://d3js.org/d3.v3.min.js"></script>
    <script src="http://d3js.org/topojson.v1.min.js"></script>
    <script>
    var width = 600,
    height = 700;

    var svg = d3.select("#chart").append("svg")
        .attr("width", width)
        .attr("height", height);

    var projection = d3.geo.mercator()
        .center([128, 36])
        .scale(5000)
        .translate([width/2, height/2]);

    var path = d3.geo.path()
        .projection(projection);

    d3.json("municipalities-topo-simple.json",
      function(error, data) {
        var features = topojson.feature(data, data.
          objects["municipalities-geo"]).features;

        svg.selectAll("path")
            .data(features)
          .enter().append("path")
            .attr("class", "municipality")
            .attr("d", path)
            .attr("id", function(d) { return d.properties.name; });
    });
    </script>
</body>
</html>
```

다시 웹 브라우저로 돌아가서 새로고침을 해보자. 놀랍게도 시군구로 표현
된 대한민국 지도가 보일 것이다! (그림 C.5) 게다가 각 요소에 해당되는 시군구
명을 id로 추가해 두었기 때문에, 요소 검사를 이용해서 각 지역의 이름이 제대
로 들어가 있는지 확인할 수 있다.

314

그림 C.5 대한민국 지도가 나타났다!(choropleth─1.html)

C.5 지도에 인구밀도 데이터로 색 입히기

이제 각 시군구별 인구와 면적을 활용해서 인구밀도를 계산하고, 인구밀도를 기준으로 지도에 색을 입혀 보자.

먼저 인구 데이터를 로딩하기 위해 queue.js를 활용할 것이다. 예제 코드에서 d3.js와 topojson.js를 불러온 곳에 다음 한 줄을 추가하자.

```
<script src="http://d3js.org/queue.v1.min.js"></script>
```

다음으로, path 선언 바로 아래에 다음을 추가한다. 이름으로 매칭하여 인구 데이터를 불러오겠다는 의미이다.

```
var popByName = d3.map();

queue()
    .defer(d3.json, "municipalities-topo-simple.json")
    .defer(d3.csv, "population.csv", function(d) { popByName.
```

```
    set(d.name, +d.population); })
        .await(ready);
```

다음으로 d3.json() 전체를 지우고, ready()라는 함수를 새로 추가한다.

```
function ready(error, data) {
    var features = topojson.feature(data, data.
        objects["municipalities-geo"]).features;

    svg.selectAll("path")
        .data(features)
      .enter().append("path")
        .attr("class", "municipality")
        .attr("d", path)
        .attr("id", function(d) { return d.properties.name; });
}
```

물론 지도 데이터와 인구 데이터 각각에 d3.json(), d3.csv()를 따로 써서 별개의 작업을 해도 되지만, queue.js를 활용하면 두 데이터를 병합해서 같이 사용할 수 있다는 장점을 가지게 된다.

이제 지도 데이터와 인구 데이터를 모두 불러왔으니 인구 데이터의 값 맞춰 지도에 색만 입히면 된다. 이를 위해 path 선언 바로 아래에 다음 코드도 추가하자. 정의역(domain)을 총 9개의 구간으로 나누고, 값에 따라 코드를 할당하겠다는 의미이다.

```
var quantize = d3.scale.quantize()
    .domain([0, 1000])
    .range(d3.range(9).map(function(i) { return "p" + i; }));
```

다음으로 ready 함수 안에서 class를 할당한 부분의 코드를 아래와 같이 바꿔준다. 각 지역의 이름에 매칭된 인구수를 불러와서 지역의 크기로 나누면 인구밀도를 구할 수 있는데, 이를 앞의 quantize 함수로 보내면 인구밀도를 9개의 구간으로 나눈 결과값이 class에 추가된다.

```
.attr("class", function(d) { return "municipality " +
quantize(popByName
.get(d.properties.name)/path.area(d)); })
```

마지막으로, 9개의 구간을 각각 다른 색으로 칠해 주기 위해 CSS에 다음을 추가한다. 첫째 줄에서는 지도의 배경색을 옅은 회색(#eee)으로 지정하였다. 둘째 줄에서는 모든 시군구를 먼저 빨간색으로 모두 메꿔 주고, 셋째 줄에서는 특정 시군구에 마우스를 올리면 테두리가 생기도록 하였다. 넷째 줄부터는 인구밀도에 따라 나눈 9개의 구간을 각각 다른 색으로 칠해 주기 위한 색을 지정하였다. (생각할거리: 색을 CSS가 아니라 자바스크립트로 칠하면 코드가 훨씬 깔끔해진다. 어떻게 하면 될지 생각해 보자.)

```
svg { background-color: #eee; }
svg .municipality { fill: red; }
svg .municipality:hover { stroke: #333; }
svg .municipality.p0 { fill: rgb(247,251,255); }
svg .municipality.p1 { fill: rgb(222,235,247); }
svg .municipality.p2 { fill: rgb(198,219,239); }
svg .municipality.p3 { fill: rgb(158,202,225); }
svg .municipality.p4 { fill: rgb(107,174,214); }
svg .municipality.p5 { fill: rgb(66,146,198); }
svg .municipality.p6 { fill: rgb(33,113,181); }
svg .municipality.p7 { fill: rgb(8,81,156); }
svg .municipality.p8 { fill: rgb(8,48,107); }
```

그림 C.6 인구밀도 코로플래스. 그런데 몇몇 지역이 붉은 색이다. 왜 그럴까? (choropleth-2.html)

다시 웹 브라우저로 돌아가서 새로 고침을 해보자. 대한민국 만세! 인구밀도 코로플래스가 그려졌다! (그림 C.6)

지금까지 작성한 코드는 코드 C.3에서 확인할 수 있다.

코드 C.3 choropleth-2.html

```html
<!DOCTYPE html>
<html>
    <head>
        <meta charset="utf-8">
        <style>
        svg { background-color: #eee; }
        svg .municipality { fill: red; }
        svg .municipality:hover { stroke: #333; }
        svg .municipality.p0 { fill: rgb(247,251,255); }
        svg .municipality.p1 { fill: rgb(222,235,247); }
        svg .municipality.p2 { fill: rgb(198,219,239); }
        svg .municipality.p3 { fill: rgb(158,202,225); }
        svg .municipality.p4 { fill: rgb(107,174,214); }
        svg .municipality.p5 { fill: rgb(66,146,198); }
        svg .municipality.p6 { fill: rgb(33,113,181); }
        svg .municipality.p7 { fill: rgb(8,81,156); }
        svg .municipality.p8 { fill: rgb(8,48,107); }
        </style>
    </head>
    <body>
        <div id="chart"></div>
        <script src="http://d3js.org/d3.v3.min.js"></script>
        <script src="http://d3js.org/topojson.v1.min.js"></script>
        <script src="http://d3js.org/queue.v1.min.js"></script>
        <script>
        var width = 600,
            height = 700;

        var svg = d3.select("#chart").append("svg")
            .attr("width", width)
            .attr("height", height);

        var projection = d3.geo.mercator()
            .center([128, 36])
            .scale(5000)
            .translate([width/2, height/2]);

        var path = d3.geo.path()
            .projection(projection);
```

```
var quantize = d3.scale.quantize()
    .domain([0, 1000])
    .range(d3.range(9).map(function(i) { return "p" + i;}));

var popByName = d3.map();

queue()
    .defer(d3.json, "municipalities-topo-simple.json")
    .defer(d3.csv, "population.csv", function(d) {
        popByName.set(d.name, + d.population); })
    .await(ready);

function ready(error, data) {
    var features = topojson.feature(data,
        data.objects["municipalities-geo"]).features;

    svg.selectAll("path")
        .data(features)
      .enter().append("path")
        .attr("class", function(d) { return "municipality"
            + quantize(popByName
                .get(d.properties.name)/path.area(d)); })
        .attr("d", path)
        .attr("id", function(d) { return d.properties.name; });
}
</script>
</body>
</html>
```

C.6 시각화 마무리하기

마지막으로 두 가지 작업만 더 하고 마무리를 하자.

일단, 앞에서 우리는 인구 데이터와 지도 데이터의 지역 코드가 일치하지 않아서 대신 지역 명을 기준으로 데이터를 결합하였다. 그러다 보니 인구 데이터와 지도 데이터의 이름이 매칭되지 않아 몇몇 지역이 붉은 색으로 표시되었다.

가령 그림 C.7과 같이 인구 데이터에는 여주시로 되어 있으나 지도 데이터에는 여주군으로 되어 있는가 하면 인구 데이터에는 수원시, 성남시, 고양시, 안산시, 안양시, 부천시, 천안시, 청주시, 전주시 등은 구의 이름 앞에 도시 이름이 병기되어 있는 반면 지도 데이터는 그렇지 않았다.

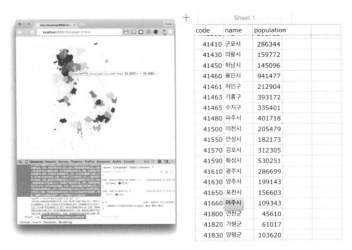

code	name	population
41410	군포시	286344
41430	의왕시	159772
41450	하남시	145096
41460	용인시	941477
41461	처인구	212904
41463	기흥구	393172
41465	수지구	335401
41480	파주시	401718
41500	이천시	205479
41550	안성시	182173
41570	김포시	312305
41590	화성시	530251
41610	광주시	286699
41630	양주시	199143
41650	포천시	156603
41660	여주시	109343
41800	연천군	45610
41820	가평군	61017
41830	양평군	103620

그림 C.7 인구 데이터에는 여주시, 지도 데이터에는 여주군

이런 경우, 어느 한쪽을 다른 쪽에 맞춰 변경해 주면 문제를 해결할 수 있다. 여기서는 지도에 있는 표기를 보존하고, 통계자료에서 명칭을 변경해서 population-edited.csv라는 파일로 새로 저장하여 웹페이지를 새로고침했다. 결과는 그림 C.8과 같다. (population-edited.csv도 제공된 예제 파일 중 Appendix C폴더에서 찾을 수 있다.)

그림 C.8 수정된 인구밀도 코로플래스 (choropleth-3.html)

이렇게 놓고 보니, 유독 주요 도시 부근이 짙게 표시가 되어 있는 것을 알 수 있다! 시각화가 잘 되었는지를 확인하기 위해 마지막으로 각 지명을 표기해 보자. ready 함수 내에서 각 지역의 path를 그린 곳 아래에 다음 코드를 넣으면 된다. 모든 지역 명을 다 표기하면 지나치게 복잡해지기 때문에, '시'라는 문자로 끝나는 지역만 표기하였다.

```
svg.selectAll("text")
  .data(features.filter(function(d) { return d.properties.name.
    endsWith("시"); }))
 .enter().append("text")
  .attr("transform", function(d) { return "translate(" + path.
    centroid(d) + ")"; })
  .attr("dy", ".35em")
  .attr("class", "region-label")
  .text(function(d) { return d.properties.name; });
```

마지막으로, 글자의 크기를 조절하기 위해 스타일에 아래 줄을 추가하자.

```
svg text { font-size: 10px; }
```

드디어 완성되었다! 그림 C.9에서 결과를 확인해 보자. 최종 코드는 코드 C.4에서 확인할 수 있다.

그림 C.9 지명이 표기된 인구밀도 코로플래스 (choropleth.html)

코드 C.4 choropleth.html

```html
<!DOCTYPE html>
<html>
    <head>
        <meta charset="utf-8">
        <style>
        svg { background-color: #eee; }
        svg .municipality { fill: red; }
        svg .municipality:hover { stroke: #333; }
        svg .municipality.p0 { fill: rgb(247,251,255); }
        svg .municipality.p1 { fill: rgb(222,235,247); }
        svg .municipality.p2 { fill: rgb(198,219,239); }
        svg .municipality.p3 { fill: rgb(158,202,225); }
        svg .municipality.p4 { fill: rgb(107,174,214); }
        svg .municipality.p5 { fill: rgb(66,146,198); }
        svg .municipality.p6 { fill: rgb(33,113,181); }
        svg .municipality.p7 { fill: rgb(8,81,156); }
        svg .municipality.p8 { fill: rgb(8,48,107); }
        svg text { font-size: 10px; }
      </style>
    </head>
    <body>
        <div id="chart"></div>
        <script src="http://d3js.org/d3.v3.min.js"></script>
        <script src="http://d3js.org/topojson.v1.min.js"></script>
        <script src="http://d3js.org/queue.v1.min.js"></script>
        <script>
        var width = 600,
            height = 700;

        var svg = d3.select("#chart").append("svg")
            .attr("width", width)
            .attr("height", height);

        var projection = d3.geo.mercator()
            .center([128, 36])
            .scale(5000)
            .translate([width/2, height/2]);

        var path = d3.geo.path()
            .projection(projection);

        var quantize = d3.scale.quantize()
            .domain([0, 1000])
            .range(d3.range(9).map(function(i) { return "p" + i;
}));

        var popbyname = d3.map();
```

```
        queue()
            .defer(d3.json, "municipalities-topo-simple.json")
            .defer(d3.csv, "population-edited.csv", function(d) {
popbyname.set(d.name, +d.population); }).await(ready);

        function ready(error, data) {
            var features = topojson.feature(data, data.
objects["municipalities-geo"])
.features;

            svg.selectall("path")
                .data(features)
              .enter().append("path")
                .attr("class", function(d) { return "municipality"
+ quantize(popbyname.get(d.properties.name)/path.area(d)); })
                .attr("d", path)
                .attr("id", function(d) { return d.properties.name; });

            svg.selectall("text")
                .data(features.filter(function(d) { return
                d.properties.name.endswith("시"); }))
              .enter().append("text")
                .attr("transform", function(d) { return
                "translate(" + path.centroid(d) + ")"; })
                .attr("dy", ".35em")
                .attr("class", "region-label")
                .text(function(d) { return d.properties.name; });
        }
        </script>
    </body>
</html>
```

이제 여러분도 다른 재미있는 데이터를 구해서 코로플래스를 그려보면 어떨
까? 다 그린 후에는 깃허브에 올려서, 세상과 공유하는 것도 좋을 것이다.[8]

---

8 참고로 깃허브 Gist(http://gist.github.com)에 코드를 올리면 자동으로 마이크 보스톡의 많은 예제들처
  럼 bl.ocks.org에 시각화를 렌더링할 수 있다. 자세한 사용법은 http://bl.ocks.org/에서 직접 확인하자.

찾아보기